Günther W. Gellermann

Die Armee Wenck — Hitlers letzte Hoffnung

Günther W. Gellermann

Die Armee Wenck — Hitlers letzte Hoffnung

Aufstellung, Einsatz und Ende der
12. deutschen Armee im Frühjahr 1945

Bernard & Graefe Verlag

Bildnachweis: Niedersächsische Landeszentrale für politische Bildung, Hannover; Privatarchiv Gellermann.

3. Auflage

Satz: Graphik + Satz GmbH, Bonn
Druck und Bindung: Schoder Druck GmbH & Co. KG, 86368 Gersthofen
Herstellung und Layout: Walter Amann, München

Printed in Germany

ISBN 3-7637-5870-4

Inhalt

[1] Bei den Divisionen Scharnhorst und Schill wird in den Akten nur der Nachname benutzt.

Inhalt

Einführung

Über der Schlußphase des Zweiten Weltkrieges in Europa liegt, soweit es die militärischen Geschehnisse auf deutscher Seite im Osten, im Kampf gegen die nach Mitteldeutschland vordringende Rote Armee, betrifft, immer noch weithin ein Schleier. Hauptgrund dafür ist ein Mangel an authentischen Quellen, der die Historiker, die gewohnt sind, bei der Darstellung der Feldzüge der ersten Kriegsjahre eine Fülle, ja, eine Überfülle an Aktenmaterial zur Verfügung zu haben, davor zurückschrecken läßt, sich diesem besonders wichtigen Teil der Geschichte des Krieges zuzuwenden. So blieb auch eine der militärisch wie politisch interessantesten Episoden, die als »Faktum« bekannt ist, in den vielen in ihr enthaltenen Einzelaspekten ungeklärt: der Entsatzvorstoß der aus Divisionen junger Soldaten bestehenden »12. Armee« unter General Walther Wenck in Richtung auf das von den sowjetischen Armeen eingeschlossene Berlin, in dem Hitler im Bunker unter der Reichskanzlei bis zuletzt auf den Erfolg dieses letzten deutschen Aufgebots wartete.

Zwei Tage vor seinem Selbstmord (30. April 1945) hatte er im Wehrmachtbericht vom 28. April triumphierend melden lassen: »Während in einem in der neuen Geschichte einmaligen grandiosen Ringen die Hauptstadt verteidigt wird, haben unsere Truppen an der Elbe den Amerikanern den Rücken gekehrt, um von außen her im Angriff die Verteidiger von Berlin zu entlasten... Die von Westen angesetzten Divisionen warfen den Feind in erbittertem Ringen auf breiter Front zurück und haben Ferch erreicht.« Am 29. April hieß es: »Beelitz wurde genommen und östlich Werder die Verbindung mit dem Verteidigungsbereich von Potsdam hergestellt.« Am 30. April wurde dann aber das Verrinnen aller Hoffnungen im Wehrmachtbericht mit der Wendung angedeutet, daß »unsere zum Entsatz der Reichshauptstadt angesetzten Divisionen in ihrer tiefen Flanke im Kampf mit starken bolschewistischen Verbänden« stünden.

Was verbarg sich hinter diesen knappen, ein letztes Mal illusionäre Erwartungen im eingeschlossenen Berlin weckenden, dann diese selbst wieder zerstörenden Sätzen? Wohl haben bereits einige Erlebnisschilderungen und »Tatsachenberichte« über die »Armee Wenck« versucht, den Schleier etwas zu lüften, doch widersprechen sie sich zum Teil ganz erheblich, sie sind vielfach unpräzise und lassen vor allem die meisten Fragen, die sich dem Leser stellen, unbeantwortet. Es bedurfte — statt einer Wiederholung solcher essayistischer Versuche — einer gründlichen, breit angelegten, mit langem Atem Schritt für Schritt vorangetriebenen, Mosaikstein zu Mosaikstein fügenden Forschung in Gestalt einer Sammlung der verstreut überlieferten Quellenstücke, einer Befragung möglichst vieler der noch lebenden, allerdings schon sehr alten Offiziere der »Armee Wenck« und der — schwierige methodische Probleme aufwerfenden — systematischen Auswertung dieser Zeugnisse, um eine — soweit dies im Abstand von achtunddreißig Jahren überhaupt noch möglich ist — Klärung der vielen offenen Fragen herbeizuführen.

Herr Dr. Günther Walter Gellermann hat sich dieser Aufgabe mit größter Akribie in der Ermittlung gesicherter Details, mit außerordentlicher Zähigkeit im Aufspüren und in der Verfolgung der verschiedenen Handlungsstränge und mit Behutsamkeit in der abschließenden Beurteilung der Entscheidungen des auf sich gestellten Armeeoberbefehlshabers in einer extremen Situation gewidmet. Entstanden ist auf diese Weise eine überzeugende historische Rekonstruktion der Aufstellung, des Einsatzes, des Rückzuges und des Endes der »Armee Wenck« und damit eines wichtigen Teilkomplexes der letzten Phase des Krieges zwischen den sich nähernden Fronten der Roten Armee von Osten und der amerikanischen Streitkräfte von Westen im Raum zwischen Havel und Elbe.
Dargelegt werden die genaue Zusammensetzung der Armee, der Kampfwert der höchst unterschiedlichen Verbände (vor allem auch der aus Reichsarbeitsdienst- und Hitler-Jugend-Einheiten bestehenden Kräfte), der — ursprünglich gegen die zur Elbe vordringenden amerikanischen Armeen gerichtete — Auftrag der »Armee Wenck«, deren »Umwendung« nach Osten gegen die Rote Armee, der Verlauf des Vorstoßes in Richtung Berlin, die Aufnahme der völlig erschöpften Teile der von der zerbrochenen Oderfront zurückflutenden 9. deutschen Armee, die Verhandlungen des Oberkommandos der »Armee Wenck« mit der 9. US-Armee in Stendal und der Schlußakt: das Übersetzen über die Elbe und die Gefangennahme durch die Amerikaner. Besonders erregend sind die Skizzierung des Verhaltens der Amerikaner gegenüber den zivilen Flüchtlingen und die Mitteilungen über die Auslieferung von Soldaten der 12. deutschen Armee an die Sowjets (entgegen den in der Kapitulation mit Wencks Oberkommando getroffenen Absprachen).
Über die Ermittlung von »Fakten« hinaus ging es Herrn Dr. Gellermann um eine Auseinandersetzung mit der zentralen Frage nach dem »Sinn« des Vorstoßes der »Armee Wenck« in Richtung Berlin Ende April 1945 (als am Ausgang des Krieges nicht mehr der geringste Zweifel bestand) und mit dem Problem der Verantwortbarkeit des Einsatzes der größtenteils unzureichend ausgebildeten und ungenügend ausgerüsteten jungen Soldaten der Divisionen der »Armee Wenck«. Wenn auch aus der Sicht von heute wohl kaum mehr ein Konsens darüber zu erwarten ist, vertritt Herr Dr. Gellermann doch eine auch von Andersdenkenden zu respektierende Position, indem er auf die verzweifelte Situation der hilfesuchenden Reste der 9. deutschen Armee, der in die Hand der Roten Armee gefallenen Lazarette im Vormarschraum und nicht zuletzt der zahllosen zivilen Flüchtlinge hinweist, die im Schutz der »Armee Wenck« über die Elbe in den Bereich der Amerikaner zu gelangen strebten, und den Entscheidungen General Wencks von daher gerecht zu werden sucht.
Dem Buch Dr. Gellermanns ist ein breiter Leserkreis nicht nur in der Generation der Kriegsteilnehmer, sondern gerade auch in der jungen Generation zu wünschen.

Köln, im September 1983

Dr. Andreas Hillgruber
Professor für Mittlere und Neuere Geschichte
an der Universität zu Köln

Geleitwort

Ein Geleitwort für dieses Buch zu schreiben, hätte dem General der Panzertruppen Walther Wenck zugestanden, dessen Name mit dem Schicksal der deutschen 12. Armee in der Schlußphase des Zweiten Weltkrieges eng verbunden ist.

Diese Armee war schon bald nach ihrem Entstehen bei Freund und Feind als »die Armee Wenck« in den Sprachgebrauch eingegangen. Walther Wenck starb im vergangenen Jahr, nachdem er das Erscheinen dieser Arbeit als Dissertation noch erlebt und sehr begrüßt hatte. Als engster Mitarbeiter des Generals Wenck im Jahr 1945 bin ich froh, daß die Geschichte der 12. Armee nun veröffentlicht werden kann und der Zusammenhang gerade dieser Armee mit der deutschen Geschichte am Ende unserer dunkelsten Vergangenheit sichtbar wird.

Die Soldaten der deutschen 12. Armee, geführt von einem jungen, tapferen, unkonventionellen, innerlich freien und beherzten General, der nur nach seinem Gewissen und für die ihm anvertrauten Menschen handelte, haben sich in dieser Schlußphase nicht kampflos ihrem unvermeidlichen Schicksal gebeugt —, aber den Kampf geführt, um mit dem Ende dieses grausamen Krieges einen Anfang für die Wiedererlangung der Freiheit unseres deutschen Volkes zu suchen.

Hitlers eigensüchtige Befehle und hysterischen Funksprüche nach dem Verbleib der »Armee Wenck« hatten hier keine Wirkung mehr. Es wurden damals in nüchterner Abschätzung des Möglichen und im vollen Vertrauen auf den guten Geist zwischen Führung und Soldaten die Garnison Potsdam, eine ganze, aufgeriebene, fast waffenlose Armee, rückwärtige Lazarette und ungezählte heimatlose Flüchtlinge dem Zugriff der Roten Armee entzogen und über die Elbe gebracht.

Die Armee Wenck war keine Geisterarmee, wie sie von Unwissenden vielfach dargestellt worden ist — sie war »Fleisch und Blut«, und der damalige Feind hat diesen jungen, tapferen deutschen Soldaten die Achtung nicht versagt. Nun wird ihre Leistung nachträglich hier dokumentiert.

Dem Verfasser dieses Buches über »das letzte Aufgebot des deutschen Heeres 1945« gebühren Dank und Anerkennung, weil er als Geschichtsforscher alle zugänglichen Quellen ohne einseitige Auslegungen ausgewertet hat, um so jedermann, besonders aber der jungen Generation, eine eigene Urteilsbildung über die Auswirkungen eigenständigen Handelns in Extremsituationen zu ermöglichen. Ich wünsche dem Buch eine weite Verbreitung und dem Verfasser eine ihm gebührende Anerkennung.

Murnau, im Herbst 1983

Günter Reichhelm
Oberst i.G. a.D. und ehemaliger Chef des
Generalstabes der 12. Armee

Vorbemerkung zur 2. Auflage

Ein weites und positives Echo macht bereits fünf Jahre nach Erscheinen dieses Buches eine Neuauflage nötig.
Wenngleich das beschriebene Geschehen fast fünf Jahrzehnte zurückliegt und der Kreis der an diesen Ereignissen unmittelbar Beteiligten immer kleiner wird, hat das Buch viele ehemalige Angehörige der »Armee Wenck« erreicht. Eine große Zahl von ihnen hat sich mit mir in Verbindung gesetzt. Auf diese Weise erhielt ich viel neues, bislang unbekanntes und daher auch in den Archiven nicht vorhandenes Material. Hierbei stellte sich heraus, daß, von ganz wenigen Ausnahmen abgesehen, das von mir in der 1. Auflage gezeichnete Bild der damaligen Ereignisse richtig war.
Für die 2. Auflage stellte sich die Frage, auf welche Weise diese neuen Informationen eingebracht werden sollten. Um die Produktionskosten möglichst niedrig zu halten und damit einen vernünftigen Ladenpreis zu erreichen, haben sich Autor und Verlag entschlossen, nur die notwendigsten Korrekturen vorzunehmen und einige wesentliche Ergänzungen einzubringen.
Dennoch sammele ich weiter alle Unterlagen und Informationen über die »Armee Wenck«, um sie als geschlossene Dokumentation zu diesem Thema der Wissenschaft und der interessierten Öffentlichkeit später zugänglich zu machen.

Im November 1989 Günter W. Gellermann

Vorbemerkung

Zu der vorliegenden Arbeit wurde ich bereits vor längerer Zeit durch Freunde angeregt, die als sehr junge Soldaten in den Verbänden der Armee Wenck gekämpft haben.
Da die Anzahl der gedruckten Quellen sehr gering ist und der Kreis der noch lebenden Teilnehmer an diesen Kämpfen immer kleiner wird, mußte eine solche Arbeit jetzt angefertigt werden oder sie wäre mangels Material nicht mehr zustande gekommen.
Vielen schulde ich Dank für ihre Hilfe:
General der Panzertruppen a.D. Walther Wenck stellte mir seine Unterlagen zur Verfügung und beantwortete mir viele Fragen. General der Panzertruppen a.D. Maximilian Frhr. von Edelsheim gab mir wertvolle Hinweise. Oberst i.G. a.D. Günter Reichhelm half mir mit zahlreichen Informationen und sah den Rohentwurf des Teiles meiner Arbeit durch, der sich mit der Vorbereitung und Durchführung des letzten Angriffs befaßt.
Oberstleutnant a.D. Gerhard Pick gab mir in bezug auf den Einsatz seines Regimentes viele Hinweise und fertigte mir dafür die entsprechenden Skizzen an. Oberst a.D. Alexander Praetorius stellte mir seine Ausarbeitung über die Infanteriedivision Jahn zur Verfügung.
Für die Überlassung ihrer Tagebuchaufzeichnungen habe ich Oberstleutnant i.G. a.D. Pfarrer Friedrich Burmeister, Hauptmann a.D. Oberstaatsanwalt Erich Rieger, Hauptmann a.D. Dr. Walter Speer, Professor Dr. R. Wiechert, Herrn Georg Plank und der Witwe des Oberleutnant Heinz Stohr, die mir das Tagebuch ihres verstorbenen Gatten überließ, zu danken.
Unteroffizier a.D. Fritz Rothe fertigte einen sehr sorgfältigen Bericht über den Einsatz der St.Gesch.Brig. 1170 an. Das gleiche gilt für Oberst a.D. Heinz Schemmel, der einen solchen über die Kämpfe der Pionier-Schule für Fahnenjunker, Dessau, im Verband der 12. Armee, für mich verfaßt hat.
Major d.R. Horst Voigt stellte mir seine Arbeit über die Kämpfe der Pz.Vernichtungsbrigade Hitlerjugend zur Verfügung und half mit vielen zusätzlichen Informationen.
Oberst i.G. (Bw) Martin Voggenreiter habe ich für die Überlassung seiner Fragebogen, die er 1965/66 an Kampfteilnehmer verschickte, zu danken. Ohne die Informationen der zahlreichen Offiziere und Soldaten der Armee Wenck wäre diese Arbeit kaum zustande gekommen.
Mein besonderer Dank gilt Herrn Finkelnburg von der Deutschen Dienststelle für die Benachrichtigung der nächsten Angehörigen von Gefallenen der ehemaligen deutschen Wehrmacht in Berlin, ohne dessen geduldige Hilfe die zahlreichen Teilnehmer an den Kämpfen der 12. Armee nicht hätten ermittelt werden können.
Herr Charles von Lüttichau vom Office of the Head of Military History/Department of the Army in Washington, D.C. gab mir eine Reihe von wertvollen Hinweisen.
Die US National Archives, Washington, D.C. unterstützten mich in vielfältiger Weise.

Vorbemerkung

Dr. Nils W. Ferberg, Berlin, besorgte die Übersetzungen aus dem Russischen.
Herrn Professor Dr. Andreas Hillgruber, der mich als Doktoranden angenommen und mir fördernd zur Seite gestanden hat, verdanke ich wesentliche, wertvolle Impulse; ihm gilt mein besonders herzlicher Dank.

Günther W. Gellermann

Einleitung

Die kurze Geschichte dieser Armee, des letzten Aufgebotes des deutschen Heeres 1945 mit den jüngsten Soldaten der Wehrmacht, war bislang kein Gegenstand der historischen Forschung.
Aus diesem Grund habe ich mit dieser Arbeit folgende Zielsetzung verbunden:

1. einen möglichst genauen Ablauf der Ereignisse zwischen der Aufstellung und dem Ende der Armee zu geben,
2. auf die verschiedenen militärischen Aufträge der 12. Armee hinzuweisen,
3. die tatsächlichen Beweggründe ihres Oberbefehlshabers für den letzten Angriff darzulegen,
4. darzustellen, unter welchen Schwierigkeiten dieser Angriff vorgetragen wurde und wie unzulänglich die Mittel waren, durch die er unterstützt werden konnte,
5. den für diese Zeit fast unglaublichen Kampfwillen der Soldaten aufzuzeigen,
6. möglichst viele der ungeklärten Vorgänge um die Kapitulation vor den Amerikanern aufzuklären.

Eine Prüfung der Quellenlage ergab, daß sämtliche Papiere der Armee vor dem Elbübergang zu den Amerikanern auf Befehl des OB vernichtet worden sind, um sie dem sowjetischen Gegner nicht in die Hände fallen zu lassen. Die Zahl der im Bundesarchiv-Militärarchiv erhaltenen Unterlagen ist gering.
Das Militärarchiv der DDR stellte einige wenige Akten über die Aufstellung der I.D. Potsdam zur Verfügung. Das Kriegstagebuch sowie andere Unterlagen dieser Division, die von der im Harz evakuierten Gattin des Kommandeurs nach der Kapitulation des Verbandes verwahrt wurden, sind von ihr nach dem Einmarsch sowjetischer Truppen verbrannt worden.
Im Archiv des Internationalen Roten Kreuzes in Genf, in dem ich einige wesentliche Berichte Internationaler Delegierter vermutete, die sich im Kampfgebiet der Armee aufgehalten haben, befinden sich angeblich keine entsprechenden Unterlagen.
Die Niederschriften deutscher Generale und Stabsoffiziere, deren Anfertigung von der Historical Division der US Army veranlaßt worden sind und die in den National Archives in Washington, D.C. vorliegen, waren hilfreich, aber oft nicht frei von Widersprüchen.
Sämtliche zugänglichen G-2-Berichte der am Kampf gegen die 12. Armee beteiligten US-Verbände sind von mir ausgewertet worden. Ihnen konnten wertvolle Informationen über Stärke, Bewaffnung und Einsatzorte deutscher Verbände entnommen werden.
Es ist mir in mühsamer Kleinarbeit gelungen, die Stellenbesetzung des AOK 12 und der Korpsstäbe teilweise festzustellen. Hierdurch war es möglich, ehemalige Stabsoffiziere anzusprechen und von ihnen Informationen zu erhalten.

Auf die gleiche Weise konnten Teile der Stellenbesetzung bei den Divisionen ermittelt und Informationen eingeholt werden.
Danach, erst sehr viel später, wurden mir die fast vollständigen Stellenbesetzungspläne für die Divisionen der Armee, mit Ausnahme der Infanteriedivisionen Potsdam und Schill, im Bundesarchiv zugänglich gemacht.
Meine bisher erarbeiteten Unterlagen über die Divisionen konnten dadurch vervollständigt und weitere Offiziere angesprochen werden. In der Regel sind nur Hinweise verarbeitet worden, die wenigstens zweimal belegt werden konnten.
Nicht in allen Fällen war der genaue Ablauf der Geschehnisse zu ermitteln, da für sie weder Quellen noch Zeugen ausfindig gemacht werden konnten. Ich kann daher keinen Anspruch auf letzte Vollständigkeit erheben, zumal auch, was sicherlich sehr wichtig gewesen wäre, sowjetische Quellen nicht zur Verfügung standen.

Kapitel 1

Die militärische Lage Deutschlands Anfang April 1945 und ihre Bedeutung für den Einsatz der 12. Armee

Die Oderfront

In der Zeit zwischen dem 12. und 15. Januar 1945 hatten die Sowjets die deutsche Front an Weichsel und Narew durchbrochen. Am 31. Januar waren Schukows Spitzen bereits an der Oder bei Frankfurt und Küstrin, sie überschritten den Fluß und bildeten auf dem Westufer Brückenköpfe. Es waren dies: ein Brückenkopf nördlich Fürstenberg, ein kleinerer südlich Frankfurt und zwei größere südlich und nördlich Küstrin.
Hierdurch hatten sich die Sowjets günstige Ausgangspositionen für ihr weiteres Vorgehen auf Berlin gesichert, da sie mit Frankfurt und Küstrin zentrale Verkehrsknotenpunkte zu erobern im Begriff waren, die ihnen einen ausgezeichneten Übergang über die Oder verschaffen sollten. Diese im raschen Zugriff erlangten operativen Vorteile konnten jedoch von den Sowjets nicht ausgenutzt werden, da sie aufgrund der überdehnten Nachschublinien weder die notwendigen Verstärkungen noch die dringend benötigten Versorgungsgüter heranzubringen in der Lage waren[1].
»Auch der Freibrief, der den russischen Soldaten für ihr Verhalten gegenüber der deutschen Bevölkerung ausgestellt war, trug dazu bei, daß sich viele Einheiten in Marodeurtrupps auflösten, die im Hinterland zurückblieben, um zu plündern, zu schänden und zu morden. Die weder in ihrer Disziplin noch in ihrer unteren Führung vollwertige russische Truppe wurde durch solche Auflösungserscheinungen weitgehend in ihrer Kampfkraft geschwächt[2].«
Die deutschen Verteidiger konnten die Front zwar erst wieder auf der Linie Oder — Lausitzer Neiße stabilisieren, hatten dabei aber den Vorteil, auf der »inneren Linie« operieren zu können. Dies bedeutete eine Verkürzung der in der Vergangenheit oft überdehnten Front auf gut 300 km, was wiederum ein für diese Situation optimales Verhältnis von Kräften und Raum bedeutete.
Überdies kam den Verteidigern das Anfang Februar einsetzende Tauwetter, das weite Gebiete unpassierbar werden ließ, die Oder auftaute und sie damit zu einem schwieriger zu überwindenden Hindernis machte, zu Hilfe.

1 Vgl. Zvenzlovsky, A., Breakthrough to the Oder, Soviet Military Review, Heft 1, Moskau 1975, S. 9.
2 Heinrici, Gotthard, Der Kampf um die Oder im Abschnitt der H.Gr. Weichsel, Februar bis April 1945, OCMH, MS-T-9, S. 2.

Das wenig befriedigende Führungsproblem der H.Gr. Weichsel, an deren Spitze Himmler stand, wurde auf Druck Guderians durch Berufung des Abwehrspezialisten Gen.Oberst Heinrici am 22. März um 18.00 Uhr gelöst[3].
Die H.Gr. hielt an der Oder den Abschnitt von der Ostsee bis zur Neißemündung, wobei der 3. Panzerarmee der nördliche Bereich, von der Ostsee bis zum Finow-Kanal zwischen Lübbenwalde und Nieder-Finow, der 9. Armee der südliche Abschnitt bis zur Heeresgruppengrenze zur Verteidigung zugewiesen wurde.
Beide Armeen hatten bei den Rückzugskämpfen schwere Verluste an Menschen und Material erlitten. Als Ersatz bekamen sie größtenteils zwar gutwillige, begeisterte, aber schlecht ausgebildete Soldaten[4].
Die vorhandenen Stellungen entsprachen nicht den Anforderungen der Truppe, da die leichten Feldstellungen mit Sicherheit den zu erwartenden Feuerschlägen der überlegenen sowjetischen Artillerie und Luftwaffe nicht gewachsen waren. Überdies hatte man mit ihrem Ausbau viel zu spät begonnen, als daß noch Zeit blieb, ein sachgerechtes Stellungssystem anzulegen.
Es fehlte an Flugzeugen, und dort, wo sie vorhanden waren — das I. Fliegerkorps im Bereich der H.Gr. verfügte über ganze 300 Maschinen —, wurden ihre Einsatzmöglichkeiten durch Benzinmangel begrenzt. Die Luftwaffe verfügte hier nur über einen Tagessatz Treibstoff[5].
Dieser Umstand in Verbindung mit dem Fehlen weitreichender Artillerie gestattete den Sowjets fast ungestörte Angriffsvorbereitungen.
Versuche der 9. Armee am 24. und 26. März, den Russen ihr gefährliches Sprungbrett, die Brückenköpfe nördlich und südlich von Küstrin, zu entreißen, scheiterten[6]. Am 16. April hatten die Sowjets beiderseits Küstrin 23 Brücken fertiggestellt, die aus Mangel an Flugzeugen, weitreichender Artillerie und anderen Mittel nicht zerstört werden konnten.
Der Kdr.Gen. des I. Fliegerkorps, Gen.d.Fl. Deichmann, erließ sogar einen Aufruf an die Piloten seiner Verbände, sich als »Selbstmordflieger« ausbilden zu lassen, um sich in einem letzten Einsatz zusammen mit den Flugzeugen auf die sowjetischen Oderbrükken zu stürzen. 27 Flugzeugführer sollen sich zu einem solchen Einsatz gemeldet haben, der erstmalig am 16. April stattfand. Über Erfolge ist nichts bekannt geworden[7].
Die deutschen Verteidiger setzten auch Treibminen gegen diese russischen Übergänge ein, deren Einsatz so lange recht erfolgreich war, bis die Sowjets ihre Brücken durch Stahlnetze sicherten.
Überlegungen Heinricis, bei der H.Gr. Mitte die Sprengung der Dämme des Stausees Ottmachau zu beantragen, um durch die dann entstehende gewaltige Flutwelle die

[3] Heinrici, a.a.O., S. 25.
[4] Vgl. Busse, Theodor, Die letzte Schlacht der 9. Armee, Wehrwissenschaftliche Rundschau, Heft 4, 1955, S. 151.
[5] Ebenda, S. 154. Ebenso Heinrici, a.a.O., S. 18.
[6] Vgl. Busse, a.a.O., S. 159. Ebenso Heinrici, a.a.O., S. 26.
[7] Vgl. Heinrici, a.a.O., S. 44 und 67. Vgl. Schrode, Wilhelm, Die Geschichte der 25. Pz.Gren. Div., Ludwigsburg 1980, S. 111.

Brückenanlagen des Gegners zu zerstören, wurden wegen der Gefährdung zahlreicher Menschen nicht realisiert. Da Hitler unverständlicherweise — die Angriffsvorbereitungen der sowjetischen Armeen konnten zwar nicht gestört, wohl aber klar erkannt werden — die gegnerische Hauptstoßrichtung im Bereich der H.Gr.Mitte annahm, entzog er vier Divisionen, die als bewegliche Reserve der H.Gr. Weichsel eingesetzt werden sollten, deren Kommando und unterstellte sie Schörner — eine verhängnisvolle Entscheidung, da eben diese Reserven nach den sowjetischen Durchbrüchen an der Oderfront zum Abriegeln nötig gewesen wären, um die große Überlegenheit der Roten Armee wenigstens teilweise ausgleichen zu können.

Die Sowjets sollen an der Oderfront über folgende Stärken verfügt haben: 2,5 Millionen Mann, 42000 Geschütze und Granatwerfer, 6200 Panzer und Selbstfahrlafetten sowie 8300 Flugzeuge[8].

Am 16. April trat Schukow beiderseits Küstrins zum Hauptangriff an. Er hatte diesen bereits seit dem 12. April durch starken Artilleriebeschuß, Luftangriffe und kleinere Angriffsunternehmen vorbereitet, die zu einer Erweiterung des nördlichen Brückenkopfes bis zu einer Tiefe von 12 km geführt hatten.

Am Abend des gleichen Tages gelang Konjew südlich von Guben ein tiefer Einbruch bei der 4. Panzerarmee, der bereits am 17. April zu einer ernsten Bedrohung des Südflügels der 9. Armee wurde. Deren Verbindung nach Norden zerriß durch den sowjetischen Durchbruch bei Seelow am 18. April. Die Zersplitterung der Front der 9. Armee setzte sich rasch fort und führte zu deren Einschließung, über die an anderer Stelle berichtet werden wird.

Es ist hier die Frage nach dem Sinn des Kampfes zu stellen, die sicherlich eine einfachere Antwort finden wird, als die entsprechende Fragestellung beim Widerstand im Westen.

»So wurde der Wille, dem Russen freiwillig keinen Fußbreit deutschen Bodens zu überlassen und deutsche Menschen vor der asiatischen Grausamkeit zu bewahren, zum Sinn des letzten Kampfes. Das Oberkommando war sich klar, daß trotz besten Willens aller, die Kraft der Armee nur begrenzte Zeit reichen konnte. Es war daher bestrebt, bei dem Staatsoberhaupt zu erfahren, welche Absichten es hatte, um die verzweifelte Lage zum Abschluß zu bringen. Hitler hüllte sich in Schweigen. Jedoch glaubte die Armeeführung, aus Äußerungen des Propagandaministers Goebbels, welchen sie nach längeren Bemühungen am 13. März an die Front bekommen hatte, entnehmen zu können, daß diplomatische Verhandlungen im Gange waren. So ging die Armee in den Kampf mit der Devise: Und wenn uns die amerikanischen und britischen Panzer in den Rücken fahren, während wir dem Russen jeden weiteren Schritt vorwärts verwehrt haben, so haben wir vor unserem Volk, unserem Gewissen und der Geschichte unsere soldatische Pflicht und Schuldigkeit getan[9]!«.

Diese hier sichtbar werdende Haltung impliziert die Hoffnung auf eine politische Lösung, da es eine militärisch günstige für Deutschland nicht mehr geben konnte. Auch

[8] Yezhakov, Viktor, The Berlin Operation, Soviet Military Review, Heft 4, Moskau 1975, S. 42.
[9] Busse, a.a.O., S. 157.

eine Verhandlungslösung — dies scheint den Frontsoldaten nicht klar gewesen zu sein — war aufgrund der interalliierten Absprachen nicht möglich. Wenn Hitler beim Tod Roosevelts glaubte, die »Vorsehung« habe ihn noch einmal gerettet, so verkannte er dabei die völlig andere politische Struktur des Staatssystems in den USA, wo der Tod des Präsidenten keine solche Bedeutung hat. Hitler hielt für einen Regimewechsel, was lediglich ein Wechsel im Präsidentenamt war[10]. Seine weitere Hoffnung auf das Aufbrechen von Gegensätzen unter seinen Kriegsgegnern war eine Illusion. Wenngleich das Verhältnis zwischen Engländern und Sowjets in dieser Zeit nicht spannungsfrei gewesen zu sein scheint[11], gingen diese Gegensätze doch nicht so weit, wie es Hitler hoffte. Die Schlacht an der Oder konnte daher nur mit der völligen Vernichtung der deutschen Verbände enden.

Im Westen

Im Westen war es den Alliierten relativ leicht gelungen, das letzte geographische Hindernis — den Rhein — zu überwinden. Die Frage nach den Gründen für den schnellen Zusammenbruch der H.Gr. B, die das Zentrum dieser Front zu halten hatte, ist einfach zu beantworten: Es war der H.Gr. nach dem Mißlingen der Ardennenoffensive zwar noch gelungen, sich der drohenden Vernichtung zu entziehen, anstatt nunmehr aber nach hinhaltendem Widerstand langsam auf den Rhein zurückzugehen, die Brücken zu sprengen und die Flußlinie zu halten, beabsichtigte die oberste deutsche Führung, sich westlich des Rheins zu schlagen und verbot der H.Gr. bis zum 1. März eine Verteidigung des Stromes vorzubereiten[12].

Der Oberbefehlshaber der H.Gr. B, Generalfeldmarschall Walter Model, mußte überdies im Januar folgende Stäbe bzw. Verbände an die Ostfront abgeben: ein Panzer-AOK, zwei Panzerkorpsstäbe, vier Panzerdivisionen, zwei motorisierte Brigaden, drei Artilleriekorps und drei Werferbrigaden[13]. Dies bedeutete eine Reduzierung der Kräfte der H.Gr. um ein Drittel.

Diese Schwächung und das Verbot, rechtzeitig rechtsrheinisch Stellungen vorzubereiten, sowie die mangelnde Organisation der Rheinübergänge schufen alle Voraussetzungen dafür, daß der Gegner »mit der Menge durchs Tor drücken konnte[14]«.

Die Amerikaner konnten, nachdem sie bei Remagen einen Brückenkopf gebildet hatten, nicht schnell genug aus diesen Stellungen geworfen werden, weil die notwendigen deutschen Verbände zu ihrer Bekämpfung nicht zur Verfügung standen.

[10] Vgl. Lagebesprechung im Führerbunker vom 25. April 1945, in: Der Spiegel vom 10. Januar 1966, S. 39.

[11] Vgl. hierzu insgesamt: Smith, Arthur, Churchills deutsche Armee, Bergisch Gladbach 1978.

[12] Vgl. Wagener, Carl, Kampf und Ende der H.Gr.B im Ruhrkessel, 22. März bis 17. April 1945, Wehrwissenschaftliche Rundschau, Heft 1, 1957, S. 537.

[13] Ebenda.

[14] Smith, Walter Bedell, General Eisenhowers sechs große Entscheidungen, Stuttgart 1956, S. 165.

Ob allerdings die Bildung dieses Brückenkopfes entscheidend gewesen ist, muß bezweifelt werden, da die deutschen Kräfte nirgendwo mehr ausreichten, den Gegner an der Überquerung des Rheins zu hindern, wie die Übergänge bei Wesel und Oppenheim bewiesen.

Die Entscheidung über das Schicksal der deutschen Westfront war bereits westlich des Rheins in den Kämpfen der Wochen zuvor gefallen.

Die Heeresgruppe hatte den Auftrag, die Rheinlinie um jeden Preis zu halten, was angesichts der geringen zur Verfügung stehenden Mittel nur befristet möglich war. Es fehlten nicht nur Panzer, Artillerie und Fahrzeuge aller Art, sondern auch leichte und schwere Infanteriewaffen sowie Nachrichtengerät. Als Ersatz standen nur halb ausgebildete Soldaten und Volkssturm zur Verfügung. Große Versorgungslager waren westlich des Rheins verloren gegangen[15].

Die Gesamtfront der H.Gr. zwischen Duisburg und Koblenz konnte pro km mit nur 15 Mann sowie 0,3 Rohren Artillerie und 0,04 Panzerabwehrkanonen besetzt werden.

Vor dem Brückenkopf Remagen südostwärts von Siegburg bis nordwestlich vor Koblenz betrug die Frontdichte pro km 80 Mann, 2 Rohre Artillerie und 0,5 Pak.

An Panzern standen vor dem Brückenkopf 50, an der übrigen Front 15 zur Verfügung[16].

Der Stellungsbau auf dem Ostufer des Stromes war über erste Anfänge nicht hinausgekommen, geschweige denn ein in die Tiefe gestaffeltes System von Feldstellungen vorhanden.

Die Lage der beiden Armeen der H.Gr. — es waren dies die 5. Pz. Armee und die 15. Armee — wurde noch hoffnungsloser, nachdem der OB West die Abgabe der 11. Pz.Div. an die H.Gr. G am 24. März befohlen hatte[17].

Am 22. März begann der amerikanische Angriff aus dem Brückenkopf von Remagen, der sehr schnell an Boden gewann. Beim linken Nachbarn, der H.Gr.G, gelang es dem Gegner bei Oppenheim den Rhein am 24. März zu überschreiten und tiefe Einbrüche zu erzielen. Bei der H.Gr. H, dem rechten Nachbarn, waren die Engländer bereits am 23. März nördlich Wesel über den Rhein gegangen.

Abgesehen von tiefen Einbrüchen, welche die Amerikaner bei Remagen erzielt hatten, geriet die H.Gr.B in Gefahr, durch die Einbrüche bei ihren Nachbarn in den Flanken bedroht zu werden. Ihr Auftrag, die Rheinfront zu halten, bestand aber unverändert fort[18].

Der Verlauf des 25. März zeigte, daß die deutsche Front vor dem Brückenkopf Remagen zerbrach und die amerikanischen Verbände im zügigen Vormarsch nach Osten waren. Dies führte dazu, »daß die Führung (der H.Gr. B) nicht mehr in der Lage war, Kampf und Bewegungen zu steuern[19]«.

[15] Vgl. Wagener, a.a.O., S. 538.
[16] Ebenda.
[17] Ebenda, S. 543.
[18] Vgl. Wagener, a.a.O., S. 545.
[19] Ebenda, S. 547.

Nach dem Durchbruch des Gegners am 27. März bei Dorsten setzte sich die H.Gr. H vom Rhein ab, und es entstand für die H.Gr. B die Gefahr, auch hier den Anschluß zu verlieren, nachdem es den Amerikanern bereits gelungen war, die Verbindung zum linken Nachbarn durch die Bildung eines Brückenkopfes bei Frankfurt—Darmstadt zu gefährden.
Am Nachmittag des 27. März war der Gegner im Südabschnitt der H.Gr.B bis Herborn durchgestoßen, trotzdem hatte sie weiterhin die Rheinfront zu halten. Sie konnte daher nicht, was geboten gewesen wäre, eine neue Frontlinie weiter ostwärts aufbauen. Der letzte Versuch, am 27. März die Lage durch einen Angriff des LIII. A.K. aus dem Raum Siegen nach Süden zu festigen, nachdem die 15. Armee und das LXVII. A.K. eine neue Front zwischen Lahn und Sieg aufbauen sollten, scheiterte. Den Amerikanern war es an diesem Tag gelungen, die Verbindung zwischen den Heeresgruppen B und G zu unterbrechen.
Die Umfassung der H.Gr. B, die sich jetzt deutlich abzeichnete, wäre zu verhindern gewesen, wenn sie nicht auch weiterhin den Befehl gehabt hätte, die Rheinfront zu halten, sondern ihr die Möglichkeit gegeben worden wäre, zu einer beweglichen Kampfführung überzugehen. Die Beurteilung der Lage der H.Gr. für den OB West am 29. März lautete daher:

»Die Aufgabe der H.Gr. war es bisher, einen Vorstoß des Feindes über den Rhein und aus dem Brückenkopf Remagen zu verhindern. Diese Aufgabe schloß den Schutz des Ruhrgebietes ein. Die Aufgabe konnte im Abschnitt Remagen nicht gelöst werden. Dort ist es dem Feind seit 23. März gelungen, weit nach Osten durchzubrechen und den Südflügel der H.Gr. zu zerschlagen. Gleichzeitig erzwang der Gegner den Rheinübergang bei den beiden Nachbarheeresgruppen, zu welchen der Anschluß verloren gegangen ist.
Die Rheinverteidigung ist daher überhaupt als gescheitert anzusehen... Die Lage erfordert daher für die H.Gr.B einen neuen Auftrag[20].«

Die Antwort des OB West vom 30. März lautete: Die Rheinfront wird weiterhin gehalten[21].
Hierdurch war der H.Gr. B praktisch der Befehl erteilt worden, sich einschließen zu lassen. Die gleichzeitige Genehmigung, einen Durchbruch nach Norden bei Winterberg zu versuchen, änderte daran nichts.
Mit dieser Entscheidung war der endgültige Zusammenbruch der deutschen Verteidigung im Westen absehbar geworden. Montgomery setzte die drei Korps seiner 2. britischen Armee zum Vormarsch an und drückte trotz harten Widerstandes die Verbände der 1. deutschen Fallschirmarmee auf das Gebiet zwischen Weser und Ems zurück.
In diesem Gebiet befand sich die Armee Student (später Blumentritt), die aus hastig zusammengerafften Verbänden aller drei Wehrmachtteile, deren Kampfwert sehr zweifelhaft war, zusammengestellt worden war. Diese Verbände hatten den Befehl, die Weser-, später die Aller-Linie zu halten.

[20] Wagener, a.a.O., S. 551.
[21] Ebenda.

In Holland stand noch die deutsche 25. Armee. Der neuernannte OB Nordwest, GFM Busch, hatte den Befehl, in die Flanken der aus Richtung Ruhrgebiet nach Osten vorgehenden amerikanischen Kräfte der 1. und 9. Armee und die der britischen Verbände hineinzustoßen und im Zusammenwirken mit der neuaufgestellten deutschen 11. und 12. Armee einen operativen Wandel im norddeutschen Raum herbeizuführen.
Der schnelle britische Vormarsch machte auch dieses, sicherlich nur noch in der Theorie durchführbare, operative Konzept zunichte. Die Engländer erreichten nach heftigen Kämpfen bei Uelzen am 19. April bei Dannenberg die Elbe. Bremen wurde am 26. April und Hamburg am 3. Mai eingenommen.
Die Truppen der 1. kanadischen Armee verdrängten die Verbände der deutschen 25. Armee aus Ostholland, diese wichen auf die Grebbe-Stellung zurück und waren damit auf Westholland als Operationsgebiet beschränkt. Eine wesentliche Bedrohung für die Briten stellte diese deutsche Armee nicht mehr dar.
Aufgrund der Tatsache, daß an der mittleren Rheinfront sämtliche deutschen Kräfte mit der Heeresgruppe B ausgeschaltet worden waren, konnten die Amerikaner mit ihrer 1., 3. und 9. Armee schnell und ohne bemerkenswerten deutschen Widerstand nach Osten vorstoßen.
Am 12. April erreichten die Truppen der 9. Armee die Elbe bei Barby, am 13. April die der 1. Armee die Mulde, gleichzeitig wurden deutsche Kräfte, die sich als 11. Armee im Harz versammelten, eingeschlossen. Beide US-Armeen stießen — was für sie fast ungewohnt geworden war — bei dem Versuch, die Elbe und die untere Mulde zu überschreiten, auf sehr heftigen deutschen Widerstand der in der Aufstellung befindlichen Verbände der deutschen 12. Armee, dem letzten Aufgebot des deutschen Heeres.

Es muß hier sicherlich die Frage nach dem Sinn des militärischen Widerstandes im Westen gestellt werden, die viele Antworten zuläßt.
Einer der stärksten Beweggründe für die Fortsetzung des Kampfes scheint in der politisch problematischen Forderung der Alliierten nach einer bedingungslosen Kapitulation Deutschlands gelegen zu haben. Diese hat bereits relativ früh führende deutsche Militärs davon abgehalten, nach Wegen zur Einstellung des Kampfes gegen die Westalliierten zu suchen.
»Infolge der bedingungslosen Kapitulation war der Krieg alles andere als vernünftig. Befangen in diesem idiotischen Schlagwort vermochten die Alliierten keinerlei Bedingungen zu stellen, nicht einmal die strengsten. Andererseits konnte der Feind um keine bitten, auch nicht um noch so demütigende[22].«

So machte politische Unvernunft das unmöglich, was militärisch geboten war: den sinnlosen Widerstand einzustellen.

[22] Fuller, F.C., Der Zweite Weltkrieg 1939—1945, Wien 1950, S. 416.

Bei der Heeresgruppe B im Ruhrkessel

Der Antrag Models vom 29. März auf rechtzeitige Räumung des Ruhrgebietes unter gleichzeitigem Hinweis auf die beschränkten Versorgungsmöglichkeiten seiner Verbände war von Hitler abgelehnt worden, der davon ausging, daß dieses Gebiet auch jetzt noch die kriegswirtschaftliche Versorgung Deutschlands sicherstellen könne, was nicht mehr zutraf. Die ständigen alliierten Luftangriffe hatten sowohl einen großen Teil des wirtschaftlichen Potentials als auch die Infrastruktur dieses Raumes zerstört. Model hatte es trotz des Befehls Hitlers vom 19. März 1945[23] abgelehnt, alle noch intakten Versorgungs- und Industrieanlagen in den Gebieten seines Operationsbereiches im Fall der Aufgabe zu zerstören. Oberst Reichhelm, sein Ia, war von ihm sogar beauftragt worden, zusammen mit dem Leiter des Ruhrstabes, Walter Rohland, alle Maßnahmen zu treffen, damit die zur Versorgung der Bevölkerung notwendigen Anlagen intakt blieben[24]. Durch den vom OB West genehmigten Angriff der H.Gr. nach Osten in Richtung Kassel erhoffte sich die deutsche Führung eine Öffnung des Kessels. Dieser Stoß sollte aus dem Raum Winterberg vorgetragen und durch einen Vorstoß von Verbänden der deutschen 11. Armee aus dem Raum Kassel in Richtung Westen unterstützt werden. Auch diese militärische Planung bewegte sich weitab von jeder Realität, da die deutschen Kräfte für ein solches Unternehmen nicht mehr ausreichten.
Das militärische Durcheinander bei der H.Gr. B ging bereits so weit, daß der Kdr.Gen. des LIII. A.K. persönlich den in Aussicht genommenen Bereitstellungsraum seiner Verbände, die den geplanten Angriff vortragen sollten, erkunden mußte, da die H.Gr. die Lage in diesem Raum als »unklar« bezeichnete[25].
An Truppen standen für diesen Angriff zunächst nur zwei Bataillone Infanterie sowie Sturmpioniere mit zwölf Panzern zur Verfügung. Mit Artillerieunterstützung konnte nicht gerechnet werden. Bayerlein gliederte seine Truppen in zwei Angriffsgruppen, die wegen ihrer geringen personellen Stärke nur nachts, auf Schleichwegen und von ortskundigen Forstbeamten geführt, angreifen sollten. Insgesamt trugen die sehr schwachen Kräfte des LIII. Korps in der Zeit vom 30. März bis 1. April drei Angriffe vor, die jedoch scheiterten. Der geplante Vorstoß der 11. Armee aus dem Raum Kassel nach Westen konnte nicht stattfinden, weil die dafür vorgesehenen Verbände nicht rechtzeitig versammelt wurden.
Bis zum 2. April verfügte die H.Gr. noch über offene Verbindungslinien im Nordosten (Soest—Lippstadt—Paderborn), über die geringe Mengen an Versorgungsgütern in den Kessel gelangen konnten. An diesem Tag wurde der Einschließungsring durch die Amerikaner endgültig geschlossen. Zu diesem Zeitpunkt mußte sich Model die Frage stellen, ob er kapitulieren oder ausbrechen sollte.

[23] Zitiert in: Der Nationalsozialismus, Dokumente 1933-45, herausgegeben und kommentiert von W. Hofer, Frankfurt/M. 1957, S. 258. Vgl. auch hierzu die DVO Hitlers vom 30. März 1945, MA-BA-RH2/v. 336 sowie den ergänzenden Befehl OKH/GenSt.d.H./Nr. 4301/45 v.7. April 1945/BA-MA-RH2/v. 336.

[24] Mitteilung Reichhelm.

[25] Bayerlein, Fritz, 53. Korps Ruhrkessel Ostfront, OCMH, MS-B-396, S. 4.

Diese Planung kam aus folgenden Gründen nicht zur Durchführung: Der Angriff des XXXIX. Pz.K. wurde auf Führerbefehl vornehmlich von der noch in Aufstellung befindlichen Pz.Div. Clausewitz mit unzureichenden Kräften und ohne Luftunterstützung vorgetragen. Er kam daher über kleinere Anfangserfolge nicht hinaus. Die Division wurde fast völlig zerschlagen.
Die Verbände der 12. Armee konnten den Angriff erst gar nicht beginnen, da sie bereits während der Aufstellung in Kämpfe mit den vordringenden Amerikanern verwickelt wurden und damit gebunden waren.
Die für einen solchen Angriff auf dem Westufer der Elbe notwendigen Brückenköpfe konnten nicht gebildet werden, da sich sämtliche Verbände der 12. Armee noch in der Aufstellung befanden. Aus diesem Grund waren sie auch für die geplante Operation unbrauchbar; hinzu kam, daß mit keiner Unterstützung durch die Luftwaffe gerechnet werden konnte[37].
Die Konzeption der Wehrmachtsführung wurde von den Ereignissen überholt. Der Widerstand der H.Gr. B erlosch endgültig am 17. April, einem Zeitpunkt, zu dem keinesfalls ein Entsatz durch die dafür vorgesehenen deutschen Kräfte erfolgen konnte.
Die 11. Armee war überdies bereits von starken alliierten Kräften eingeschlossen und zum Teil schon vernichtet. Zu einem wie auch immer geplanten Angriff wären ihre Verbände nicht mehr imstande gewesen. Ihre Unterstellung unter das AOK 12 am 22. April[38] war faktisch bedeutungslos, da Wenck die tatsächliche Kommandogewalt aufgrund der Entwicklung der Lage nicht mehr wahrnehmen konnte.
Die geplante Aktion ohne starke Luftunterstützung über eine solche Entfernung durchzuführen, mußte angesichts der totalen alliierten Luftüberlegenheit von vornherein zum Scheitern verurteilt sein.

[37] Vgl. Reichhelm, a.a.O., S. 8.
[38] Vgl. KTB/OKW, Lagebuch vom 20. April 1945.

Kapitel 2

Die Aufstellung der 12. Armee

(s. Skizze 1, S. 129)

Das Armee-Oberkommando (AOK)

Die grundlegenden Befehle für die Aufstellung ergingen am 8. April 1945 an den OB West[1]. Im einzelnen sind hierzu folgende Weisungen ergangen:
Zuführung der Führungsabteilung der H.Gr. Nord aus Ostpreußen nach deren Eintreffen in Swinemünde[2];
Bereitstellung der Quartiermeisterabteilung durch die H.Gr. Weichsel;
Zuführung des Heeresnachrichtenregimentes 513 und der Kartenstelle 591;
Zuweisung von acht Feldgendarmerietrupps durch den Chef des Wehrmachtordnungsdienstes.
Die Regelung der notwendigen Offiziersstellenbesetzungen sollte durch das Heerespersonalamt erfolgen[3]. Weitere materielle und personelle Verstärkung konnte dem AOK nicht in Aussicht gestellt werden. Zum OB wurde von Hitler am 6. April der in Genesungsurlaub befindliche Gen. d. Pz. Tr. Walther Wenck ernannt[4]. Dieser übernahm die Armee in Dessau/Roßlau[5].
Ursprünglich war Blankenburg als Sitz des AOK vorgesehen. Wegen des schnellen Vormarsches der Amerikaner mußte aber auf Dessau ausgewichen werden. Dort nahm der Armeestab seine Arbeit auf. Erster Gefechtsstand wurde wegen der ausgezeichneten Fernsprechverbindungen die Pionierschule in Roßlau[6].
Inwieweit die beabsichtigten Zuführungen tatsächlich erfolgt sind, konnte bis auf das Heeresnachrichtenregiment 513 nicht mehr ermittelt werden. Das Regiment muß Wenck unterstellt worden sein, da Soldaten dieses Verbandes von den Amerikanern im Operationsbereich der Armee gefangengenommen wurden[7].

[1] Vgl. Karteikarte 9549/GenSt. d. H./Org.Abt./BA-MA-o. Bestandsbez. sowie Aufstellungsverfügungen II/80511/g.K.v. 8. April 1945/BA-MA-RH 2/v.921, II/Z80427/g.K.v. 8. April 1945/BA-MA-RH2/v.921.
[2] Vgl. Fernschr. Nr. 4389/45/GenSt. d. H./Op. Abt.III/v.8.4./BA-MA-RH2/v.336.
[3] Vgl. II/Z/80427.
[4] Vgl. Wenck, Walther, Berlin war nicht mehr zu retten, in: Stern v. 18. April 1965, S. 62.
[5] Mitteilung Wenck.
[6] Mitteilung Reichhelm.
[7] Vgl. G-2 Report, 83. US. Inf. Div. v. 29. April 1945.

Die Gesamtstärke des AOK betrug 50—60 Mann[8].
Die Unterstellungsverhältnisse der 12. Armee waren wie folgt geregelt:

- ☐ vom 8. April—19. April 1945 OB West;
- ☐ vom 20. April—27. April 1945 OKW/WFStab;
- ☐ ab 27. April H.Gr.Weichsel[9].

Am 30. April wurde Wenck der H.Gr. Weichsel erneut unterstellt, »da zwischen 12. Armee und H.Gr. Weichsel gute Verbindungen vorhanden[10]«, ohne daß zwischenzeitlich die am 27. April befohlene Unterstellung aufgehoben worden war. Weshalb diese Doppelunterstellung vorgenommen wurde, war den Akten nicht zu entnehmen.
Das AOK wurde am 2. Mai, fünf Tage vor der Kapitulation, geteilt und bis auf einen kleinen Arbeitsstab nach Westen verlegt. Der Weg der größeren Gruppe, bei der sich auch der OB der 9. Armee, Gen. d. Inf. Busse, befand, führte über Genthin—Havelberg —Wilsnack—Perleberg nach Eldena. Dort geriet sie in amerikanischen Gefangenschaft[11].

Die Armee- und Panzerkorps

Das XX. Armeekorps

Das XX. A.K. wurde nach seinem Eintreffen in Swinemünde durch die H.Gr. Weichsel dem AOK 12 in den Raum Magdeburg zugeführt[12]. Da das Korps während seines Einsatzes in Ostpreußen schwerste Verluste erlitten hatte, mußte es in seinen wesentlichen Teilen ergänzt werden.
Es sind daher folgende Zuführungen befohlen worden: Kartenstelle, Feldgendarmerietrupp, Versorgungstruppen und Artilleriekommandeur. Die Nachrichtenabteilung sollte aus dem Nachrichtenlehrregiment Halle neu gebildet werden. Notwendige Offizierstellenbesetzungen waren durch das Heerespersonalamt zu regeln.
Waffen und sonstiges Gerät (ohne Kraftfahrzeuge) hatte der Oberbefehlshaber des Ersatzheeres (Ob.d.E.) zuzuführen.
Vom OKH/GenSt.d.H./Gen. Qu. sollten 45 Lastkraftwagen und 25 PKW zur Verfügung gestellt werden[13].
Die Verwendungsbereitschaft des Korps war zum 15. April befohlen worden[14].

[8] Mitteilungen von Humboldt, Tewaag, Hirche, Genth.
[9] Vgl. KTB/OKW, Lagebuch v. 27. April und 30. April 1945.
[10] WFStab/Op. v. 30. April 1945/00.30 Uhr/Ferngespräch Chef GenSt. H.Gr. Weichsel Dethleffsen — Oberstlt.d.G. Brudermüller/BA-MA-OKW 6/2.
[11] Mitteilungen von Humboldt, Tewaag, Hirche, Genth.
[12] Vgl. OKH/GenSt.d.H./Org.Abt.(III)/Nr. 4394/45 g.K.v. 9. April/BA-MA-RH2/v. 336.
[13] Vgl. OKH/GenSt.d.H./Org.Abt. (II)/Nr. 5547/45 g.K. v. 11. April/BA-MA-RH2/v. 921.
[14] Vgl. Reichhelm, a.a.O., S. 15.

Inwieweit die hier befohlenen Zuführungen erfolgt sind, konnte nicht mehr ermittelt werden.
Folgende Divisionen sind dem Gen.Kdo. XX. A.K. ab 23./24. April unterstellt worden: Körner, Hutten, Schill und Scharnhorst. Am 1./2. Mai wurden dem Korps die Reste der I.D. Jahn zugeführt[15].

Das XXXXI. Panzerkorps

Nach einem Einsatz in Ostpreußen wurde der Korpsstab und die Nachrichtenabteilung zwischen dem 6. und 9. April von Pillau aus über See abtransportiert[16].
Korpsstab und Korpstruppen versammelten sich ab 15. April im Waldlager Hohenferchesa bei Brandenburg[17].
Das Panzerkorps gehörte bis zum 21. April zur Reserve der H.Gr. Weichsel. Am 22. April wurde das Korps dem AOK 12 unterstellt[18]. Dem Gen. Kdo. sind im Verlauf seines Einsatzes im Rahmen der 12. Armee folgende Verbände zugeteilt worden:

- ☐ Die Divisionsgruppe von Hake, die aus zwei Regimentsgruppen bestand, deren genaue Stärken nicht mehr zu ermitteln waren. Eine der Regimentsgruppen setzte sich wie folgt zusammen: als erstes Bataillon eine Flakabteilung aus Hannover, als zweites ein Ersatz-Bataillon aus Stendal, als drittes die Meldehundeschule Rathenow. Nachrichtenmittel und schwere Waffen waren nicht vorhanden[19].
- ☐ Teile der 199. Infanteriedivision, die aus dem Raum Oslo zugeführt werden sollten. Bis zum 29./30. April erreichte nur ein Regiment dieser Division den vorgesehenen Einsatzraum Friesack[20].
- ☐ Die Division z.b.V. (V-Waffen) mit einer Stärke von 6000 Mann, deren Unterstellungszeitpunkt nicht zu ermitteln war[21].
- ☐ Die 1. Panzervernichtungsbrigade Hitlerjugend mit 2500 Jungen[22].
- ☐ Die Panzer-Aufklärungsabteilung 115.
- ☐ Die Panzerjagd-Brigade Hermann Göring[23].
- ☐ Die vom XXXIX. Panzerkorps überstellten Verbände: Div. Reserve Hamburg und Meyer sowie die Reste der Pz.Div. Clausewitz[24].

[15] Vgl. Praetorius, Alexander, Die I.D. Friedrich Ludwig Jahn, April/Mai 1945, o.O., o.J., S. 17.
[16] Mitteilung Kleykamp.
[17] Vgl. Tagebuch Stohr.
[18] Mitteilung Kleykamp.
[19] Mitteilung Hake und Bahr.
[20] Mitteilung Luz.
[21] Vgl. G-2 Report, 9. US-Armee v. 3. Mai 1945.
[22] Vgl. Voigt, Horst, Die Panzervernichtungsbrigade Hitlerjugend, o.O., o.J., S. 2.
[23] Vgl. Lagekarte der H.Gr. Weichsel v. 28. April 1945/BA-MA-RH 19XV/16K.
[24] Vgl. Arndt, a.a.O., S. 11. Der Einsatz der o.g. Verbände konnte von mir nicht nachgewiesen werden.

Das XXXIX. Panzerkorps

Dieses dem AOK 12 von der H.Gr. Weichsel[25] Mitte April zugeführte Korps sollte in der ersten Hälfte des Monats im Raum Lauenburg neu gegliedert werden.
Bis zum 28. April hatten folgende Divisionen des Panzerkorps einsatzbereit zu sein:

- □ Panzerdivision Clausewitz,
- □ Infanteriedivision Schlageter,
- □ Infanteriedivision Nr. 84[26].

Am 12. April war das Panzerkorps dem direkten Befehl des OKW unterstellt worden[27] und hatte von dort die Weisung erhalten, auf der Linie Gifhorn—Braunschweig in den Harz vorzustoßen und die Verbindung zu der dort stehenden 11. Armee herzustellen. Bei diesem Angriffsunternehmen in der Zeit vom 14. bis 21. April, das vornehmlich von der Pz.Div. Clausewitz vorgetragen wurde, sind nicht nur sämtliche Kampftruppen dieser Division, sondern auch große Teile des Korpsstabes vernichtet worden[28].
Die Reste des Panzerkorps wurden am 21. April wiederum dem AOK 12 unterstellt. Sie bestanden aus:

- □ kleinen Resten der Pz. Div. Clausewitz, die nicht an dem o.g. Einsatz teilgenommen hatten,
- □ Stämmen der I.D. Schlageter,
- □ der 84. I.D. Hierbei handelte es sich im wesentlichen nur um den Divisionsstab, dem versprengte, nur für Sicherungsaufgaben brauchbare Splitterverbände unterstellt waren[29].

Am 26. April wurde die Division Schlageter dem Oberkommando der Armee Blumentritt unterstellt[30]. Hierfür traten andere Verbände unter den Befehl des Gen.Kdos. Es waren dies in der Zeit vom 26. bis 29. April:

- □ die Div.Reserve Hamburg mit zwei Regimentern aus der Reserve des Kampfkommandanten von Hamburg,
- □ die Division Meyer mit zwei Regimentern,
- □ die 84. I.D. mit drei Bataillonen,
- □ die Division Clausewitz mit drei Bataillonen[31].

Selbst Umgliederungen konnten die personelle Schwäche des Panzerkorps nicht verbergen, das bestenfalls über die Stärke einer Division verfügte. Der Korpsstab war allerdings bis zum 29. April wieder voll funktionsfähig, da notwendige Ergänzungen hatten durchgeführt werden können.

[25] OKH/GenSt.d.H./Op.Abt. (III)/Nr. 4401/45 v. 9. April/BA-MA-RH2/v. 336.
[26] Vgl. Arndt, a.a.O., S. 2.
[27] Ebenda, S. 3.
[28] Vgl. Unrein, a.a.O. aber auch Mick, A.H., With the 102nd Inf.Division through Germany, Washington 1947, S. 231.
[29] Vgl. Arndt, a.a.O., Anhang v. Oberst Geyer.
[30] Ebenda.
[31] Ebenda, S. 9.

An diesem Tag mußten die o.g. Divisionen an das XXXXI. Pz.K. abgegeben werden. Dafür wurden neu unterstellt: die 309. I.D. mit einer Stärke von fünf Bataillonen einschließlich der Kräfte des Kampfkommandanten von Rathenow und die Division Konitzky mit sechs Bataillonen[32].

Das XXXXVIII. Panzerkorps[33]

Am 10. April 1945 wurde der Korpsstab mit den Korpstruppen von der Ostfront aus dem Raum Görlitz nach Riesa verlegt und dem AOK 12 unterstellt. Seine operative Aufgabe ist dem Panzerkorps am 11. April von General Wenck zugewiesen worden. Sämtliche in seinem Operationsbereich befindlichen Truppen wurden dem Kommandierenden General unterstellt. Das Korps verfügte damit über folgende Truppen:

- ☐ Korpstruppen: eine Nachrichten-Abteilung mit drei Kompanien,
  eine Sanitätskompanie,
  eine Werkstattkompanie,
  ein Feldgendarmerietrupp,
  der Nachschubführer mit 150 t Kolonnenraum,
  der Stab des Pionierführers und des Artillerieführers[34];
- ☐ die 14. Flakdivision mit dem Stab in Leipzig, die über insgesamt 1000 Flak aller Kaliber im Raum Leuna—Merseburg verfügte. Die Batterien waren zumeist ortsfest aufgestellt und daher für den Erdkampf kaum verwendbar[35];
- ☐ der Kampfkommandant von Halle, Generalleutant Rathke, mit acht Bataillonen und mehreren Flakbatterien, insgesamt rd. 4000 Mann[36];
- ☐ der Kampfkommandant von Leipzig, Oberst von Poncet, mit acht Bataillonen Volkssturm, einem Ersatzbataillon und einer Kraftfahrersatzabteilung[37];
- ☐ weitere von Orts- und Kampfkommandanten aus Genesenen, Urlaubern, Ausbildungspersonal und Rekruten des Ersatzheeres und der Luftwaffe zusammengestellte Bataillone sowie Volkssturmeinheiten. Davon konnten aber nur etwa 50 Prozent aus Mangel an Infanteriewaffen bewaffnet werden. Schwere Infanteriewaffen standen kaum zur Verfügung. Die genaue Stärke dieser Einheiten ist nicht zu ermitteln[38].

[32] Vgl. ebenda, Anhang.
[33] Vgl. hierzu insgesamt: Edelsheim, Maximilian v., Die Tätigkeit des XXXXVIII. Pz.K. beim amerikanischen Feldzug in Mitteldeutschland (11. April—3. Mai 1945), OCMH, MS-B-219.
[34] Ebenda, S. 4.
[35] Ebenda, S. 5: Vgl. o.V., Combat History of the Second Inf.Division in WW II, Baton Rouge 1946, S. 142.
[36] Vgl. Edelsheim, a.a.O., S. 3; aber auch: MacDonald, Charles, United States Army in WW II, The European Theater of Operations, The Last Offensive, Washington 1973, S. 402; ebenso: Hoegh, L.A., Doyle, H.J., The History of the 104th Inf.Div. 1942—1945, Washington 1946, S. 339.
[37] Vgl. Grolman, Wilhelm v., Der Zusammenbruch von Leipzig aus gesehen, OCMH, MS-B-478, S. 11, aber auch Edelsheim, a.a.O., S. 5.
[38] Vgl. Edelsheim, a.a.O., S. 3.

Die Divisionen

Die RAD-Divisionen

Am 30. März 1945 wurde als 35. und letzte Welle die Aufstellung von drei RAD-Divisionen befohlen. Diese sollten nach Gliederung und Stärke einer Infanteriedivision 45 mit gekürzter Artillerieausstattung und ohne Feldersatz-Bataillon entsprechen[39].
Anstelle der 1. Kompanie der Pz.Jg.Abt. wurde eine Pz.Zerstörer-Kompanie, anstatt der Div.Nachr.Abt. nur eine gemischte Div. Nachr. Kompanie aufgestellt[40].
Durch Schreiben des Reichsarbeitsführers Hierl vom 31. März wurde festgestellt, daß der RAD bis zu 1500 Führer der unteren Laufbahn zur Verfügung stellen konnte. Weitere 2500 Hilfsausbilder waren zum Teil für eine Verwendung in dieser Funktion vorgesehen[41].
In Ergänzung dazu teilte das Personalamt des RAD dem Heerespersonalamt am 4. April mit, welche Stellen der mittleren und oberen Laufbahn innerhalb der Divisionen mit RAD-Führern, die über eine entsprechende militärische Ausbildung verfügten, besetzt werden sollten. Je Division waren vorgesehen: »einzelne Regimentskommandeure, fünf Bataillonskommandeure sowie alle Kompanie- und Zugführer für die Infanterieeinheiten, ein Bataillonskommandeur der Pioniere und zwei Batterieführer (Artillerie)[42]«.
An Mannschaftsdienstgraden stellte der Reichsarbeitsdienst für jede Division 3500 Mann zur Verfügung[43].
Hierl beauftragte Generalarbeitsführer Herzog mit den Vorarbeiten zur Aufstellung der Verbände[44].
In diesem Zusammenhang interessieren nur zwei Divisionen, weil sie im Rahmen der 12. Armee zum Einsatz gekommen sind:
- ☐ Infanteriedivision z.b.V. 2, Aufstellungsort Truppenübungsplatz Jüterbog,
- ☐ Infanteriedivision z.b.V. 3, Aufstellungsort Truppenübungsplatz Döberitz.

Mit Befehl vom 9. April wurde der ersten Division der Name Friedrich Ludwig Jahn und der zweiten Division der Name Theodor Körner verliehen[45].
Sämtliche Angehörige des RAD wurden in einer Feierstunde von einem höheren RAD-Führer der Wehrmacht überstellt[46].

[39] Vgl. OKW/WFStab/Org. (I) Nr. 02019/45 g.K. v. 30. März 1945/BA-MA-RH2/v. 1123.
[40] Vgl. Karteikarten/GenSt.d.H./Org.Abt. Nr. 1290 und 1286/BA-MA-o. Bestandsbez.
[41] Vgl. Reichsarbeitsführer/D/Pers. Nr. 956/45 g.K.v. 31. März 1945/National Archives, Washington D.C./Mikrofilm, Records of Headquarters, German Army High Command, T-78, Roll Nr. 415.
[42] Zitiert bei Keilig, Wolf, Das Deutsche Heer 1939—1945, Bad Nauheim 1956, 101/VI, S. 18.
[43] Vgl. GenSt.d.H./Org. (III) Nr. 1892/45 v. 9. April/BA-MA-RH2/v. 1123.
[44] Vgl. OKH/HPA/BA-MA-H 10—4/19.
[45] Vgl. Ob.d.E./AHA/Stab Ia (1) Nr. 3122/45 g.K. v. 9. April/MA-DDR-F2281.
[46] Vgl. Nestler, Werner, Die RAD-Divisionen, Kornelimünster 1957, unveröffentl. Manuskript, S. 2.

Die Infanteriedivision Friedrich Ludwig Jahn

Zum Aufstellungsort wurde der Truppenübungsplatz Jüterbog bestimmt. Dem Stab und den Verbänden sind folgende Unterkünfte zugewiesen worden:
Div.Stab zunächst Fuchsbergkaserne, später Waldlager; Neues Lager: Gren.Rgt.1, I. Art.Abt., Felders.Btl.; Waldlager: Gren.Rgt. 3, II. Art.Abt.; Fuchsbergkaserne: Gren.Rgt. 2, Pionier-Btl.; Altes Lager: Füs.Btl., Pz.Jgd.Abt.; Dorf und Kloster Zinna: Nachr.Abt., Vers.Einheiten[47].
Die grundlegenden Aufstellungsbefehle ergingen am 4. und 7. April[48]. Durch Befehl vom 9. April wurde der Division nicht nur der Name verliehen, sondern gleichzeitig angeordnet, daß die Grenadierregimenter den Divisionsnamen mit dem Zusatz 1,2,3 zu führen hätten[49].
Als Rahmen wurde der Stab der 251. Infanteriedivision mit Teilen der Nachr.Abt. dieses zerschlagenen Verbandes zugewiesen[50].
Dieser Divisionsstab war bereits vor Beendigung der Kämpfe um Gotenhafen/Hela zusammen mit seiner Nachr.Abt. und dem Stab des Artillerieregiments am Ostersonntag per Schiff nach Swinemünde verlegt worden[51].
Das Zusammentreten des gesamten Personals der Division wurde für den 10. April, die Herstellung der Kampfbereitschaft zum 15. April befohlen[52]. Der Div.Stab traf bereits am 3. bzw. 4. April in Jüterbog ein. Am 9. April war das Personal vollständig versammelt. Neben RAD-Führern, mit denen etwa 70 Prozent der Planstellen besetzt wurden, standen versehrte kriegserfahrene Offiziere verschiedener Heeresschulen als Ausbilder zur Verfügung[53].
Am 18. April wurde bei einem amerikanischen Luftangriff auf den Bahnhof von Jüterbog auch die Fuchsbergkaserne getroffen. Die dort liegende MG-Kompanie des II. Bataillons des Grenadierregimentes 2 erlitt Verluste von 150 Mann bei gleichzeitigem Totalverlust ihres Gerätes[54].
Das Gren.Rgt. 1 erhielt am 16. April den Befehl zum Abmarsch nach Südwesten. Nach dem sowjetischen Durchbruch an der Oder wurde es auf LKW verladen und in den Raum Zossen verbracht[55]. Hier hatte dieser Verband die Linie Kummersdorf—Teupitz gegen die aus dem Raum Cottbus vorstoßenden Sowjets zu sperren. Bei diesem Einsatz unterstand das Regiment nicht mehr der Division, sondern der Kampfgruppe Oberst Oertel[56]. Das Regiment wurde bei diesen Kämpfen vollständig zerschlagen[57].

[47] Vgl. Praetorius, a.a.O., S. 3.
[48] Vgl. GenSt.d.H./Org.Abt./Karteikarte Nr. 1286/BA-MA-o. Bestandsbez.
[49] Ebenda.
[50/51] Vgl. Praetorius, a.a.O., S. 2.
[52] Vgl. Karteikarte.
[53] Vgl. Praetorius, a.a.O., S. 2.
[54] Ebenda, S. 4.
[55] Mitteilung Konopka.
[56] Vgl. Nr. 6400/45. Die Bezeichnung dieses Befehls ist unvollständig; wahrscheinlich: GenSt.d. H./Op.Abt. Ia/BA-MA-RH2/v. 337.
[57] Mitteilung Konopka.

Die Infanteriedivision Theodor Körner

Zum Aufstellungsort wurde der Truppenübungsplatz Döberitz bestimmt. Die grundlegenden Aufstellungsbefehle ergingen am 4., 7. und 9. April 1945[58]. Am 9. April wurde der Division der Name »Theodor Körner« verliehen; gleichzeitig wurde befohlen, daß die Bezeichnungen der Grenadierregimenter wie der Divisionsname mit dem Zusatz 1,2,3 zu lauten haben[59].
Als Rahmen wurde der Div. Stab der 215. Infanteriedivision zugewiesen, der bereits am 6. April in Döberitz eintraf. Auf Befehl des OKH waren 67 Offiziere und Soldaten dieses Stabes in der Nacht vom 31. März zum 1. April aus dem Verband des VII. Pz.K. herausgelöst und von Hela nach Swinemünde verlegt worden[60].
Die Aufstellung hatte kurzfristig zu geschehen. Das Zusammentreten der gesamten Division war für den 15. April befohlen worden. Fehlendes Personal hatte der Wehrkreis III, unter Rückgriff auf Ersatzpersonal aller Art mit einer Grundausbildung von mindestens acht Wochen, zur Verfügung zu stellen[61].
Hierfür wurden bereitgestellt: der letzte Stamm des Infanterie-Lehrregimentes Döberitz, Oberfähnriche der Kriegsschule Metz sowie Mannschaften aus Sammelstellen, Genesene und Urlauber, die aus irgendwelchen Gründen nicht zu ihrer Stammeinheit zurückkehren konnten[62].
Das Pionier-Bataillon der Division mit drei Kompanien wurde aus dem Pi.Ausb.Btl. 892 gebildet[63].
Soweit erforderliches Gerät nicht vom RAD zur Verfügung gestellt werden konnte, war dieses unmittelbar zu beschlagnahmen[64]. Zum Divisionskommandeur wurde Generalleutnant Bruno Frankewitz ernannt, der den Verband bis zur Kapitulation führte. Der Abmarsch der Division in den Versammlungsraum Genthin—Burg fand am 18. April 1945 statt[65].

Die Infanteriedivision Ulrich von Hutten

Diese Division ist im Raum Wittenberg (Lutherstadt) ab 29. März 1945 in der Gliederung einer Inf.Div. 45, jedoch ohne I. Abt. des Artillerieregimentes, das Feldersatz-Bataillon und das Versorgungsregiment, aufgestellt worden[66]. Die hierfür grundlegen-

[58] Vgl. GenSt.d.H./Org. Abt. Karteikarte Nr. 1290/BA-MA-o. Bestandsbez.
[59] Ebenda.
[60] Vgl. Schelm, Walter, Mehrle, Hans: Von den Kämpfen der 215. württembergisch-badischen I.D., o.O., o.J., S. 308.
[61] Vgl. Ob.d.E./AHA/Stab Ia (1) Nr. 3016/45 g.K. v. 4. April 1945/BA-MA-RH2/v. 1123.
[62] Vgl. Schelm, Mehrle, a.a.O., S. 308.
[63] Vgl. Karteikarte.
[64] Vgl. Ob.d.E./AHA/Stab Ia (1) Nr. 3016/45 g.K. v. 4. April 1945/BA-MA-RH2/v. 1123.
[65] Mitteilung Graevenitz.
[66] Vgl. GenSt.d.H./Org.Abt./Karteikarte Nr. 1289/BA-MA-o. Bestandsbez.

den Befehle ergingen am 29. März, 4. April und 9. April 1945[67]. Es sollten folgende Zuführungen erfolgen:
der Div.Stab mit der Hälfte der Nachr.Abt. von der 18. Volksgrenadierdivision sowie Reste der 56. und 190. Infanteriedivision[68].
Folgende Verbände sollten zur Stammbildung der Regimenter bzw. der Bataillone zur Verfügung stehen:
das Pionier-Ausb. Btl.845;
die V. Abt. des Volksartillerie-Korps 412 (diese in Neustrelitz aufgestellte Abteilung wurde am 6. April ohne Geschütze und Handfeuerwaffen zur Division nach Zahna bei Wittenberg in Marsch gesetzt. Wenig später schon ist sie auf LKW nach Jüterbog verlegt worden und trat dort offenbar unter den Befehl der I.D. Jahn. Hier erst erhielt sie Handfeuerwaffen. Ab 25. April wurde die Abteilung, immer noch ohne Geschütze, der Division Konitzky unterstellt. Artilleristisch ist sie während ihres gesamten Einsatzes im Verband der 12. Armee nicht verwendet worden[69]);
Stab und Stabskompanie der Panzer-Jäger-Abt. Hannover;
Jgd.Pz.Kp. von der Heeres-Unteroffiziersschule Krampnitz.
Die Führernachwuchsschulen des Wehrkreises IV stellten das weitere Personal[70].
Inwieweit die genannten geplanten Zuführungen verfolgt sind, konnte nicht mehr ermittelt werden.
Durch Führerbefehl vom 8. April erhielt die Division ihren Namen[71].
Die Verwendungsbereitschaft war bis zum 15. April herzustellen[72].
Am 11. April wurden der Division 28 Infanteriegeschütze des Kalibers 7,5 cm per Schiff aus Magdeburg zugeführt[73].
Unterstellt wurde ihr die Panzer-Jgd.Abt. 3. Diese bestand aus einer Aufklärungskompanie mit schweren Panzerspähwagen, zwei Panzerkompanien mit je 15 Panzern und einer Schützenkompanie auf Schützenpanzerwagen[74].

Nach amerikanischen Angaben verfügte die I.D. Hutten über eine Personalstärke von 5000 Mann. Ihre Grenadier-Regimenter wiesen eine Kampfstärke von je 1200 Mann auf. Sie waren mit Karabiner, Panzerfaust, Panzerschreck, lMG sowie 8-cm- und 12-cm-Granatwerfer ausgerüstet[75]. Eine am 10. April ebenfalls in Wittenberg aufgestellte Kampfgruppe des Hauptmanns Aulhorn mit einer Stärke von zwei Infanteriekompanien und einem Panzerabwehrzug soll der Division unterstellt gewesen sein[76]. Die I.D.

[67] Ebenda. Die Befehle sind nicht erhalten.
[68] Vgl. OKH/GenSt.d.H./Org.X/Nr. 5548/45 g.K. v. 11. April/BA-MA-RH2/v. 1123.
[69] Mitteilung Sander.
[70] Vgl. Karteikarte.
[71] Vgl. G.I.F./Nr. 903/45 g.K. v. 8. April/BA-MA-RH2/v. 1124.
[72] Vgl. OKH/GenSt.d.H./Org.X/Nr. 5548/45 g.K. v. 11. April/BA-MA-RH2/v. 1123.
[73] Vgl. G-2 Report, 30. US Inf. Div. v. 18. April 1945 (Gefangenenvernehmung).
[74] Vgl. Engel, Gerhard, Erfolgreicher Kampf in verzweifelter Lage (12. Armee/Wenck), Vortrag von der Schweizer Offiziersgesellschaft, o.O., o.J., S. 9.
[75] Vgl. G-2 Report, 3. US-Pz.Div. v.17. und 18. April 1945.
[76] Ebenda.

Hutten wurde von Generalleutnant Blaurock, dem Kommandeur der in Ostpreußen zerschlagenen 56. I.D., aufgestellt. Er wurde am 13. April durch Generalleutnant Engel ersetzt[77].

Die Infanteriedivision Scharnhorst

Diese Division ist ab 30. März 1945 weitgehend im Raum Dessau/Roßlau in der Gliederung einer Inf.Div. 45 aufgestellt worden. Die grundlegenden Befehle hierfür ergingen am 23. März, 4., 8., 12. und 15. April 1945[78].
Es sollten folgende Zuführungen erfolgen: der Div.Stab mit Versorgungs-Teilen von der 340. I.D. sowie die Reste der 167. Infanteriedivision[79].
Folgende Verbände standen zur Stammbildung der Regimenter bzw. der Bataillone zur Verfügung:
das Pionier-Btl. von der Pionier-Schule Dessau/Roßlau;
Stab, I. und IV. Abt. des Volksartillerie-Korps 412;
Stab und Stabskompanie der Pz.Jg.Abt. Magdeburg;
Teile des Nachr.Lehrregimentes Halle.
Der Wehrkreis Böhmen und Mähren stellte die Kartenstelle[80]. Inwieweit die letztgenannten Zuführungen tatsächlich erfolgt sind, konnte nicht mehr ermittelt werden.
Die Führernachwuchsschulen des Wehrkreises XI stellten das weitere Personal[81].
Die drei Grenadierregimenter wurden in folgenden Orten aufgestellt: 1 in Roßlau, 2 in der Pionierkaserne Roßlau, 3 in Dessau, in Groß- und Klein-Kühnau sowie in Alten[82].
Sie bestanden zu 80 Prozent aus Fahnenjunkern, Unteroffizierschülern und Unteroffiziervorschülern. Das Gren.Rgt. 2 setzte sich zum Teil aus hochdekorierten Luftwaffenangehörigen zusammen[83]. Die infanteristische Ausrüstung bestand aus Karabiner, Sturmgewehr 44, MG 34 und 42, Panzerfaust und Panzerschreck. Granatwerfer, Pak und Infanteriegeschütze waren in Sollhöhe vorhanden[84]. Die Pz.Jg.Abt. wurde in Dessau/Roßlau aufgestellt. Ihre Stärke betrug 427 Soldaten und 14—18 Offiziere. Folgende Ausrüstungsgegenstände wurden aus dem Bereich des Fliegerhorstes Oranienbaum beschafft: ein Tieflader, einige 3-t-Zugmaschinen, Zwillings- und Vierlingsflakgeschütze, 20 Flieger-MGs sowie einige VW-Gelände- bzw. Schwimmwagen. Die zugewiesene Pz.Kp. war mit Panjewagen und Pferden, nicht aber mit Panzern ausgerüstet. Für die Jgd.Pz.Kp. standen etwa 7 Jagdpanzer zur Verfügung[85].

[77] Mitteilung Friedrich.
[78] Vgl. GenSt.d.H./Org.Abt./Karteikarte Nr. 1288/BA-MA-o. Bestandsbez.
[79] Ebenda, sowie OKH/GenSt.d.H./Org. X Nr. Z/5548/45 g.K. v. 11. April/BA-MA-RH2/v. 1124.
[80] Vgl. Karteikarte.
[81] Ebenda.
[82] Mitteilung Busch, Rieger, Pick.
[83] Mitteilung Rieger.
[84] Mitteilung Pick.
[85] Mitteilung Bartel.

Das Füsilier-Btl. wurde im Raum Köthen aufgestellt. Es bestand aus drei Füsilierkompanien und einer schweren Kompanie. Letztere verfügte über 12 Infanterie-Geschütze. Die Soldaten des Bataillons waren mit Sturmgewehren und lMGs ausgerüstet. Die Aufstellung dieses Verbandes erfolgte in Köthen, weil ihr erster Kampfauftrag, bevor noch die volle Verwendungsbereitschaft hergestellt worden war, lautete: Sicherung des Aufstellungsraumes der Division gegen Vorstöße des Gegners von Süden[86].
Nach dem Verlust fast aller wesentlichen deutschen Industriegebiete bereitete die Ausrüstung der Division mit Kraftfahrzeugen und Geschützen besondere Schwierigkeiten. LKW sollten aus dem Raum Nürnberg—Fürth zugeführt werden, sie erreichten aber nur teilweise den Aufstellungsraum. Das Volkswagenwerk fiel durch den schnellen Vorstoß der Amerikaner für die Lieferung von PKW vorzeitig aus. Die Zuführung von Geschützen erfolgte aus dem noch nicht besetzten Böhmen und Mähren (Skoda/Pilsen)[87].
Durch Führerbefehl vom 8. April wurde der Division der Name verliehen[88]. Ihre Verwendungsbereitschaft sollte zum 12. April hergestellt werden[89]. Vorgesehener Divisionsführer war Oberst i.G. Borgmann, ehemaliger Wehrmachtadjutant bei Hitler. Borgmann fand in der Nacht vom 5. zum 6. April bei einem Tieffliegerangriff den Tod[90].
Sein Nachfolger wurde Generalleutnant Götz, der die Division bis zur Kapitulation führte.

Die Infanteriedivision Schill

Diese Division ging aus der Sturmgeschützschule Burg bei Magdeburg hervor. Die Soldaten der Schule wurden am 10. April 1945 wegen des schnellen Vormarsches der Amerikaner auf die Elbe durch den Wehrkreis XI alarmiert, infanteristisch ausgerüstet und zur Kampfgruppe Burg umgegliedert. Der Verband wurde auf dem Ostufer der Elbe zur Abwehr der vordringenden Truppen der 9. US-Armee eingesetzt. Major Alfred Müller, Kommandeur der Kampfgruppe, gliederte sich sämtliche in seinem Operationsbereich befindlichen Wehrmachteinheiten ein, so daß diese innerhalb weniger Tage eine Stärke von 8000—10000 Mann erhielt. Müller organisierte seine Kampfgruppe wie eine Infanterie-Division.
Am 20. April nahm das AOK 12 Verbindung zu diesem Verband auf und unterstellte ihn sich unter gleichzeitiger Umbenennung in Division Schill. Ihr Kommandeur wurde zugleich zum Oberstleutnant befördert.
Über Soll-Stärken verfügten nur die Grenadier-Regimenter 1 und 2 sowie das Füsilier-Bataillon. Alle anderen Verbände waren schwächer, als sie gemäß der vorgegebenen Planzahlen nach Gliederung und Stärke einer Inf.Div. 45 hätten sein müssen.

[86] Mitteilung Deckert.
[87] Mitteilung Stelter.
[88] Vgl. G.I.F./Nr. 903/45 g.K. v. 8. April 1945/BA-MA-RH2/v. 1124.
[89] Vgl. OKH/GenSt.d.H./Org. X Nr. Z/5548/45 g.K. v. 11. April/BA-MA-RH2/v. 1124.
[90] Mitteilung Pick.

Die Division war nur teilmotorisiert, so daß die Verlegung von der Elbefront an die Einsatzorte im Osten per Kleinbahn erfolgen mußte[91].

Die Infanteriedivision Potsdam

Diese Division ist ab 29. März 1945 in der Gliederung einer Inf.Div. 45, jedoch ohne leichte Art.Abt. und Felders.Btl., als 85. I.D. auf dem Truppenübungsplatz Döberitz aufgestellt worden.
Die hierfür grundlegenden Befehle ergingen am 29. und 30. März[92]. Es sollten folgende Zuführungen erfolgen:
Div.Stab, Nachr.Abt. und Vers.Rgt. von der 85. I.D.
Zur Stammbildung der Regimenter bzw. der Bataillone waren folgende Verbände in Aussicht genommen:
die III. und VI. Abt. des Volksart.Korps 412;
die Pz.Jgd.Kp. 1185 einschließlich Grenadier-Begleitzug;
die 3. (Fla) Kp. 185;
die Reste der Inf.Rgt. 1053, 1054 und 1064[93].
Gemäß Befehl des Generalinspekteurs für den Führernachwuchs hatten die fechtenden Teile der Division von Schulen und Lehrgängen aller Waffengattungen gestellt zu werden, soweit sie mindestens eine achtwöchige militärische Grundausbildung durchlaufen hatten. Fehlendes Personal stellte der Wehrkreis III unter Rückgriff auf Ersatzpersonal aller Art[94].
Waffen, Geräte und Kraftfahrzeuge mußten durch den Generalinspekteur für den Führernachwuchs (G.I.F.) aus Beständen der entsprechenden Schulen zur Verfügung gestellt werden. Fehlendes Material war durch den Bevollmächtigten des Führers für das Kfz-Wesen bzw. durch den Wehrwirtschaftsoffizier des Wehrkreises III zu beschaffen. Inwieweit die genannten Zuführungen erfolgt sind, konnte nicht mehr ermittelt werden.
Es sind keine Sturmgeschütze zugeführt worden. Die Pak, die aus dem Raum Gotha angeliefert werden sollten, erreichten den Aufstellungsraum nicht mehr[95].
Nach amerikanischen Angaben hatte die Division eine Kampfstärke von 4000—6000 Mann. Das Art.Rgt. bestand aus drei Abteilungen und verfügte über Geschütze des Kalibers 10,5 cm. Die drei Gren.Rgt. setzten sich aus jeweils zwei Bataillonen zusammen[96].

[91] Vgl. hierzu insgesamt Müller, Alfred: Division Schill, unveröfftl. Manuskript, o.O. o.J., sowie Mitteilung Omnus.
[92] Vgl. OKH/Ob.d.E./AHA/Stab/Ia/(1) Nr. 2805/45 g.K. v. 29. März 1945/MA-DDR-F 2281; OKH/Ob.d.E./AHA/Stab/Ia (1) Nr. 8805/45 g.K. v. 30. März 1945/MA-DDR-F 2281.
[93] Ebenda.
[94] Ebenda.
[95] Mitteilung Lorenz.
[96] Vgl. G-2 Report, 3. US-Pz.Div. v. 18. und 19. April 1945.

Am 8. April wurde die Division in I.D. Potsdam umbenannt[97]. Ihre Verwendungsbereitschaft war zum 8. April bis 24.00 Uhr herzustellen[98]. An diesem Tage befanden sich Teile der Division bereits auf dem Marsch nach Westen[99].
Oberst Erich Lorenz war am 23. März mit der Aufstellung und Führung der Division beauftragt worden[100].
Für den Einsatz der I.D. Potsdam ergibt sich folgender Ablauf: Sie beendete als erste Division der 12. Armee die Aufstellung und sollte deshalb zur Sicherung des in Aussicht genommenen Aufmarschraumes der 12. Armee zum Harz — in das Gebiet um Blankenburg — verlegt werden.
Am 8. April wurde das I. oder II. Bataillon des Gren.Rgt. Potsdam 3 per Eisenbahn von Döberitz in Richtung auf den Bereitstellungsraum in Marsch gesetzt, nach Erreichen von Barby aber bereits ausgeladen und mit Verbänden der I.D. Scharnhorst dort gegen die Amerikaner eingesetzt. Es ist zu vermuten, daß dieses Bataillon bis zur Kapitulation bei der Division blieb. Weitere Verbände der I.D. Potsdam verließen Döberitz per Eisenbahn erst am 9. April und bezogen Stellungen zwischen Wernigerode und Quedlinburg. Es waren dies ein Bataillon des Gren.Rgt. 3, das Füs.Btl. und Teile des Art.Rgt. Vom 13. April an sind diese Truppen in Kämpfe mit den Amerikanern verwikkelt worden, in deren Verlauf sie am 18. April eingeschlossen wurden. Der Divisionskommandeur entließ die Soldaten am 20. April, weil er weiteren Widerstand für sinnlos hielt. Er selbst durchbrach mit einigen Angehörigen seines Stabes die Einschließung und geriet bei Bad Harzburg in amerikanische Gefangenschaft.
Das Gren.Rgt. 2 sowie das Pionier-Bataillon erreichten den Harz nicht mehr und kämpften daher bis zur Kapitulation im Verband der I.D. Hutten[101].

Die anderen Verbände

Die 1. Panzervernichtungsbrigade Hitlerjugend[102]

Dieser Verband wurde im Februar 1945 als drittes Aufgebot des Volkssturms in Radebeul bei Dresden aufgestellt. Die Mannschaftsdienstgrade setzten sich aus Schülern von Adolf-Hitler-Schulen, Nationalpolitischen Erziehungs- und Lehrerbildungsanstalten, Teilnehmern von Lehrgängen der Wehrertüchtigungslager und HJ-Führern, vornehmlich aus den Obergebieten Ost, Mitte und Nord, zusammen.

[97] Vgl. G.I.F./Nr. 903/45 g.K. v. 8. April/BA-MA-RH2/v. 1124.
[98] Vgl. Ob.d.E./AHA/Stab Ia (1) Nr. 8805/45 g.K. v. 30. April 1945/MA-DDR-F 2281.
[99] Vgl. OKH/GenSt.d.H./Org. Abt. Nr. Z/5548 g.K. v. 11. April/BA-MA-RH2/v. 1124.
[100] Mitteilung Lorenz.
[101] Vgl. G-2 Report, 83. US-Inf.Div. v. 13., 15., 17. April, 1945 sowie Mitteilungen von Lorenz.
[102] Vgl. hierzu insgesamt Voigt, Horst: Die 1. Panzervernichtungsbrigade Hitlerjugend, unveröffentlichtes Manuskript, o.O., o.J.

Die Jungen waren zwischen 15 und 17 Jahre alt. Sie sind in olivfarbene Uniform (Feldbluse im Schnitt der Organisation Todt) eingekleidet gewesen. Die Heeresunteroffiziere, die zu dieser Brigade kommandiert worden waren, behielten ihre Wehrmachtuniformen. Offiziere des Heeres und der Luftwaffe, die in diesem Verband Dienst taten, hatten ihre militärischen Rangabzeichen abgelegt und trugen die des HJ-Führerkorps auf ihrer Wehrmachtuniform in folgender Entsprechung:

Gefolgschaftsführer	= Oberfähnrich
Obergefolgschaftsführer	= Leutnant
Hauptgefolgschaftsführer	= Oberleutnant
Oberstamm-/Stammführer	= Hauptmann
Bannführer	= Major
Oberbannführer	= Oberstleutnant
Hauptbannführer	= Oberst

Brigadekommandeur war Reichsjugendführer Artur Axmann. Die Ausbildung der Jungen fand auf den Truppenübungsplätzen Wünsdorf und Zossen statt. Die Vereidigung der Brigade wurde Anfang April 1945 von Reichsjugendführer Axmann in Anwesenheit von SS-Obergruppenführer Berger als Vertreter des Oberbefehlshabers des Ersatzheeres in Strausberg vorgenommen.
Der Verband wurde dem AOK 9 als Armeereserve zur Verwendung im Rückwärtigen Armeegebiet unterstellt. Unter der Verantwortung des Armeepionierführers sind die Bataillone 30—50 km hinter der HKL in der Linie Beeskow—Herzfelde beiderseits der Autobahn Berlin—Frankfurt/Oder aufgestellt worden.
Ihre ihnen von der Armee übertragenen Aufgaben bestanden in:

- ☐ Verhinderung von überraschenden Panzervorstößen der Russen hinter die Hauptkampflinie;
- ☐ Blockierung der Autobahn und panzergeeigneten Straßen im Fall sowjetischer Durchbrüche.

In der Zeit vom 16.—20. April waren die Einheiten der Brigade zur Abwehr durchgebrochener sowjetischer Panzerrudel eingesetzt. Nach diesem Kampfeinsatz bei der 9. Armee wurde die Pz.Vern.Brig. nach Berlin zurückgeführt und trat unter das Kommando der 3. Panzerarmee, deren Rückwärtiges Armeegebiet sie zu sichern hatte. Aus diesem Grund bildete sie am 23. April eine Panzersperrlinie beiderseits der Reichsstraße 167 bei Löwenberg i.d. Mark nördlich Oranienburg und Gransee mit dem Brigadegefechtsstand in Vielitz. Der Verband wurde am 27. April dem AOK 12 unterstellt und von diesem dem XXXXI. Pz.K. zugewiesen[103].

[103] Der Einsatz dieses Verbandes im Rahmen des XXXXI. Pz.K. ist bestätigt worden (Mitteilung Schefold).

Das Freikorps Adolf Hitler

Am 28. März wurde von Hitler die Aufstellung des nach ihm benannten Verbandes verfügt[104]. Er sollte sich »aus den Aktivisten der Bewegung, Freiwilligen des Volkssturms und Freiwilligen der Werkschar«[105] zusammensetzen.
Das Freikorps war wie folgt gegliedert: Jeder NS-Gau hatte einen »Gauschwarm«, der etwa 1 000 Personen umfaßte, aufzustellen. Dieser war unterteilt in »Kreisschwärme«, die wiederum aus »Einzelschwärmen« (neun Männer und eine Frau) bestanden[106].
Die Frauen, welche in das Korps aufgenommen werden sollten, hatten völlig unabhängig zu sein. Sie mußten in Erster Hilfe ausgebildet sein sowie nähen und kochen können[107]. Die Uniform bestand aus einer Trainingshose, Uniformjacke, Mütze, Tarnanzug und Armbinde mit der Aufschrift »Freikorps Adolf Hitler«. Die Einheiten waren wie folgt bewaffnet: Sturmgewehr, Panzerfaust und Handgranate. Zur weiteren Ausrüstung gehörte außerdem ein Fahrrad für jeden Korpsangehörigen[108].
Die Ausbildung erfolgte auf Truppenübungsplätzen[109]. Logistisch waren die Einheiten offenbar auf die Versorgung durch die Fronttruppen angewiesen[110].
Im Bereich der 12. Armee wurden die auf den Truppenübungsplätzen Munster und Döberitz aufgestellten »Gauschwärme« eingesetzt[111].
Der Panzerjagdverband Döberitz (Gauschwarm Berlin) hatte bis zu seiner Ablösung durch die I.D. Körner am 24. April im Raum Treuenbrietzen—Niemegk einen dünnen Sicherungsschleier gegen die aus Jüterbog verstoßenden Sowjets zu bilden.
Danach wurde dieser Verband wieder nach Berlin verlegt und bei den Kämpfen um die Stadt völlig aufgerieben[112]. Die Einheiten des Panzerjagdverbandes Munster kämpften bis zur Kapitulation im Verband der 12. Armee. Während des letzten Angriffs stießen sie vor der Division Hutten auf Ferch zu. Hierbei schoß die Tochter Lore des Reichsorganisationsleiters Dr. Robert Ley, die in diesem Verband kämpfte, einen sowjetischen

[104] Vgl. Abschrift der Aufstellungsverfügung BA-ZNS/WA 11g
[105] Ebenda.
[106] Mitteilung Maria Klumpp, Hannes Klauke. Vgl. auch: OKH/GenSt.d.H./Op.Abt.Ia/Nr. 44443/45/BA-MA-RH2/v. 337; sowie Karteikarte OKH/GenSt.d.H./Org.Abt. Freikorps Adolf Hitler BA-MA/ohne Bestandsbezeichnung. Hiernach wurde die Gliederungsbezeichnung »Schwarm« von der Wehrmacht offensichtlich nicht verwendet, sondern die Einheiten des Korps als Panzerjagdkommandos bzw. Pz.Jgd.Verbände bezeichnet.
[107] Mitteilung Maria Klumpp.
[108] Mitteilung Maria Klumpp, Hannes Klauke und Tagebuch Erbe.
[109] Vgl. Karteikarte/F.K. Adolf Hitler.
[110] Speer und Gensicke berichten beide, daß Korpsangehörige von ihren Verbänden verpflegt worden sind.
[111] Mitteilung Maria Klumpp, Hannes Klauke. Vgl. auch die Karteikarte. Hier wird noch ein Panzerjagdverband Hohenfeld genannt (gem. ist sicherlich Hohenfels, da es nur einen Truppenübungsplatz dieses Namens gab). Dieser sollte lt. Karteneintrag dem AOK 12 im Raum Torgau-Eilenburg zugeführt werden. Der Einsatz dieses Verbandes konnte von mir nicht nachgewiesen werden.
[112] Mitteilung Maria Klumpp. Vgl. hierzu auch das Tagebuch Erbe. Dieser gibt an, am 21. April im Raum südwestlich von Treuenbrietzen einigen »Schwärmen« des Freikorps begegnet zu sein.

Panzerspähwagen ab und erbeutete dabei die Meldetasche des Kommandanten, die militärische Unterlagen und 2000 Mark Besatzungsgeld enthielt[113]. Der Panzerjagdverband Munster wurde am 7. Mai in Jerichow aufgelöst, seine Angehörigen gingen bis auf Lore Ley, die den Kampf mit 15 Kameraden auf eigene Faust fortsetzte[114], bei Ferchland über die Elbe[115].

Die Fahnenjunker-Schule für Pioniere I (West)[116]

Am 23. März erfolgte der Abmarsch der Pionier-Schule von Roßlau nach Hengelo/Niederlande, dem befohlenen neuen Standort. Sie bestand aus 1800 Mann und war in acht Inspektionen sowie die Kommandeur-Staffel zu jeweils 200 Mann gegliedert. Die Ausrüstung der Fahnenjunker bestand aus Karabiner, MPi und Panzerfaust, außerdem verfügte jeder über ein Fahrrad. Die Truppe hatte keine Maschinengewehre, dafür standen aber pro Inspektion drei Granatwerfer, ein PKW, sowie zwei LKW zur Verfügung.
Der befohlene Verlegungsmarsch endete aufgrund des schnellen amerikanischen Vorstoßes bereits in Humfeld/Lippe. Die Schule erhielt den Auftrag, eine Abwehrstellung ostwärts der Weser im Abschnitt Hessisch Oldendorf—Hameln—Grohnde vorzubereiten. Schwerpunkt hierfür war die Weserbrücke bei Hameln.
Ab 7. April wurden die Inspektionen, die vorher mit Buchstaben bezeichnet waren, in Sperrgruppen mit Namen, z. B. D = Derfflinger oder S = vom Stein, umbenannt.
Nachdem sich die Pioniere auf Hannover zurückgezogen hatten, wurde nach Rückfrage beim Chef des Erziehungs- und Ausbildungswesens befohlen, daß die Fahnenjunker nicht mehr infanteristisch eingesetzt werden sollten. Der Kommandeur, Major Schemmel, versammelte das Personal der Schule zwischen dem 8. und 10. April im Raum Celle. Von dort aus wurde in Richtung Elbe verlegt. Ab 13. April befand sich der Gefechtsstand von Schemmel in Roßdorf. Mit den Vorbereitungen zur Sprengung der Elbebrücken im Abschnitt Wittenberg-Torgau begann der Einsatz der Sperrgruppen im Bereich des 12. Armee[117].
Am 19. April wurde die Pionier-Schule in »Sperrverband Schemmel« umbenannt.

Die Sturmgeschützbrigade 1170

Die Aufstellung dieses Verbandes erfolgte in der Pestalozzi-Schule in Burg bei Magdeburg. Als Stämme standen die Reste der zerschlagenen St.Gesch.Brig. 322, 278 und

[113] Mitteilung Klauke.
[114] Ebenda.
[115] Gensicke teilt mit, daß Freikorpsangehörige mit ihm zusammen in einem Gefangenenlager bei Ferchland gewesen sind.
[116] Vgl. Bericht Schemmel.
[117] Schemmel gibt an, daß eine formale Unterstellung seiner Einheiten unter das AOK 12 nie erfolgt sei.

anderer zur Verfügung. Die Personalsollstärke ist mit 600 Mann erreicht worden. Die Geschütze mußten direkt von den Soldaten der verschiedenen Batterien aus dem Werk Berlin-Spandau abgeholt und unmittelbar zugeführt werden. Es handelte sich hierbei um Sturmgeschütze auf dem Fahrgestell Pz. III mit 7,5-cm-Langrohr-Kanone. Die Sollstärke von 31 Geschützen für diese Brigade ist ebenfalls erreicht worden. Mangel herrschte nur bei den zur Versorgung dieses Verbandes notwendigen LKW. Die Unterstellung unter das AOK 12 erfolgte durch Einsatzbefehl vom 13. April 1945. Die Brigade wurde zusammen mit dem Gren.Rgt. Scharnhorst 2 gegen den amerikanischen Brückenkopf Barby eingesetzt[118].

Die Sturmgeschützbrigade 243

Dieser Verband wurde zum dritten Mal im März/April 1945 in der Jäger-Kaserne, Potsdam, neu aufgestellt. Die Brigade wurde mit den letzten bei der Fa. Alkett, Berlin-Borsigwalde, gefertigten Sturmgeschützen ausgerüstet. Anstatt der erforderlichen 31 wurden der Brigade sogar 35 Geschütze geliefert. Es waren dies: auf dem Fahrgestell Pz. III mit 7,5-cm-Kanone lang zwei Batterien, die dritte Batterie war mit 10,5-cm-Haubitzen ausgerüstet. Die Ausstattung mit anderen Fahrzeugen war optimal. Von der Sturmgeschützschule Burg wurde der notwendige Mannschaftsersatz bis zur Sollstärke gestellt. Hinzu kam aber noch eine Infanteriebegleitbatterie, die aus zwei Zügen Infanterie und einem Pionierzug bestand.

Die Ist-Stärke dieser Brigade erhöhte sich dadurch auf insgesamt mindestens 750 Mann. Die Unterstellung unter das AOK 12 erfolgte mit dem Einsatz der 1. und 2. Batterie gegen den amerikanischen Brückenkopf Schönebeck am 14./15. April 1945. Wenig später wurde die gesamte Brigade der I.D. Körner zugeteilt[119].

Die Panzerjagdabteilung 3

Dieser Verband ist aus der Aufklärungsabteilung 3 hervorgegangen.

Gegliedert war sie in eine Aufklärungskompanie mit schweren Panzerspähwagen, zwei Kampfwagenkompanien zu je 15 Panzern und eine Schützenkompanie auf Schützenpanzerwagen

Diese Pz.Jgd.Abt. wurde sofort nach ihrer Unterstellung unter das AOK 12 der I.D. Hutten zugeteilt und hat bis zur Kapitulation im Verband dieser Division gekämpft[120].

[118] Vgl. Rothe, F., unveröffentlichtes Manuskript über Aufstellung und Einsatz der Brigade; Slawczinski, A., unveröffentlichtes Manuskript über Aufstellung und Einsatz der 1. Batterie dieser Brig.; Kurowski/Tornau, Sturmartillerie, Stuttgart 1978, S. 281.

[119] Mitteilung Rübig, Gerlitz. Vgl. Kurowski/Tornau, Sturmartillerie, Stuttgart 1978, S. 27.

[120] Vgl. Engel, a.a.O., S. 9.

Die Ausrüstungsprobleme

Für Art und Umfang der Ausstattung wurde die einer Inf.Div. 45 (gekürzte Form) in Ansatz gebracht. Als Soll-Ausrüstung kann daher bei den Divisionen der 12. Armee von folgenden Zahlen ausgegangen werden:[121]

Pferde-Soll

Art	I.D. 45 gesamt	davon 1 Gren.Rgt.	Art.Rgt.	Vers.Tr.
Reitpferde	551	45	385	26
le. Zugpferde	2229	342	631	222
schwere Zugpferde	682	63	450	4
schwerste Zugpferde	146	—	146	—

Waffen-Soll der I.D. 45

Art	I.D. 45 gesamt	davon 1 Gren.Rgt.	Vers.Tr.
Gewehre	7594	920	926
Sturmgewehr 44	1269	330	—
Zielfernrohr-Gewehre	205	46	—
Gewehrgranatgerät	370	83	—
Pistolen	1563	281	86
Maschinenpistolen	1260	270	15
le.M.G.	462	79	17
s.M.G.	74	16	—
m.Granatwerfer (8 cm)	54	12	—
s.Granatwerfer (12 cm)	25	8	—
2-cm-Flak	—	—	—
3,7-cm-Flak	10	—	—
Flammenwerfer	20	—	—
Panzerbüchsen	222	72	—
7,5-cm-Pak	31	—	—
le.Inf.Geschütze	29	8	—
s.Inf.Geschütze	6	2	—
le.Feld-Haubitzen	25	—	—
s.Feld-Haubitzen	12	—	—

[121] Zitiert nach Keilig, a.a.O., 101/VI S. 57 ff.

Kfz-, Fahrzeug- und Fahrrad-Soll

Art	I.D. 45 gesamt	davon 1 Gren.Rgt.	Art.Rgt.	Vers.Tr.
Krad	90	8	5	17
Krad m. angebr. Beiwagen	41	—	—	10
Ketten-Krad	7	2	—	—
PKW, geländegängig	118	5	17	10
PKW, handelsüblich	28	—	—	15
LKW, geländegängig	68	—	5	21
LKW, handelsüblich	117	4	—	67
Sturmgeschütze	14	—	—	—
Omnibusse	3	—	—	2
Raupenschlepper Ost	32	—	18	—
ZgKw	3	—	—	1
Maultiere oder LKW	16	—	—	4
Anhänger	30	—	—	13
Fahrzeuge (bespannt)	1273	220	337	105
Fahrzeuge (unbespannt)	368	88	41	1
Fahrräder	1456	99	58	115

Inwieweit diese Soll-Bestände bei der Aufstellung der Divisionen erreicht worden sind, war nicht mehr genau zu ermitteln. Dies scheint auch bei den einzelnen Truppenteilen unterschiedlich gewesen zu sein. Sämtliche Verbände haben über die vorgesehenen infanteristischen Handfeuerwaffen als Erstausstattung verfügt.

Die Karabiner, Sturmgewehre 44, Maschinengewehre 34 und 42 waren fabrikneu[122].

Alle Divisionen haben auch über eine ausreichende Anzahl von Granatwerfern verfügt. Die notwendige Zahl von Infanteriegeschützen war zwar vorhanden, es scheint insgesamt aber an Transportmitteln, Pferden und Zugmaschinen gefehlt zu haben[123].

Die Geschütze der I.D. Körner waren neu, aber noch nicht justiert. Ihre RAD-Bedienungen waren zwar an Flakwaffen, nicht aber an anderen Geschützen ausgebildet[124].

Die Materialzuweisungen erfolgten z.T. für bereits feindbesetzte Gebiete, die zugewiesene Ausrüstung konnte daher oft nicht mehr übernommen werden[125].

Als besonders bedrückend wurde die Untermotorisierung empfunden. Der Mangel an Transportraum machte sich bei den erforderlich werdenden schnellen Bewegungen als sehr hinderlich bemerkbar. Wie abenteuerlich die Verhältnisse auf diesem Sektor gewesen sind, mag folgendes Beispiel verdeutlichen: In einer Besprechung beim Oberquartiermeister im AOK wurden der I.D. Körner für den Transport des Munitionsbedarfs 100 VW-PKW angeboten[126].

[122] Vgl. Schelm, Mehrle, a.a.O., S. 308; Mitteilung Stelter, Scheele, Pick.

[123] Auf diesen Mangel wurde von fast allen Offizieren hingewiesen.

[124] Vgl. Schelm, Mehrle, a.a.O., S. 308.

[125] Mitteilung Stelter, Scheele.

[126] Mitteilung Scheele.

Die Soldaten der Divisionen Körner und Jahn kämpften in ihren RAD-Uniformen, da Wehrmachtbekleidung wahrscheinlich nicht mehr hatte beschafft werden können[127].

Die Versorgung der 12. Armee

Aufgrund der sehr schnellen und improvisierten Aufstellung der Armee konnte ein sinnvolles Versorgungssystem weder aufgebaut noch planvoll organisiert werden[128].
Die Versorgung gründete sich daher vornehmlich auf die Nutzung zufällig im Operationsgebiet vorhandener Lager. Die dort gelagerten Vorräte wurden auch nicht durch den Oberquartiermeister der Armee verteilt, weil diesem die einzelnen Depots gar nicht bekannt waren[129], sondern die einzelnen Einheiten entnahmen den oft nur zufällig entdeckten Lagern ihren Bedarf.
Der Mangel an Kraftfahrzeugen erlaubte auch keine laufende Versorgung der Truppe bis nahe der Kampflinien, sondern es wurden entweder Depots in Frontnähe aufgebaut, denen die Truppe die benötigten Güter entnehmen konnte, oder Munition und Verpflegung wurden unmittelbar an den Rückzugsstraßen gelagert und waren dort für die Soldaten verfügbar[130].
Diese Versorgung der Verbände hat bis auf kleinere Engpässe — bei Spezialmunition für Sturmgeschütze und Artillerie — bis zum Elbübergang geklappt.
Daß dieses Funktionieren der Versorgung ein Höchstmaß an Improvisationsvermögen voraussetzte, ist selbstverständlich. So stand als Treibstoff für die Sturmgeschütze oft nur Fliegerbenzin zur Verfügung. Seine Oktanzahl mußte wesentlich verringert werden, wozu es mit Öl oder Dieselkraftstoff versetzt wurde, damit es für Sturmgeschützmotore brauchbar war[131]. Die vorliegenden Berichte weisen aus, daß es trotzdem nirgendwo bei den Sturmgeschützen zu ernsthaften Treibstoffschwierigkeiten gekommen ist.
Ein nicht unwesentlicher Teil des Bedarfs, dies ist eine Besonderheit bei der Versorgung dieser Armee, scheint mit Hilfe von Lastkähnen, die ihr Endziel nicht mehr erreicht hatten, gedeckt worden zu sein. Diese Schiffe lagen fast überall auf den Wasserläufen und Seen des Operationsgebietes[132]. Auch hinsichtlich der Lage und Ladung dieser Kähne gab es keinerlei zentrale Aufzeichnung oder Angabe, die von der Armeeführung hätte genutzt werden können[133].
Ganze geschlossene Verbände haben sich aber mit Hilfe dieser Schiffe während der Kampfwochen versorgt[134].

[127] Mitteilung Wiechert, Fichtner, Alsleben.
[128] Mitteilung Jentsch.
[129] Ebenda.
[130] Mitteilung Omnus.
[131] Vgl. Bericht Rothe.
[132] Vgl. Reichhelm, a.a.O., S. 9.
[133] Mitteilung Jentsch.
[134] Mitteilung Gensicke.

Die Treibstofflager

Es gab solche Lager der Luftwaffe in Genthin und Derben a.d. Elbe, ferner Lager in Halle und Leipzig sowie Frachtkähne mit Treibstoff. Solange es aufgrund der militärischen Lage möglich war, wurde Benzin direkt von den Hydrierwerken Leuna, Bitterfeld und Werben bezogen[135].

Munitionslager

Munitionslager befanden sich bei Torgau, Altengrabow und Kapen, Lastkähne mit Munition bei Rathenow, Molkenberg, auf der Elbe, ihren Seitenkanälen und den Havelseen. Die Sturmgeschütze bezogen direkt aus einem Werk bei Güsen ihre Munition[136].

Verpflegung

Für die Verpflegung standen die Heeresverpflegungsämter Leipzig, Torgau und Riesa zur Verfügung, ebenso die Heeresverpflegungslager Fischbeck und das des Wehrkreiskommandos XI in Roßlau. Letzteres konnte bis zur Kapitulation von der Truppe genutzt werden[137], ferner Lastkähne auf der Elbe und ihren Seitenkanälen.

Bekleidungslager

Nur ein Bekleidungslager konnte eindeutig bei Niemegk festgestellt werden[138].
Inwieweit die Lager im Bereich der Stadt Magdeburg, die große Mengen an Verpflegung und Munition enthalten haben müssen[139], vor der Einnahme der Stadt von den in Aufstellung befindlichen Verbänden der Armee genutzt worden sind, war nicht mehr zu ermitteln.
Ebenso konnte nicht festgestellt werden, inwieweit die Versorgungslager aller Art im Bereich des Flugplatzes Ludwigslust zur Deckung des Bedarfs herangezogen worden sind. Da General Arndt diese aber ausdrücklich erwähnt hat, bleibt zu vermuten, daß seine Verbände sich von dort versorgt haben[140].
Am 4. Mai, zu Beginn der Kapitulationsverhandlungen mit den Amerikanern, erwähnte General von Edelsheim gegenüber Moore, daß die 12. Armee noch über Verpflegung für eine Woche verfügen würde[141]. Die Versorgung mit Lebensmitteln von Truppe und Zivilbevölkerung war bis zum Ende der Kämpfe gesichert.

[135] Mitteilung Stelter, Omnus.
[136] Vgl. Edelsheim, a.a.O., S. 4, sowie Bericht Rothe.
[137] Mitteilung Stelter.
[138] Mitteilung Scheele.
[139] Vgl. G-2 Report, 30. US-Inf. Div. v. 18. April 1945.
[140] Vgl. Arndt, a.a.O., S. 12.
[141] Memorandum for the Commanding General v. 7. Mai 1945 v. Gen.Maj. Moore für Gen. Simpson die Übergabeverhandlungen mit der 12. deutschen Armee betreffend, S. 1.

Kapitel 3

Die Änderung der Einsatzpläne

Nachdem aufgrund der geschilderten Entwicklung die Pläne zum Entsatz der Heeresgruppe B gescheitert waren, hätte der militärische Auftrag der 12. Armee von der Wehrmachtführung geändert werden müssen. Dies erfolgte nicht und wurde vom AOK auch nicht beantragt. Die Armeeführung hat bewußt darauf verzichtet, um nicht erneut einen militärisch undurchführbaren Auftrag zu erhalten, bei dem die der Verantwortung des AOK anvertrauten jungen Menschen sinnlos hätten geopfert werden müssen.

Angesichts der Tatsache, daß der sowjetische Angriff als unmittelbar bevorstehend angenommen wurde, es also nur eine Frage der Zeit war, wann die Rote Armee im Rükken der Verbände der 12. Armee auftauchen würde, stellte sich die Armeeführung zunächst die Aufgabe, eine bewegliche Verteidigung der Elbe- und Muldelinie mit begrenzten Teilangriffen durchzuführen. Hierdurch sollte vornehmlich die Bevölkerung im Operationsgebiet beruhigt werden, um für das bald zu erwartende Kriegsende geordnete Verhältnisse schaffen zu können (sicherlich im Hinblick darauf, daß man hoffte, die Westalliierten würden letzten Endes das eigene Operationsgebiet nach erfolgter Kapitulation besetzen). Diese Beruhigung war um so notwendiger, als Momente der Panik sowohl durch die vielen Ostflüchtlinge, als aber auch durch das rasche, fast ungehinderte Vordringen der amerikanischen Truppen in die ortsansässige Bevölkerung hineingetragen worden waren[1].

Überdies wollte das AOK die sinnlose Zerstörung des für das Überleben der Bevölkerung notwendigen Industrie- und Versorgungspotentials verhindern. So wurde z.B. das für die Versorgung Berlins wichtige Elektrizitätswerk Golpa südostwärts von Dessau durch besondere Sicherungsmaßnahmen der Infanteriedivision von Hutten vor der Zerstörung bewahrt[2].

Die Kampfkommandanten der größeren Städte hatten Befehl, die Verteidigung nur solange zu führen, wie dies für die geplanten Operationen und Bewegungen der Armee wichtig war. Daher wurden Wittenberg, Brandenburg und Rathenow zu einem Zeitpunkt aufgegeben, zu dem sie keinen operativen Wert mehr besaßen; sie sind auf diese Weise ebenfalls vor der Zerstörung bewahrt worden[3].

Ferner beabsichtigte das AOK, durch einen späteren Vorstoß auf Berlin möglichst vielen Menschen die Flucht nach Westen zu ermöglichen[4].

[1] Vgl. Reichhelm, a.a.O., S. 4.
[2] Ebenda, S. 10.
[3] Vgl. Reichhelm, a.a.O., S. 4.
[4] Ebenda.

Die Änderung der Einsatzpläne

Bei der Festlegung dieser Konzeption dachte sicherlich keiner der verantwortlichen Offiziere im AOK daran, auf welch dramatische Weise das letztgenannte Ziel beim Freikämpfen der Reste der 9. Armee eine Realisierung erfahren sollte.

Kapitel 4

Der Kampf gegen die Amerikaner

An der Elbe

Der Vorstoß der 9. US-Armee zur Elbe

Die deutschen Kräfte des OB West waren mit dem rechten Flügel auf den Harz, mit dem Südflügel auf die Alpen zurückgedrängt worden. Zwischen Harz und Nordsee klaffte eine gewaltige Lücke, da die deutschen Truppen, welche diesen Raum verteidigen sollten, weitgehend im Verband der H.Gr. B vernichtet worden waren.

Alle deutschen Versuche, eine neue Verteidigungslinie in diesem Gebiet aufzubauen, mußten deshalb scheitern, weil es in diesem Raum keine größeren kampffähigen Verbände mehr gab, die dazu hätten herangezogen werden können. Die 9. US-Armee unter General Simpson, die am 4. April der 12. Army Group unterstellt wurde, erhielt den Befehl, an die Elbe vorzustoßen und auf deren Ostufer einen Brückenkopf zu bilden, mit dem Auftrag »be prepared to continue the advance on Berlin or to the northeast[1]«. Simpson setzte für den Stoß nach Osten zunächst die 2. und 5. Pz.Div. sowie die 84. und 30. Inf.Div. ein. Wenig später wurden diese Verbände durch die 83. und 102. Inf.Div. verstärkt.

Am 6. April überschritten Kräfte der 30. und 84. Inf.Div. die von den Deutschen kaum verteidigte Weserlinie. Das Gros des deutschen XXXXVI. Pz.K., welches diesen Raum verteidigen sollte, war bereits im Ruhrkessel vernichtet worden. Die meisten Verbände, die der OB der deutschen 11. Armee, zu dessen Verteidigungsbereich dieses Gebiet gehörte, zur Verfügung hatte, waren schnell zusammengeraffte Truppen des Wehrkreises VI. Diese konnten aber aufgrund ihrer Zusammensetzung, Bewaffnung und Stärke keinen längeren Widerstand leisten.

Die 2. US-Pz.Div. errreichte die Leine am 6. April. Die 30. US-Inf.Div. überschritt den Fluß zwei Tage später. Den Amerikanern gelang es am 8. April, einen deutschen Offizier gefangenzunehmen, bei dem die Verteidigungspläne von Hannover gefunden wurden[2]. Der Angriff auf die Stadt konnte entsprechend angesetzt werden, der deutsche Widerstand brach auch hier rasch zusammen. Da der Kampfauftrag der Amerikaner lautete, einen Brückenkopf auf dem Ostufer der Elbe zu bilden, setzten sie alles daran, den Fluß vor der Zerstörung der Brücken zu erreichen. Dies gelang ihnen jedoch an keiner Stelle. Sämtliche Elb-Brücken waren zuvor von den Verteidigern gesprengt worden. Verbände der 2. US-Pz.Div. erreichten die Elbe bei Westerhüsen in der Nacht zum 12.

[1] McDonald, a.a.O., S. 372 zit. Letter of Instr. v. 4. April 1945.
[2] McDonald, a.a.O., S. 386 zit. Letter of Instr. v. 4. April 1945.

April und setzten hier bei mäßigem deutschen Widerstand zwei Bataillone Infanterie mit Fähren über den Fluß.
Einheiten der 83. US-Inf.Div. gingen am 13. April bei Barby über die Elbe und bildeten hier mit zunächst zwei Bataillonen den zweiten Brückenkopf[3].
Der operative Auftrag der 9. US-Armee war erfüllt worden, sie hatte befehlsgemäß zwei Brückenköpfe auf dem Ostufer der Elbe gebildet und war bereit, den Vorstoß nach Berlin weiterzuführen, ohne allerdings zu wissen, daß Eisenhower zu diesem Zeitpunkt bereits entschieden hatte, das Ziel Berlin aufzugeben und an der Elbe haltzumachen.

Die Beseitigung des amerikanischen Brückenkopfes Westerhüsen/Schönebeck

(s. Skizze 1a, S. 130)

In der Morgendämmerung des 13. April verstärkten die Amerikaner den Brückenkopf um ein weiteres Infanterie-Bataillon. Es gelang ihnen hier allerdings nicht, schwere Waffen und Panzer auf das Ostufer zu bringen.
Flakartillerie aus Magdeburg hatte die US-Truppen bereits nachts unter heftiges Feuer genommen, das sich bei Tagesanbruch noch wesentlich verstärkte. Amerikanische Pioniere versuchten, eine Floßsackbrücke über den Fluß zu schlagen, um weiteres Gerät auf das Ostufer schaffen zu können.
Das deutsche Feuer war aber weder durch die Artillerie der 2. US-Pz.Div. auszuschalten noch durch künstliche Nebelwände zu beeinträchtigen. Daher gab der amerikanische Divisionskommandeur den Befehl, mit der Masse der Brückenkopfbesatzung bei Einbruch der Dunkelheit eine neue Stellung in Schönebeck, außerhalb der Reichweite der deutschen Geschütze, zu beziehen[4].
Am Morgen des 14. April war es amerikanischen Einheiten der Brückenkopfbesatzung gelungen, bis Elbenau vorzustoßen und damit das Dreieck Westerhüsen—Elbenau —Grünewalde zu besetzen[5].
In der Nacht zum 14. April erhielt das in Gommern liegende I. Bataillon des Grenadier-Regimentes Scharnhorst 2 unter Hauptmann Erich Rieger den Befehl, den amerikanischen Brückenkopf bei Westerhüsen anzugreifen. »Das Bataillon stieß in schwungvollem Angriff mit seinem Kommandeur an der Spitze über Elbenau vor und warf den in der Ortschaft sich zäh verteidigenden Gegner... in Richtung Grünewald zurück. Der kühne Entschluß des Btl.-Führers, den Feind mit einer Kompanie nach Grünewald zu verfolgen und ihn über die Elbe zu werfen, mit der Masse des Bataillons den sich anbahnenden Erfolg erkennend nach Nordwesten weiterstoßend den Brückenkopf Westerhüsen von Süden her aufzurollen, war erfolgreich. Rieger stieß an der Spitze seiner Leute bis zur Floßsackbrücke durch, vernichtete mit Panzerfäusten und Sprengla-

[3] Vgl. o.V., Conquer, The Story of the Ninth Army 1944-45, Washington 1947, S. 301.
[4] Vgl. McDonald, a.a.O., S. 397.
[5] Vgl. Conquer, a.a.O., S. 303.

dungen dieselbe. Das Btl. machte 220 Gefangene[6] und reiche Beute an Waffen und Munition...[7]«.Das deutsche Bataillon sammelte in der Abenddämmerung und ging befehlsgemäß auf Elbenau zurück[8].
Der Angriff Riegers war von wenigen Sturmgeschützen unterstützt worden[9]. Inzwischen hatte die Divisionsführung der 2. Pz.Div. die Räumung des gesamten Brückenkopfes beschlossen, da sie keine Möglichkeit sah, an dieser Stelle der Elbe schwere Waffen und Panzer über den Fluß zu bringen.
Die Beseitigung dieses Brückenkopfes hatte allerdings keine operative Bedeutung mehr, da von Eisenhower inzwischen entschieden worden war, nicht weiter nach Osten vorzustoßen.

Die Bildung des amerikanischen Brückenkopfes bei Barby

Als am Nachmittag des 13. April erste Einheiten der 83. US-Inf.Div. bei Barby in Sturmbooten über den Fluß gingen, schafften gleichzeitig Pioniere auf Fähren Panzer und Artillerie über die Elbe.
Der Übergang konnte von den deutschen Verteidigern aus Mangel an Kräften nicht verhindert werden.
Am Abend des gleichen Tages wurde bereits die erste Fußgängerbrücke, die von den Soldaten den Namen »Harry S. Truman Bridge — Gateway to Berlin« erhielt, fertig.
Eine zweite Brücke wurde in Höhe der Saalemündung errichtet, so daß sehr schnell relativ starke Kräfte über die Elbe gebracht werden konnten.
Die amerikanische Stärke im Brückenkopf umfaßte am Abend des 14. April folgende Verbände: das 329. und 331. Inf.Rgt., das 736. Pz.Btl. und das 643. Pz.Jg.Btl.[10].

[6] Vgl. McDonald, a.a.O., S. 398, hiernach verloren die Amerikaner 350 Gefangene.
[7] Vorschlag für die Verleihung des Ritterkreuzes an Hptm. Rieger/Chef/Außenstelle HPA/A v. 27. April 1945/BA-MA-RH7 v. 285. Rieger ist als letztem Soldaten der Westfront das Ritterkreuz für diesen Angriff verliehen worden.
[8] Mitteilung Rieger.
[9] Bei McDonald, a.a.O., S. 396/97 wird über die Kämpfe um den Brückenkopf Westerhüsen/Schönebeck folgendes behauptet: »...to supplement these, he ordered Division Scharnhorst to ready one regiment to counterattack the bridgehead...a regiment of the Division Scharnhorst supported by Assault Gun Training School Burg with approximately eight tanks and assault guns began to attack...in the confusion, a score of Americans surrendered. The Germans put them in front of their tanks, forcing them at gunpoint to shield their continuing advance...« Diese Darstellung ist in folgenden Punkten falsch: Der deutsche Angriff wurde nicht von einem Regiment, sondern nur von einem Bataillon der Div. Scharnhorst vorgetragen. Deutsche Panzer waren bei der Beseitigung des Brückenkopfes nicht eingesetzt, weil es in diesem Bereich der 12. Armee keine gab und auch die Sturmschützschule Burg nur über Sturmgeschütze, nicht aber über Panzer verfügte (vgl. Bericht Müller). Rieger hat keine als Kugelfang benutzten amerikanischen Kriegsgefangenen gesehen und weiß über den behaupteten Vorgang nichts. Da Gefangene aber in diesem Raum nur von seinem Bataillon gemacht worden sind, hätte er, wenn sich solches zugetragen haben würde, was absolut unglaubhaft ist, darüber informiert sein müssen.
[10] Vgl. Philos, C.D., The Thunderbolt across Europe. A History of the 83rd Inf.Division 1942—1945, München 1946, S. 89.

Zur Beseitigung des Brückenkopfes konnten zunächst nur sehr schwache deutsche Kräfte eingesetzt werden. Es waren dies weitgehend das II. Btl. des Gren.Reg. Scharnhorst 2, das von der Sturmgeschützbrigade 1170 unterstützt wurde[11], später für einen sehr kurzen Zeitraum das I. Btl. des gleichen Regiments sowie ein Bataillon der Division Potsdam[12].

Das AOK 12 sah angesichts der Schwäche der zur Verfügung stehenden deutschen Verbände als operatives Ziel nur »eine lockere Abriegelung des neuen Feindbrückenkopfes«[13] vor.

Ab 22. April war eine Beseitigung des Brückenkopfes unter Einsatz der gesamten beiden Divisionen Scharnhorst und Körner vorgesehen. Die ab 15. April mit nur unzulänglichen Kräften vorgetragenen deutschen Angriffe blieben im amerikanischen Abwehrfeuer liegen und scheiterten (s. Skizze 1a, S. 130). Die Angreifer waren nicht nur Aufgrund der geringen zur Verfügung stehenden deutschen Kräfte, sondern auch wegen der starken amerikanischen Luftüberlegenheit, die jetzt voll wirksam wurde, im Nachteil. Die Flugtätigkeit der US-Luftwaffe war vorübergehend fast vollständig eingestellt worden, da die Einsatzhäfen alle weit westlich des Rheins lagen und daher die Anflugwege zu lang waren. Eroberte deutsche Flugplätze wie Münster, Gütersloh, Paderborn und Braunschweig hatten von der Wehrmacht so gründlich zerstört werden können, daß sie für die Benutzung durch die Amerikaner zunächst nicht in Frage kamen[14].

Die US-Luftwaffe ging jetzt dazu über, die im Gebiet des Brückenkopfes eingesetzten Flugzeuge anstelle von Bomben mit Zusatztanks auszurüsten, die ihnen einen erheblich größeren Aktionsradius gaben[15]. Art und Umfang der deutschen Luftwaffenunterstützung ist unklar. Behauptet Reichhelm, »die deutsche Luftwaffe war über dem Kampfraum der 12. Armee nicht vorhanden«[16], so weisen sowohl deutsche wie amerikanische Unterlagen Einsätze deutscher Flieger aus[17]. Angriffe der Luftwaffe im Brückenkopfraum sind um so verständlicher, als die Verteidiger um fast jeden Preis versuchen mußten, die amerikanischen Flußbrücken zu zerstören, was in dieser Situation durch Luftangriffe, Artilleriefeuer oder den Einsatz anderer Kampfmittel geschehen konnte.

So wurden am 20. April zwei Gruppen von in Berlin zusammengezogenen Kampfschwimmern gegen die Pontonbrücken bei Barby eingesetzt. Sie hatten die Aufgabe, Torpedos an die Übergänge heranzubringen und diese dann zu sprengen. Der Einsatz scheiterte. Die Soldaten gerieten in Gefangenenschaft[18].

Ebenso gelang es den deutschen Verteidigern nicht, mit insgesamt fünfzehn Treibminen die amerikanischen Übergänge zu zerstören[19]. Seit dem 15. April hatten die Ameri-

[11] Mitteilung Rieger.
[12] Vgl. G-2 Report, 83. US-Inf.Div. v. 15. April 1945.
[13] Reichhelm, a.a.O., S. 10.
[14] Vgl. Conquer, a.a.O., S. 301.
[15] Ebenda.
[16] Reichhelm, a.a.O., S. 8.
[17] Vgl. KTB/OKW, Lagebuch v. 15. April wie auch G-2 Report, 83. US-Inf.Div. v. 14./18. April 1945. Es werden hier deutsche Luftwaffeneinsätze am 14., 17. und 18. April festgestellt.
[18] Vgl. G-2 Report, 83. US-Inf.Div. v. 21. April 1945 (Gefangenenvernehmung).
[19] Vgl. G-2 Report, 83. US-Inf.Div. v. 19. April 1945.

kaner ihren Brückenkopf laufend vergrößert, so daß er eine Ausdehnung von 45 Quadratkilometern erreichte. Da es keine deutschen Mittel zur Zerstörung der Brücken gab, fiel es den US-Truppen nicht schwer, ihre Kräfte auf dem Ostufer des Flusses laufend zu verstärken. Hierdurch wurde für die Verteidiger die Gefahr eines Ausbruchs und weiteren Vormarsches der Amerikaner immer größer, »nobody doubted the 83rd Division's ability to break out of the bridgehead at will...[20]«
Unzweifelhaft standem dem AOK 12 zu diesem Zeitpunkt keine größeren Verbände zur Abwehr eines solchen Ausbruchs zur Verfügung.
Die Armeeführung der 9. US-Armee hatte selbstverständlich Pläne für einen weiteren Vorstoß nach Berlin ausgearbeitet, »to enlarge the Elbe bridgehead to include Potsdam[21]«, gleichwohl erfuhr Simpson erst am 15. April von Bradley die Entscheidung Eisenhowers, nicht weiter nach Osten vorzustoßen, sondern an der Elbe haltzumachen. Hierdurch war der ursprüngliche militärische Sinn dieses Brückenkopfes in Frage gestellt. Nach der Entscheidung des OB der 9. US-Armee sollte diese Stellung »as a threat to the Germans and as a base from which to contact the Russians[22]« gehalten werden.
Für das AOK 12 stellte dieser amerikanische Brückenkopf, da eine solche Entscheidung des alliierten Oberbefehlshabers nicht vermutet werden konnte, nach wie vor eine ernsthafte Bedrohung dar, die nur durch einen erfolgreichen Angriff zu beseitigen war. Die Vorbereitungen hierfür liefen bis zum 16. April, dem Beginn der sowjetischen Oderoffensive.

Der Verlust Magdeburgs

Im März übernahm Generalleutnant Raegener das Kommando als Kampfkommandant von Magdeburg. Seine Aufgabe bestand darin, die Verteidigung der Stadt nach Osten vorzubereiten.
Ein Abwehrkampf nach Westen war, was sich später als sehr nachteilig herausstellte, nicht in Erwägung gezogen worden[23]. Als Festungskommandant unterstand Raegener zunächst dem Kommandanten des Festungsbereiches Ost und dem OKH[24].
Mit Beginn der Kämpfe gegen die Amerikaner am 11. April wurde die Stadt dem AOK 11[25] mit dem Auftrag unterstellt, einen vermuteten Vorstoß der Amerikaner in Richtung Berlin aufzuhalten.
Zur Verteidigung Magedeburgs standen folgende Kräfte zur Verfügung:

- ☐ das 48. und 49. Festungsregiment mit je zwei Bataillonen;
- ☐ das Pionier-Bataillon 4 mit zwei Marsch- und einer Genesenenkp. (jede Einheit verfügte über 200 Mann);
- ☐ das Landesschützenbataillon 704;

[20] Vgl. McDonald, a.a.O., S. 399.
[21] Ebenda.
[22] Conquer, a.a.O., S. 304.
[23] Mitteilung Raegener.
[24] Vgl. OKH/GenSt.d.H./Op. Abt. Nr.6009/v. 11. April 1945/BA-MA-RH2/v. 336.
[25] Ebenda.

- ☐ drei Artillerie-Abteilungen
  (Die Abt.Nord bestand aus drei Batterien:
  1. 10,5-cm-Flak, 2. 15-cm-Feldhaubitzen, 3. 7,5-cm-Feldhaubitzen. Die Zusammensetzung der anderen Abteilungen war nicht zu ermitteln.);
- ☐ die Magdeburger Polizei, in Kampfeinheiten gegliedert;
- ☐ RAD-Einheiten, deren Stärke nicht zu ermitteln war;
- ☐ Volkssturmeinheiten unbekannter Stärke[26];
- ☐ etwa 800 HJ-Jungen des Bannes Magdeburgs, die von 15 Heeresausbildern der Garnison militärisch geschult worden waren[27];
- ☐ Teile der Sturmgeschützschule Burg, die zeitweise dem Kampfkommandanten von Magdeburg unterstellt waren[28];
- ☐ das O.T.-Regiment 116[29].

Die angreifenden amerikanischen Verbände der 30. Inf. und der 2. Pz.Division stießen zunächst an der Stadt vorbei und bildeten südlich von Magdeburg auf dem Ostufer der Elbe Brückenköpfe als Operationsbasis für einen weiteren Vorstoß nach Osten.
Am 13. April unterstellte sich das AOK 12 den Verteidigungsbereich des Kampfkommandanten von Magdeburg mit Genehmigung des WFStabes[30].
Nachdem Raegener eine an ihn am 16. April von der 30. US-Inf.Div. gerichtete Kapitulationsaufforderung abgelehnt hatte, leiteten die Amerikaner am 17. April kurz nach 12.00 Uhr ihren Angriff auf die Stadt mit einem Luftangriff von 360 mittleren Bombern ein. Diese warfen 770 t Bomben ab[31].
Die Verteidiger hatten mit den ihnen zur Verfügung stehenden bescheidenen Mitteln ein tiefgegliedertes System von Straßensperren, Panzerfallen und befestigten Häusern errichtet.
Der amerikanische Luftangriff hatte wohl das Zentrum der Stadt, nicht aber deren befestigte Teile, die in den Außenbezirken lagen, vernichtet.
Die angreifenden US-Truppen mußten in einem mit Erbitterung geführten Straßenkampf die sich nur mit leichten Waffen verteidigenden deutschen Truppen niederkämpfen[32].
Die Reste der Verteidiger zogen sich, nachdem sie die Elbbrücken am 18. April gesprengt hatten, mit ihrem Kommandanten auf das Ostufer des Flusses zurück. Raegener bezog bei Königsborn Stellung und übernahm die Verteidigung eines Elbeabschnittes[33].

[26] Vgl. G-2 Report, 30. US-Inf.Div. v. 18. April 1945 (Gefangenenvernehmung).
[27] Mitteilung Zwanzig.
[28] Vgl. Bericht Müller.
[29] Vgl. OKH/GenSt.d.H./Op.Abt. Nr. 5510/45 g.K. v. 3. April/BA-MA-RH2/v. 921.
[30] Vgl. KTB/OKW, Lagebuch v. 13. April 1945.
[31] Vgl. Conquer, a.a.O., S. 306 aber auch: Trahan, E.H., A History of the 2nd US Armd.Division, Darmstadt 1947, S. 260.
[32] Vgl. G-2 Report, 1. US-Armee v. 16. und 19. April 1945.
[33] Mitteilung Raegener.

Die Abwehrkämpfe der I.D. Scharnhorst an Elbe und Mulde

(s. Skizze 1a, S. 130)

Der Verteidigungsabschnitt der Division verlief von Schönebeck (rechter Nachbar Kampfkommandant von Magdeburg) bis Törten/Kleutsch/Mulde (linker Nachbar, I.D. Hutten). Das Gren.Rgt. 2 — Regimentsführer Major Langmaier — wurde nach seiner Aufstellung in der Pionier-Kaserne in Dessau/Roßlau nach Zerbst in Marsch gesetzt und in der dortigen Nachrichtenschule ausgerüstet und bewaffnet[34].

Danach wurde das I. Btl. nach Gommern verlegt und von dort gegen den amerikanischen Brückenkopf Westerhüsen/Schönebeck eingesetzt. Nach Beendigung dieser Kämpfe bezog das Bataillon Stellung in Schora. Am 15. April erhielt dieser Verband den Befehl, das zwischenzeitlich gegen den amerikanischen Brückenkopf Barby eingesetzte II. Btl. bei Güterglück zu unterstützen. Der schon eingeleitete Angriff des I. Bataillons mußte abgebrochen werden, da sich das II. Bataillon aufgrund der amerikanischen Überlegenheit bereits zurückgezogen hatte[35].

Nach dem Scheitern dieses Vorstoßes gegen den Brückenkopf fanden keine weiteren deutschen Angriffe auf die US-Truppen im Raum Barby statt. Das Regiment hatte bis zu seinem Einsatz im Osten die Aufgabe, einen möglichen Ausbruch der Amerikaner aus dem Brückenkopfraum in Richtung Nordosten abzuwehren. Es bezog aus diesem Grund entsprechende Verteidigungsstellungen in der Linie Schora—Eichholz—Kermen.

Das Gren.Rgt.1, Regimentsführer Major Mahlow, nach dessen Tod am 18. April Major Busch, hatte die Aufgabe, zunächst westlich der Elbe zu verteidigen. Es sollte hier der Versuch unternommen werden, einen Brückenkopf als Operationsbasis für eigene, später geplante Vorstöße nach Westen zu erhalten[36].

Aus diesem Grund vollzog das Regiment folgende Bewegungen:

Am 12. April Stellung bei Mosigkau, am 13. westlich bei Gut Bobbe, an beiden Orten hatten die Soldaten keine Feindberührung. Unter mäßigem gegnerischem Beschuß wurden am 14. April neue Positionen bei Dornbock eingenommen. Zum 16. wurde eine neue Stellung nördlich bei Gut Kolno bezogen. Hier erhielten die Verbände Feindbeschuß durch schwere Waffen und wurden von amerikanischer Infanterie angegriffen. Nachdem bei diesem Gefecht sichtbar geworden war, daß aufgrund der gegnerischen Überlegenheit die eigenen Stellungen nicht gehalten werden konnten, erhielt das Regiment den Befehl, sich über Aken auf das Ostufer der Elbe nach Steutz abzusetzen. Hier wurde der Verband in harte Kämpfe mit den Amerikanern im Raum Steckby verwikkelt, in deren Verlauf der Regimentsführer Major Mahlow fiel.

Sein Tod trug sich wie folgt zu:

Am Vormittag erreichte ihn auf seinem Gefechtsstand ein Telefonanruf, in dem mitgeteilt wurde, daß die Amerikaner an einer Stelle des Verteidigungsabschnittes seines Regiments durchgebrochen wären. Er befahl seinem Fahrer daraufhin, ihn mit seinem VW-Kübelwagen zur Durchbruchstelle zu fahren. Da dieser Wagen nicht ansprang,

[34] Mitteilung Rieger.

[35] Ebenda.

[36] Vgl. Reichhelm, a.a.O., S. 4.

wurde dem zu Adjutantendiensten zu diesem Regiment abkommandierten Oberfähnrich zur See Heinz Duchrow befohlen, den Regimentsführer in einem Opel-Olympia-Kabriolett zur Durchbruchstelle zu fahren. Duchrow, der auf abenteuerliche Weise zur I.D. Scharnhorst gekommen war, ist sicherlich der einzige Angehörige der Kriegsmarine gewesen, der hier Dienst tat. Mahlow und sein Fahrer gerieten in der Nähe der Durchbruchstelle unter schweres Feuer amerikanischer Infanteriewaffen. Der Regimentsführer befahl, weiterzufahren. Vor einem Waldstück, aus dem ein amerikanischer Panzer schoß, sprang Mahlow aus dem Wagen, der kurz danach in Flammen aufging, und lief in den Wald. Dort wurde er dann vom Feuer des Gegners erfaßt und fiel[37].

Das Gren.Rgt. 1 erhielt den Befehl, einen möglichen Ausbruch der Amerikaner aus dem Brückenkopf Barby im Raum Steckby abzuwehren. Diese Stellungen wurden von den Verbänden des Regiments bis zu seinem Einsatz im Osten gehalten[38].

Das Gren.Rgt. 3 — Regimentskommandeur Oberstlt. Pick — wurde nach seiner Aufstellung aus den bereits genannten Gründen zunächst auch westlich der Elbe eingesetzt. Beim Näherkommen der Amerikaner bildeten die Verbände einen schwachen Sicherungsschleier von westlich Aken, rechter Nachbar Gren.Rgt. 1 — Westrand Reppichau — Südwestrand Rosefeld — Straße südlich Kochstedt bis Autobahn 1 km südlich Törten, linker Nachbar I.D. Hutten.

Am 17. April fühlten die Amerikaner mit Panzerspähwagen und Jeeps entlang beider Straßen Richtung Dessau vor, stießen auf harten deutschen Widerstand und zogen sich zurück.

Der Vorstoß der US-Truppen wurde am nächsten Tag wiederholt, und es gelang den Angreifern, die deutschen Kräfte auf eine zweite Sicherungslinie zurückzudrängen, die etwa folgenden Verlauf hatte: 1,5 km westlich von Gr. Kühnau — 1 km westlich von Alten — Hohe Straße — Törten. Hier erhielt das Regiment den Befehl, diese letzte Verteidigungslinie vor Dessau aufzugeben und auf dem Ostufer der Mulde unter Anlehnung an den linken Nachbarn, die I.D. Hutten, eine neue Stellung aufzubauen. Der Sicherungsabschnitt erstreckte sich von Waldersee bis Kleutsch[39].

Aken wurde am 18. April durch die Kampfgruppe Hogan der 3. US-Pz.Div. eingenommen.

Am 21. April um 6.00 Uhr griffen vier Kampfgruppen der gleichen Division Dessau an. Die Kampfgruppe Hogan stieß von Westen, die Kampfgruppen Bolero und Orr von Südwesten und Welborn von Süden gegen die Stadt vor[40].

[37] Mitteilung Duchrow.

[38] Vgl. Tagebuch Plank zu den Bewegungen des Regimentes. Ebenso G-2 Report, 83. US-Inf. Div. v. 19. April 1945/Tactical Interrogation Report. Hier werden die gleichen Angaben hinsichtlich der Bewegungen des Gren.Rgts. 1 gemacht, wie sie Plank in seinem Tagebuch aufgezeichnet hat.

[39] Mitteilungen und Karten zu den Regimentsbewegungen v. Pick. Vgl. auch G-2 Report, 3. US-Pz.Div. v. 19. April 1945. Dieser berichtet über den Stellungsbau von Einheiten des Gren.Rgts. 3 auf dem Ostufer der Mulde an diesem Tag.

[40] Vgl. o.V., Spearhead in the West 1941—1945, The Third Armored Division, Frankfurt 1945, S. 252.

Nach sehr heftigen Straßenkämpfen erlosch der letzte deutsche Widerstand am 23. April [41]. Hiernach wurde nur noch die nach Roßlau führende Eisenbahnbrücke heftig umkämpft[42].
Über die Verteidiger von Dessau/Roßlau konnte nichts in Erfahrung gebracht werden. Verbände der Gren.Regimenter der Division Scharnhorst haben an der Verteidigung dieses Raumes nicht mitgewirkt. Das Gren.Rgt. 3 hatte seine Stellungen vor Dessau befehlsgemäß aufgegeben und außerhalb der Stadt auf dem Ostufer der Mulde neue Verteidigungslinien bezogen. Demnach scheinen beide Städte ein eigener Verteidigungsbereich gewesen zu sein[43]. Dieser Umstand würde auch die Rücknahme des Regimentes Pick in Stellungen außerhalb von Dessau erklären. Die etwa 700 Mann der Heeresnachrichtenschule Zerbst waren — in fünf Kompanien gegliedert — südlich von Roßlau im Einsatz[44]. Möglicherweise haben diese Soldaten zu den Verteidigern von Dessau gehört.
Das Füs.Btl. erhielt nach beendeter Aufstellung von der Division folgenden Auftrag: Sicherung des Saaleabschnittes Alsleben—Bernburg und Verbindungaufnahme zur I.D. Potsdam im Gebiet des Harzes[45]. Es ist zu vermuten, daß die Füsiliere einen Korridor als Verbindung nicht nur zur den Verbänden der Division Potsdam, sondern auch und vor allen Dingen zum AOK 11 offenzuhalten hatten, durch den nach erfolgter Aufstellung auch andere Kräfte der 12. Armee in Richtung Harz vorstoßen sollten.
Aus diesem Grunde wurde am 10. April der Meldetrupp des Bataillons in Stärke von sechs Mann in Richtung Harz in Marsch gesetzt. Sein Auftrag lautete: Verbindungaufnahme zur I.D. Potsdam[46]. Die Soldaten wurden am 15. April in Elbingerode von den Amerikanern gefangenengenommen, bevor sie den befohlenen Kontakt hergestellt hatten[47].
In Ausführung der erhaltenen Befehle überschritten zwei Füs.Kompanien die Saale auf der noch nicht gesprengten Eisenbahnbrücke bei Könnern, griffen Alsleben an und warfen die Amerikaner aus dem Ort, sie bildeten auf dem Westufer der Saale einen Brückenkopf.
Die schwere Kompanie und die dritte Füs.Kp. wurden als Sicherungsschleier auf dem Ostufer der Saale zwischen Alsleben und Bernburg eingesetzt, um mögliche amerikanische Übersetzversuche zu verhindern. Zwischenzeitlich gelang es amerikanischen Panzern, bis Köthen und Peißen in den Rücken des Bataillons vorzustoßen und den Troß in heftige, verlustreiche Kämpfe zu verwickeln[48].
Die Verbindung zur Division wurde dadurch unterbrochen.

[41] Vgl. G-2 Report, 3. US-Pz.Div. v. 19. und 22. April 1945.
[42] Ebenda.
[43] G-2 Report, 3. US-Pz.Div. v. 23. April 1945. Hiernach soll ein Gen.Maj. Petersen Kampfkommandant von Dessau gewesen sein, was die Annahme, daß die Stadt ein eigener Verteidigungsbereich gewesen ist, stützen würde.
[44] Vgl. G-2 Report, 3. US-Pz.Div. v. 22. und 23. April 1945.
[45] Mitteilung Deckert.
[46] Mitteilung Einsel.
[47] Ebenda.
[48] Vgl. G-2 Report, 1. US-Armee v. 16. April und 21. April 1945.

Da der ursprüngliche Auftrag aufgrund der Lageentwicklung nicht mehr ausgeführt werden konnte, ein Durchbruch nach Norden, um Anschluß an die Division zu finden, unmöglich war, marschierten die Füsiliere in Richtung Ballenstedt/Harz und trafen bei Thale auf Verbände der I.D. Potsdam. Hier wurde das Bataillon in Kämpfe mit US-Truppen verwickelt, in deren Verlauf die Füsiliere eingeschlossen wurden.
Nachdem jeder weitere Widerstand sinnlos schien, löste der Bataillonskommandeur seine Kompanien auf und befahl den Soldaten, sich in kleinen Gruppen in ihre Heimatgebiete durchzuschlagen.
Er selbst wurde bei dem Versuch, Anschluß an die Division Scharnhorst zu finden, von den Amerikanern gefangenengenommen[49].

Der Befehl Eisenhowers, den weiteren Vormarsch auf Berlin einzustellen

Schien die Eroberung Berlins als operative Aufgabe der alliierten Streitkräfte für Eisenhower im Herbst 1944 noch unbestritten: »Das Hauptziel ist selbstverständlich Berlin... Meiner Ansicht nach besteht kein Zweifel darüber, daß wir alle unsere Energien und unsere Mittel für einen schnellen Vorstoß auf Berlin einsetzen müssen...[50]«, so änderte sich die Haltung des Generals zu dieser Frage bis zum Frühjahr 1945 entscheidend. Welche Gründe haben den Oberbefehlshaber veranlaßt, das ursprüngliche Ziel aufzugeben? In einem Telegramm vom 31. März 1945 an Montgomery formuliert er seinen neuen Standpunkt in dieser Sache so: »Sie werden bemerkt haben, daß ich überhaupt nicht Berlin erwähnt habe. Dieser Ort ist für mich nur noch ein geographischer Begriff und ich habe für derlei noch nie Interesse gehabt[51].«
Folgende Gründe scheinen zur Änderung der Eisenhowerschen Haltung geführt zu haben:

- ☐ Nachschubprobleme, da der General glaubte, der Vorstoß auf Berlin werde das gesamte amerikanische Nachschubvolumen in Anspruch nehmen und den Vormarsch der anderen alliierten Armeen blockieren.
- ☐ Die irrige Annahme Eisenhowers, die Deutschen würden sich in die »Alpenfestung« zurückziehen, um von dort den Widerstand fortzusetzen, was nur durch einen raschen Vormarsch der Verbündeten verhindert werden könnte.
- ☐ Die deutschen Pläne der Aufstellung des »Werwolfes«, die durch einen schnellen Vormarsch insgesamt unrealisierbar gemacht werden sollten[52].
- ☐ Die bei der Eroberung Berlins zu erwartenden großen Verluste wurden von Bradley

[49] Mitteilung Deckert.
[50] Montgomery, Bernard, Memoiren, München 1958, S. 311 (Brief Eisenhowers an Montgomery v. 15. September 1944).
[51] Ebenda, S. 372.
[52] Vgl. Eisenhower, Dwight D., Kreuzzug in Europa, Amsterdam 1948, S. 456.

auf 100000 Mann geschätzt. »A pretty stiff price... especially when w've got to fall back and let the other fellows take over...[53]«

- ☐ Die veränderte Einschätzung der Bedeutung Berlins: »...Germany he (Eisenhower) believed, had two hearts, one industrial (Ruhr) and the other political (Berlin). He wished to concentrate on the Ruhr, on the theory, that if the industrial heart stopped, the political heart would also die... it (Berlin) had lost much of its military importance, it was in ruins and many of the government workers had left the city...[54]«

Die Betrachtung dieser Gründe läßt deutlich werden, daß sich der amerikanische General bei der Aufgabe Berlins als operativem Ziel ausschließlich von militärischen Gesichtspunkten leiten ließ. Diese einseitige — weil unpolitische — Betrachtungsweise des Berliner Problems führte zu Auseinandersetzungen mit den britischen Verbündeten — Churchill, Montgomery —, die nach wie vor auf der Eroberung der Stadt bestanden. Die beiden Engländer waren sich darin einig, daß Berlin aus politischen Gründen operatives Ziel bleiben und von den Westalliierten eingenommen werden müsse.

Resignierte Montgomery sehr bald in dieser Frage (»...es war zwecklos, die Angelegenheit [Eroberung Berlins] von mir aus weiter zu verfolgen...[55]«), so gab Churchill nicht nach, zumal er mit wachsender Sorge der Zunahme des politischen Gewichtes der Landmacht Sowjetunion nach dem Krieg entgegensah. Der britische Premier befürchtete sicherlich nicht zu Unrecht eine sowjetische Hegemonialstellung in Europa, der entgegenzutreten keine der europäischen Mächte in der Lage sein würde.

Aus dieser Sorge heraus mußte Churchill bemüht sein, die Grenze des sowjetischen Einflußbereiches so weit östlich wie möglich festzuschreiben.

Aus diesem wie aber auch aus psychologischen Gründen (»...Zweifellos werden die russischen Armeen in Wien einmarschieren...wenn sie nun auch noch Berlin nehmen, müssen die Russen dann nicht den Eindruck gewinnen, zu unserem gemeinsamen Sieg in überwältigender Weise beigetragen zu haben[56].«) war Churchill daher nicht ohne weiteres bereit, die Entscheidung Eisenhowers, den Vormarsch an der Elbe zu beenden, zu akzeptieren. Er wandte sich daher direkt an den Vorgesetzten des Generals, Präsident Roosevelt, und versuchte, diesen in einem Schreiben vom 1. April 1945 von der Richtigkeit seiner Überlegungen zu überzeugen. Er wies auch hier darauf hin, daß aus politischen Gründen der Vormarsch der Westalliierten so weit wie möglich nach Osten vorgetragen und Berlin eingenommen werden müsse. Auch dieser Brief blieb ohne positive Resonanz. Churchill versuchte nun, mit den gleichen Argumenten in einem Memorandum Eisenhower direkt zur Änderung seiner Operationspläne zu veranlassen, indem er nochmals dringlich auf die seiner Überzeugung nach wichtige politische Bedeutung Berlins hinwies. Auch dieser Vorstoß des Premiers blieb ohne positive Wirkung. Es ist davon auszugehen, daß die Amerikaner zu diesem Zeitpunkt die politi-

[53] Bradley, Omar N., A Soldier's Story of the Allied Campaigns from Tunis to the Elbe, London 1951, S. 531 ff.

[54] Interview mit Bedell Smith, zitiert in: Poqué, Forrest C., The Decision to Halt on the Elbe 1945, abgedruckt in: Command Decisions, Washington 1960, S. 482.

[55] Montgomery, a.a.O., S. 372.

[56] Churchill, Winston S., Der Zweite Weltkrieg Bd. VI, Bern 1954, S. 143.

schen Besorgnisse ihres Verbündeten überhaupt nicht verstanden und deshalb nicht einsahen, weshalb sie unter Einsatz von Menschenleben Gebiete erobern sollten, die bereits durch Vertrag den Sowjets als Besatzungszone zugesprochen worden waren.
Die von Eisenhower geltend gemachten militärischen Gründe beruhten auf einer groben Fehleinschätzung. Es gab weder eine »Alpenfestung«, noch wäre die »Werwolforganisation« zu einer ernsthaften Bedrohung geworden. Es ist ebenfalls zu bezweifeln, ob es zu den angenommenen Nachschubproblemen gekommen wäre. Überdies hätte die amerikanische Aufklärung unschwer feststellen können, daß es östlich der Elbe keine deutsche militärischen Großverbände mehr gab, die zu einem ernsthaften Widerstand noch in der Lage gewesen wären. Ob die deutschen Verbände angesichts der Alternative zwischen zunächst amerikanischer oder drohender sowjetischer Besetzung überhaupt noch längeren Widerstand geleistet hätten, ist mehr als fraglich.

In Mitteldeutschland

Die operative Aufgabe des XXXXVIII. Pz.K. und die dafür zur Verfügung stehenden Kräfte

Ab 12. April übernahm das XXXXVIII. Pz.K. den Befehl im Abschnitt zwischen Halle und Riesa (Armeegrenze). Rechter Nachbar war die I.D. Hutten, linker Nachbar das IV. A.K. Dresden.
Sämtliche Truppen in diesem Raum wurden dem Pz.K. unterstellt, dessen Aufgabe darin bestand, die Elbe- und Muldelinie unter Festhalten von Halle und Leipzig gegen die aus dem Westen vordringenden Amerikaner zu verteidigen. Hierdurch sollte der Südflügel der sich im Raum Dessau versammelnden 12. Armee gedeckt werden[57].
Dem Korps standen zur Lösung dieser Aufgabe außer der 14. Flakdivision keine weiteren Divisionen zur Verfügung, sondern nur von örtlichen Befehlshabern hastig zusammengeraffte Verbände in Bataillonsstärke, die aus Urlaubern, Genesenen, Ausbildungspersonal und Rekruten bestanden. Mit der Zuführung weiteren Personals durch die Armee konnte nicht gerechnet werden.
Nur 50 Prozent der Soldaten konnten infolge des gravierenden Waffenmangels ausgerüstet werden. Es fehlten vor allem Handfeuerwaffen, Munition sowie schwere Infanteriewaffen. Nur Panzerfäuste standen in ausreichender Zahl zur Verfügung[58].
Das Vorhandensein von Panzern wird zwar deutscherseits bestritten[59], die amerikanischen G-2-Berichte weisen allerdings das Gegenteil aus[60].
Die Luftwaffe soll keine Einsätze geflogen haben[61]. Es sind aber in der Zeit vom 16. bis

[57] Vgl. Reichhelm, a.a.O., S. 10.
[58] Vgl. Edelsheim, a.a.O., S. 3.
[59] Vgl. Reichhelm, a.a.O., S. 8.
[60] Vgl. G-2 Reports, 1. US-Armee v. 13.—22. April 1945. Hier werden insgesamt 32 deutsche Panzer angegeben.
[61] Vgl. Edelsheim, a.a.O., S. 6; ebenso Reichhelm, a.a.O., S. 8.

23. April zahlreiche deutsche Flugzeuge im Bereich der 3. US-Pz.Div. und der 104. US-Inf.Div. von den Amerikanern beobachtet worden[62].
Unter dem Kampfkommandanten von Halle, Gen.Lt. Rathke, standen zur Verteidigung der Stadt insgesamt sieben Bataillone und einige Flakbatterien zur Verfügung[63].
Der Kampfkommandant von Leipzig, Oberst von Poncet, verfügte nur über geringe Verteidigungskräfte: ein Ers.Btl. des I.R. 107, eine Kraftfahrersatz-Abt., etwa acht Volkssturmbataillone sowie 3400 Polizeibeamte, die dem Polizeipräsidenten unterstanden[64].
In beiden Städten fehlten Verteidigungsanlagen, die in der Kürze der Zeit auch nicht mehr errichtet werden konnten. Beiderseits der Saale, im Raum Halle—Leuna und südlich davon, befand sich die Masse der 14. Flakdivision mit Geschützen aller Kaliber, die aber zur Luftabwehr meistens ortsfest eingebaut und daher für den Erdkampf nur bedingt einsatzfähig waren.
Die Abschnittsgrenze der Verteidigungsbereiche Leipzig und Halle verlief auf der Linie Querfurt—Eilenburg—Torgau. Ersatztruppenteile der Luftwaffe und des Heeres mit einer Gesamtstärke von fünf Bataillonen sicherten den Muldeabschnitt Düben—Eilenburg—Wurzen—Grimma. Bewaffnung und Kampfwert dieser Verbände wurden durch das Korps gering bewertet.
In Delitzsch lag eine Artillerieabteilung ohne Geschütze. Oschatz war von Soldaten einer Reit- und Fahrschule sowie einer Pionier-Lehrtruppe besetzt[65].
Die Elbelinie Torgau—Riesa wurde durch insgesamt zehn Bataillone sowie ortsfeste und bewegliche Flak relativ gut gesichert[66].
Der Stellungsbau an Elbe und Mulde steckte in den ersten Anfängen, konnte aber noch vervollständigt werden.
Wesentlich war die Sicherung der Übergangsstellen durch Feldstellungen, die aber noch ausgebaut werden mußten. An Reserven standen dem Korps insgesamt vier Bataillone zur Verfügung[67].

Die Beurteilung der Lage durch das XXXXVIII. Pz.K. am 11. April 1945[68]

Das Gen.Kdo. beurteilte die Lage am 11. April 1945 wie folgt: Als Ziel des amerikanischen Vorstoßes war der Raum von Berlin anzunehmen. Zu diesem Zweck mußte der

[62] Vgl. G-2 Reports, 3. US-Pz.Div. und 104. US-Inf.Div. v. 16.—23. April. Es werden hier für diesen Zeitraum 29 deutsche Fliegereinsätze angegeben.
[63] Vgl. Edelsheim, a.a.O., S. 3; ebenso McDonald, a.a.O., S. 402.
[64] Vgl. Grolman, a.a.O., S. 11.
[65] Vgl. Edelsheim, a.a.O., S. 4.
[66] Ebenda, S. 5.
[67] Vgl. Edelsheim, a.a.O., S. 5.
[68] Vgl. ebenda, S. 6.

Gegner versuchen, durch die Einnahme von Halle und Leipzig die entsprechenden Straßenanschlüsse nach Torgau zu besetzen. Hierbei war die handstreichartige Inbesitznahme aller Flußübergänge für den Angreifer besonders wichtig.
Die deutsche Verteidigung hatte darauf zu achten, daß es den US-Truppen nicht gelang, das Korps nach Süden abzudrängen, es von der Armee zu trennen und dadurch seine Aufgabe, die Flanke des AOK 12 zu sichern, unmöglich zu machen.
Halle und Leipzig konnten nur kurzfristig verteidigt werden, da beide Städte leicht umgangen werden konnten. Ein »Einigeln« kam hier aus folgenden Gründen nicht in Frage: Die Abwehrkräfte waren zu schwach und im Straßenkampf nicht ausgebildet. Überdies hatten keine Befestigungen angelegt werden können.
Beiden Städten kam aber die Funktion einer vorgeschobenen Stellung zu, deren Aufgabe es war, den gegnerischen Vormarsch zu verzögern, um in dieser Zeit den eigenen Stellungsbau an Elbe und Mulde zu vervollständigen.

Der Verlust von Halle

Die 104.US-Inf.Div. und die 3.US-Pz.Div. wurden zum Angriff auf die Stadt bereitgestellt.
Verbände der 104. Inf.Div. erreichten am 14. April um 18.00 Uhr[69] die Saale nördlich und südlich von Halle. Sämtliche Brücken waren von den deutschen Verteidigern gesprengt worden. Aufgrund von amerikanischen Erkundungen und der dadurch erkannten deutschen Stellungen sollte die Stadt von Norden umfaßt werden[70]. Hierzu war es erforderlich, die dafür notwendigen Truppen auf das Ostufer der Saale zu bringen. Da die Pioniere der 3. Pz.Div. bereits bei Friedeburg eine Brücke errichtet hatten, konnte in der Nacht vom 14. zum 15. April die Verlegung der für den Angriff aus Richtung Nordwesten vorgesehenen Verbände der 104. I.D. durchgeführt werden[71].
Von den angreifenden US-Truppen wurde keine Luftwaffen- und Artillerieunterstützung angefordert, weil sie die eigenen, in Lazaretten der Stadt liegenden gefangenen Verwundeten nicht gefährden wollten[72].
Am 15. April begann der amerikanische Angriff. Sein Schwerpunkt lag im Norden, wo die Verteidiger auch bald ihre wenigen Reserven einsetzen mußten.
Die Besatzung von Halle kämpfte fast ausschließlich nur mit leichten Infanteriewaffen. Außer einigen Straßensperren gab es keine weiteren Verteidigungsanlagen, da solche wegen der Kürze der Zeit nicht hatten errichtet werden können. Trotzdem lieferten die Verteidiger den Angreifern erbitterte Kämpfe[73].
Am Abend dieses Tages warfen die Amerikaner 100000 Flugblätter mit folgendem Text ab:

»Männer und Frauen von Halle!
Eine völlige Zerstörung bedroht Eure Stadt! Entweder wird Halle bedingungslos kapi-

[69] Vgl. Hoegh, Doyle, a.a.O., S. 338.
[70/71] Ebenda.
[72] Ebenda, S. 340.
[73] Vgl. G-2 Report, 1. US-Armee v. 19.April 1945.

tulieren oder völlig zerstört werden. Bei der derzeitigen Kriegslage gibt es keine andere Wahl, als zu kapitulieren. Wir Amerikaner führen keinen Krieg gegen unschuldige Zivilisten. Millionen Eurer Landsleute leben in bereits von unseren Truppen besetzten Gebieten Deutschlands und helfen dabei die Zerstörungen des Krieges zu beseitigen. Wenn der Stadtkommandant und die Parteiführer nicht wünschen, daß Blutvergießen vermieden wird, bleibt uns nichts anderes zu tun, als Halle völlig zu zerstören.
Männer und Frauen von Halle! Eure Häuser sind noch unzerstört, sie bieten Euch noch Obdach. Bislang war Eure Stadt von dem Schicksal vieler anderer deutscher Städte ausgenommen. Ihr könnt Euch und Eure Stadt retten, indem Ihr sofort handelt. Geht zu den Verantwortlichen und fordert sie auf, sinnloses Blutvergießen und völlige Zerstörung zu vermeiden. Dies ist die Stunde für Euch, um zu handeln. Die Zeit ist kurz. In wenigen Stunden wird es zu spät sein. Es gibt nur zwei Möglichkeiten: Übergabe oder Vernichtung[74].«
Der in der Stadt lebende Graf Luckner versuchte am 16. April durch Vermittlung zwischen den Amerikanern und den Verteidigern eine Einstellung der Kämpfe zu erreichen. Der Kampfkommandant lehnte die Kapitulation zwar ab, zog sich aber mit dem Rest seiner Truppen in das südliche Drittel Halles zurück.
Am 19. April fiel die Stadt nach fünftägigen erbitterten Kämpfen[75].
Die Verteidiger verloren 2640 Gefangene[76]. Dem Kampfkommandanten gelang es nicht, sich befehlsgemäß südlich von Halle mit einer Flakgruppe zu vereinigen. Er kämpfte sich mit dem Rest seiner Truppen, etwa 600 Mann, auf die Muldestellung zurück[77].
Die Verteidiger hatten ihren Auftrag, vorgeschobene Stellung zu sein, voll erfüllt. Durch ihren Widerstand hatte das XXXXVIII. Pz.Korps für den Ausbau der Muldestellung einen Zeitgewinn von etwa sechs Tagen erzielen können[78]. Unter diesem Gesichtspunkt ist der verbissenen Abwehrkampf der Verteider von Halle durchaus sinnvoll gewesen.

Die Kämpfe um das Industriegebiet von Merseburg und Leuna

Am 13. April erreichten die Spitzen der 2. US-Inf.Div. und der 9. US-Pz.Div., die auf der Linie Querfurt — Schafstädt vorgestoßen waren, die vorgeschobene Linie[79] der Stellungen des XXXXVIII. Pz.K. im Industriegebiet von Merseburg—Leuna—Schkopau.

Das Zentrum der deutschen Verteidigung befand sich hier an der Eisenbahnlinie Halle—Weißenfels und bestand weitgehend aus einer Konzentration von Flak aller

[74] Zitiert bei Hoegh, Doyle, a.a.O., S. 339.
[75] Vgl. G-2 Report, 1. US-Armee v. 10. April 1945.
[76] Vgl. Hoegh, Doyle, a.a.O., S. 341.
[77] Vgl. Edelsheim, a.a.O., S. 9; ebenso OKH/GenSt.d.H./Op.Abt.III Nr.4881/g.K. v. 21. April 1945/BA-MA-Rh2/v.336.
[78] Vgl. Edelsheim, a.a.O., S. 10.
[79] Vgl. Edelsheim, a.a.O., S. 9.

Kaliber, die eigentlich zur Luftsicherung der Fabriken für die synthetische Benzin- und Gummiherstellung gedacht, nunmehr aber im Erdkampf eingesetzt waren.
Angesichts von rund 1000 Flakgeschützen[80] fiel es den Angreifern schwer, ihre Panzerüberlegenheit in dem dazu noch flachen Gelände auszunutzen. Aus diesen Gründen waren Infanterie- und Panzerbewegungen nur nachts ohne große Verluste möglich.
In den Flakstellungen der Verteidiger befanden sich teilweise bis zu 40 Geschütze aller Kaliber[81]. Diese Stellungen waren von Splittergräben durchzogen, die jetzt allerdings für den Infanteriekampf benutzt werden konnten und die Anlagen zu einzelnen kleinen Festungen machten. Die Hauptschwierigkeiten der Verteidiger bestanden darin, daß sie nicht über ausreichende infanteristische Sicherungen für diese Stellungen verfügten. Die für den Infanteriekampf nur unzulänglich ausgebildeten Flakartilleristen konnten diesen Mangel nicht ausgleichen.
Außerdem waren die Stellungen für die Luftsicherung, nicht aber für den Erdkampf angelegt, d.h. viele der Geschütze konnten daher nicht auf den für den Erdeinsatz notwendigen Neigungswinkel eingestellt werden und Erdziele, wenn überhaupt, nur sehr schwer erreichen.
Die Taktik der Amerikaner bestand darin, die Flakstellungen einzeln und nacheinander durch das Haubitzenfeuer ihrer Divisionsartillerie auszuschalten, um sie danach von der Infanterie besetzen zu lassen. Die Angreifer wären sicherlich weniger schnell erfolgreich gewesen, hätten die Verteidiger über ausreichende Infanterie- und Panzerunterstützung verfügt. Deutsche Panzer waren — eingegraben — nur im Raum Schkopau eingesetzt[82].
Die Amerikaner brachen auf der Höhe von Schkopau in das deutsche Verteidigungssystem ein und rollten dieses nach Süden, in Richtung Merseburg—Leuna vorstoßend, auf[83].
Am 19. April waren die Kämpfe in diesem Raum, bis auf den Widerstand einzelner Gruppen, abgeschlossen[84].
Die deutschen Verluste bei diesen Kämpfen betrugen nach amerikanischen Angaben 9111 Gefangene, 505 Geschütze der Kaliber 8,8 cm, 10,5 cm, 12,8 cm und viele leichte Flak[85]. Zahlen über deutsche Gefallene und Verwundete konnten nicht ermittelt werden.

[80] Vgl. McDonald, a.a.O., S. 393, der diese Zahlen unter Hinweis auf Truppenberichte angibt. Nach den Stärkemeldungen der 14. Flakdivision v. 1. Oktober und 1. Dezember 1944/BA-MA-RL2 III/1122 dürften diese Angaben realistisch sein. Letzte Klarheit über die Flakstärken zu diesem Zeitpunkt ist deshalb nicht erreichbar, weil spätere Stärkemeldungen der Flakdivision nicht erhalten sind.
[81] Vgl. Combat History, a.a.O., S. 138.
[82] Vgl. Combat History, a.a.O., S. 140.
[83] Ebenda.
[87] Vgl. Edelsheim, a.a.O., S. 10.
[85] Vgl. Combat History, a.a.O., S. 139. Leider liegen deutsche Zahlen wie andere Angaben zu diesen Kämpfen nicht vor.

Der Verlust von Leipzig

Es bestand zwar der Auftrag, die Stadt gegen die vordringenden Amerikaner zu verteidigen, jedoch konnten dafür Truppen in ausreichender Zahl nicht bereitgestellt werden. Es waren dies nur:
Ein Ers.Btl.des I.R. 107 mit einer Stärke von 750 Mann, davon 500 unausgebildete Rekruten, eine Kraftfahrersatz-Abt. mit 250 Mann, etwa acht Volkssturmbataillone, 400 Revierpolizisten und 3000 an Waffen unausgebildete Männer des Sicherheits- und Hilfsdienstes[86]. Außerdem war es versäumt worden, Leipzig zu befestigen. Am 15. April hatte man erst damit angefangen, im Bereich der Brücken der Stadt mit Steinen gefüllte Straßenbahnwagen quer zur Fahrbahn zu legen. Weitere »Befestigungen« gab es nicht[87].
Der Stadtkommandant, Gen.Maj. von Ziegesar, der einen Kampf für sinnlos hielt, wurde durch Oberst von Poncet ersetzt, der Leipzig mit allen Mitteln zu verteidigen bereit war[88]. Der Plan hierfür sah folgendes vor:

- ☐ Die erste Verteidigungslinie sollte drei Kilometer vor dem Stadtrand von örtlichen HJ-Einheiten gebildet werden.
- ☐ Den unmittelbaren Stadtrand hielten als zweite Verteidigungslinie die zur Verfügung stehenden regulären Truppen.
- ☐ Als Hauptverteidigungslinie war das Ostufer der Elster vorgesehen.
- ☐ Die Polizei hatte innerhalb ihrer Revierbezirke Einzelziele zu bekämpfen[89], wobei sich der Polizeipräsident weigerte, seine Beamten dem Kampfkommandanten zu unterstellen und sie als Kombattanten einsetzen zu lassen[90].

Am 15. April begannen die Amerikaner mit der Einschließung der Stadt. Sie setzten hierfür folgende Divisionen mit nachgenannten Kampfaufträgen ein:

- ☐ Die 9. Pz.Div. umfaßte die Stadt in weitem Bogen und hatte die Zuführung von Verstärkungen zu unterbinden[91].
- ☐ Die 2. Inf.Div. hatte den Auftrag, von Westen gegen den Saale-Elster-Kanal vorzustoßen, die Brücken über den Kanal zu nehmen und zu sichern[92].
- ☐ Die 69. Inf.Div. hatte den Hauptteil der Stadt zu erobern[93].

Die Verteidiger erwarteten den amerikanischen Angriff von Osten[94]. Die am 17. und 18. April beginnenden Kämpfe spielten sich im wesentlichen im Vorfeld der Stadt ab[95].

[86] Vgl. Grolman, a.a.O., S. 11.
[87] Ebenda.
[88] Vgl. Grolman, a.a.O., S. 13.
[89/90] Ebenda.
[91] Vgl. HQu.USFET, The Story of the 9th Armored Division, o.O., o.J., S. 32, aber auch o.V.: History of the 69th Inf.Div., o.O. 1945, S. 78.
[92] Vgl. Combat History of the 2nd Inf.Div., a.a.O., S. 143.
[93] Vgl. Combat History of the 69th Inf.Div., a.a.O., S. 78.
[94] Vgl. Grolman, a.a.O., S. 13.
[95] Vgl. KTB/OKW, Lagebuch v. 18. April 1945.

Am 18. April erreichten Verbände der 2. US-Inf.Division den Saale-Elster-Kanal. Die 69. Inf.Div. setzte am gleichen Tag jeweils ein Regiment von Norden, Nordwesten und Süden zum Angriff auf die Stadt an. Gegen 21.00 Uhr hatte dieser Stoß das Stadtzentrum erreicht[96]. Hierbei stellten sich das Rathaus, in welches sich der Kreisleiter mit 500 Mann Volkssturm zurückgezogen hatte[97], und das Völkerschlachtdenkmal als Widerstandszentren der Verteidiger heraus. Letzteres verteidigte Oberst von Poncet mit 200 Mann und konnte sich dort länger halten, da die Amerikaner, entgegen der ursprünglichen Planung, keine Flammenwerfer einsetzten. Dies geschah deshalb nicht, weil die deutschen Verteidiger 17 amerikanische Kriegsgefangene und zwei US-Journalisten bei sich hatten, die bei dem geplanten Einsatz gefährdet worden wären[98].
Grolman, der Leipziger Polizeipräsident, hatte am Abend dieses Tages bereits Kontakt zu den Angreifern aufgenommen und die Übergabe der Stadt angeboten[99]. Der letzte Widerstand in Leipzig erlosch am 20. April. An diesem Tag übergab Poncet auch das von ihm gehaltene Völkerschlachtdenkmal. Auch die Verteidiger von Leipzig hatten ihre Aufgabe, vorgeschobene Stellung zu sein und dem Korps zu einem Zeitgewinn zu verhelfen[100], aufgrund des sehr zögernden Vorgehens der Amerikaner voll erfüllen können.

Die Kämpfe der I.D. Hutten an der Mulde (s. Skizze 1b, S. 131)

Da das AOK 12 westlich der Elbe und Mulde eine bewegliche Verteidigung organisieren wollte[101], die amerikanische Kampfgruppe Welborn aber bereits am 15. April an der Nahtstelle zwischen den Divisionen Scharnhorst und Hutten bei Kleutsch (südlich von Dessau) einen Brückenkopf auf dem Ostufer der Mulde gebildet hatte[102], der von den US-Truppen allerdings freiwillig wieder geräumt wurde, mußte Wenck versuchen, möglichst viel Raum nach Westen zu gewinnen.
Aus diesem Grund wurde der I.D. Hutten der Befehl erteilt, weit westlich der Mulde zu verteidigen. Erste Aufgabe der Division war die Gewinnung der Autobahn Dessau—Leipzig und der Ausbau dieser Linie zur HKL[103].
Das Ziel ist insgesamt nicht erreicht worden, da die Amerikaner in diesem Raum bereits zu weit vorgestoßen waren, bevor die deutschen Verbände das vorgesehene Gebiet erreicht hatten. Von der Division wurde bei diesen Kämpfen folgende Taktik angewendet: Die vordringenden amerikanischen Panzerspitzen wurden nachts in Bataillonsstärke angegriffen. Diesen keilförmig gestaffelten deutschen Angriffsformationen waren jeweils zehn Panzer zur Unterstützung beigegeben. Gleichzeitig sind die Infanteriespitzen durch Panzerjadgkommandos, kleine mit Fahrrädern und Panzerfäusten ausgerü-

96 Vgl. Combat History of the 69th Inf.Div., a.a.O., S. 79.
97 Vgl. Grolman, a.a.O., S. 15.
98 Vgl. KTB/69. US-Inf.Div.
99 Vgl. Grolman, a.a.O., S. 16.
100 Vgl. Edelsheim, a.a.O., S. 10.
101 Vgl. Reichhelm, a.a.O., S. 10.
102 Mitteilung Pick. Vgl. aber auch Spearhead in the West, a.a.O., S. 251.
103 Vgl. G-2 Reports, 3. US-Pz.Div. v. 15. und 17. April 1945.

stete Gruppen, verstärkt worden, die abgestellte amerikanische Panzer abschossen[104]. Die US-Truppen erlitten hierbei empfindliche Verluste[10].
In der Zeit vom 15.—19. April scheinen die Verteidigungsbereiche der einzelnen Verbände der Division etwa folgende gewesen zu sein (Aufstellung von Nordwesten nach Südosten):
Das Füs.Btl. verteidigte bei Möst, das I. und II. Bataillon des Gren.Regimentes 1 bezog am 15. April Stellungen westlich von Raguhn. Der Auftrag dieser Truppen lautete wahrscheinlich: Zurückgewinnung der Autobahn.
Das Gren.Rgt. 2 verteidigte das Gebiet von Thalheim. Da sich die Bataillone des Gren.-Regimentes 3 am 16. und 17. April auf dem Marsch nach Westen, Richtung Bitterfeld, befanden, kann nur angenommen werden, daß diese Kräfte für die Verteidigung von Bitterfeld eingesetzt werden sollten[106].
Am 16. April[107] besetzten die Amerikaner Thurland und drangen gegen Raguhn vor, dessen Westhälfte von ihnen erobert wurde. Schierau fiel in die Hände der US-Truppen. Ein deutscher Gegenangriff, der in Bataillonsstärke gegen Raguhn, Siebenhausen und Thurland geführt wurde, ließ den letztgenannten Ort wieder den Besitzer wechseln. Die Amerikaner verloren hierbei zahlreiche Gefangene. Am 17. April griffen Soldaten des 83. US-Aufklärungsbataillons Thurland erneut an. Die Kämpfe, die mit großer Erbitterung geführt wurden, dauerten den ganzen Tag über an. Gegen Abend ging der Ort für die deutschen Verteidiger verloren.
Gegen 13.00 Uhr dieses Tages eroberten amerikanische Einheiten Sandersdorf, unmittelbar danach wurde der erste von insgesamt drei deutschen Gegenangriffen zur Wiedereroberung des Ortes vorgetragen, die sämtlich scheiterten. In der Nacht vom 17. auf den 18. April fanden weitere deutsche Angriffe auf Sandersdorf statt, da der Besitz dieses Ortes auch über die in Richtung Bitterfeld liegende wichtige Straßenkreuzung entschied, die wiederum für den bevorstehenden Kampf um diese Stadt sehr wesentlich war. Gegen 6.00 Uhr morgens erreichten amerikanische Einheiten Zscherndorf und hatten sich damit an den Stadtrand von Bitterfeld herangekämpft.
Am 18. April fielen Thalheim und Reuden in die Hände der US-Verbände. Um Bobbau und Wolfen fanden am 19./20. April heftige Kämpfe statt; diese Orte und Greppin mußten von den deutschen Verteidigern am 20. April aufgegeben werden. Delitzsch wurde am gleichen Tag ganz und Bitterfeld zu einem Drittel von den Amerikanern eingenommen[108]. Die Kampfgruppe Lovelady besetzte am 21. April den Ostteil von Raguhn. An diesem Tag hielten sich nur noch kleine deutsche Brückenköpfe in Jeßnitz und Bitterfeld. Am 22. April mußten auch diese letzten deutschen Stützpunkte auf dem Westufer der Mulde aufgegeben werden[109].

[104] Vgl. Engel, a.a.O., S. 13.
[105] Mitteilung Burmeister.
[106] Vgl. G-2 Reports, 3 US-Pz.Div. v. 15.—19. April 1945.
[107] Vgl. zu diesen und den folgenden Angaben das KTB der 104. US-Inf.Division. Deutsche Quellen standen für diese Kämpfe leider nicht zur Verfügung.
[108] Vgl. OKH/GenSt.d.H./Op.Abt.III Nr. 4881 g.K. v. 21. April 1945/BA-MA-RH2/v.336.
[109] Vgl. Wehrmachtbericht v. 22. April 1945.

Der Kampf gegen die Amerikaner

Die Division erhielt am Nachmittag des 23. April den Befehl, umzugruppieren und die zwischenzeitlich in Wittenberg eingedrungenen Sowjets aus der Stadt zu werfen. Engel befahl, keine Sicherungen an der Mulde gegenüber den Amerikanern zu belassen, sondern alle Verbände gegen die Sowjets einzusetzen.
Die Soldaten bauten, sicherlich mehr aus Scherz, mit Stroh gefüllte Uniformen als Attrappen am Mulde-Ufer auf, bevor sich die Verbände der I.D. Hutten zurückzogen[110].

[110] Vgl. Tagebuch Burmeister. Vgl. Reichhelm, a.a.O., S. 12. Dieser gibt an, daß der Kampfkommandant von Wittenberg am 23. April der Division unterstellt worden sei. Die entsprechende Tagebucheintragung von Burmeister weist aber aus, daß Wittenberg zu diesem Zeitpunkt bereits von den Sowjets besetzt war, die von der Division erst am 24. April wieder aus der Stadt geworfen wurden. Es gab daher am 23. April sicherlich keinen deutschen Kampfkommandanten dieser Stadt.

Kapitel 5

Die Änderung des operativen Auftrages der 12. Armee und ihr Einsatz gegen die Sowjets nach deren Durchbruch an der Oder

Die Pläne des OKW/WFStabes zum Entsatz von Berlin und die Bereitstellung der Truppen für diesen Einsatz

Seit dem Beginn der sowjetischen Großoffensive am 16. April hatte sich die Lage an der Ostfront außerordentlich verschlechtert. Bereits am 22. April erreichten sowjetische Spitzen südlich von Berlin die Linie Treuenbrietzen—Zossen.
Im Norden Berlins wurde in Frohnau gekämpft, so daß die Einschließung der Stadt fast vollzogen war[1].
Das operative Konzept des OKW/WFStabes zum Entsatz der Hauptstadt sah hierfür insgesamt folgendes vor:

Angriff der 12. Armee mit den Divisionen des XX. A.K. nach Osten in Richtung Berlin. Gleichzeitiger Angriff der 9. Armee nach Westen und Vereinigung beider Angriffsgruppen im Süden der Hauptstadt.
Gemeinsames Aufbrechen des sowjetischen Einschließungsringes unter Eindrehen nach Norden und Vernichtung der feindlichen Kräfte im Südwesten der Stadt.
Zur gleichen Zeit hatte das XXXXI. Pz.K. zusammen mit dem Korps Steiner aus dem Raum Oranienburg anzugreifen und die Stadt von Norden her freizukämpfen.

Bestand die Aufgabe des AOK 12 am 20. April lt. Weisung des Wehrmachtführungsstabes noch darin, durch Angriff gegen die Flanken, Rücken und Nachschubverbindungen der 9. und 1. US-Armee den amerikanischen Vorstoß an der Elbe zum Stehen zu bringen, den Anschluß an die deutsche 7. Armee zu halten, um den Raum zwischen Elbe und Mulde als Ausgangsbasis für spätere Operationen zur Verfügung zu haben und eine starke Reserve hinter dem linken Flügel bei Jüterbog zu bilden[2], so änderte sich der Kampfauftrag der Armee am 22. April in geradezu dramatischer Weise[3].
Hieß es zunächst noch an diesem Tag: »Entscheid, ob das AOK 12 mit Schwerpunkt an

[1] Vgl. Wehrmachtbericht v. 22. April 1945.
[2] Vgl. KTB/OKW, Lagebuch v. 20. April 1945.
[3] Leider sind nur für einen Teil der Ereignisse dieses Tages Uhrzeiten angegeben, so daß eine genaue Zeitfolge der Tagesereignisse nicht nachvollziehbar ist.

der Ost- oder Westfront kämpfen soll, ist noch nicht gefällt...[4]«, so wurde der Befehl zum Entsatz der Reichshauptstadt offenbar innerhalb weniger Stunden gegeben. Als Grund dafür muß ausschließlich die Entscheidung Hitlers, in Berlin zu bleiben, die an diesem Tag fiel, gesehen werden.

Der Vorschlag Jodls, die gesamte Front gegen die Amerikaner umzudrehen und die in diesem Bereich vorhandenen Truppen im Kampf um Berlin einzusetzen und dadurch den Entsatz der Reichshauptstadt zur militärischen Hauptaufgabe zu machen, wurde von Hitler akzeptiert[5].

Entsprechende Befehle für die erforderliche Umgruppierung wurden am gleichen Tag erteilt: Die Armee erhielt den Auftrag, sofort kampfkräftige Truppen in mindestens Divisionsstärke nach Osten abzudrehen und diese in der allgemeinen Richtung Wittenberg—Treuenbrietzen zum Angriff bereitzustellen. Einzelheiten über Zweck und Ziel dieses Angriffs sollten noch befohlen werden. Einige Stunden später wurde dieser Befehl dadurch ergänzt, daß ein weiteres Herausnehmen kampfkräftiger Truppen aus der nach Westen gerichteten Front befohlen wurde, um diese ebenfalls für den Angriff nach Osten bereitstellen zu können. Die Armee wurde gleichzeitig angewiesen, Vorschläge über einzusetzende Stärken und einen Zeitplan zu machen[6].

Die 9. Armee wurde bereits um 17.20 Uhr angewiesen, durch einen Angriff nach Westen die Verbindung mit der 12. Armee herzustellen[7]. Am 23. April wurde die Entscheidung Hitlers, die Elbefront von Truppen fast gänzlich zu entblößen, der Presse bekanntgegeben — eine, wenn man militärische Gründe berücksichtigt, nicht nur völlig überflüssige, sondern sogar auch schädliche Veröffentlichung[8], der nur ein gewisser Sinn beigemessen werden konnte, wenn damit beabsichtigt wurde, die Amerikaner indirekt zu veranlassen, weiter in Richtung Osten vorzustoßen, um weiteren sowjetischen Gebietserwerb zu verhindern.

Das AOK 12 erhielt an diesem Tag vom OKW/WFStab folgende detaillierte Weisung für die weitere Kampfführung:

»1. Der Angriff des XXXIX. Pz.K. ist einzustellen und das Korps auf das Ostufer zurückzuführen. Späterer Einsatz an der Berliner Front je nach Entwicklung der Lage.

[4] KTB/OKW, Lagebuch v. 22. April 1945.

[5] Vgl. hierzu auch: Funkspruch Hitlers an Dönitz v. 25. April 1945 und OKW/WFSt.Nr. 88875 g.Kdos Chefs. v. 24. April, beides BA-MA-OKW/6/2.

[6] Vgl. Reichhelm, a.a.O., S. 13/14. Er gibt hier als Zeitpunkt für den Erhalt der Befehle, deren Inhalt er zitiert, den 24. April an. Vergleiche mit den Angaben im KTB/OKW sowie einigen noch vorhandenen Befehlen v. 23. April lassen nur den Schluß zu, daß es sich hier um die einleitenden Weisungen für die Umgruppierung handelt, die bereits am 22. April ergangen sein müssen. Überdies gibt Reichhelm hier an, daß die Div. Jahn ab sofort dem OKH unterstellt worden sei. Diese Div. wurde bereits mit Befehl v. 19. April 1945 vorübergehend dem Kdt. des Verteidigungsbereichs Berlin, nicht aber dem OKH unterstellt (vgl. OKH/GenSt.d.H./Op.Abt./Ia Nr. 4862 v. 19. April/BA-MA-RH2/v.1124).

[7] Vgl. H.Gr. Weichsel, Ia Nr. 6019/45 g.K. v. 22. April/BA-MA-RH19/XV/10. Ebenso OKW/WFStab/Op.Abt.(H) Ia Nr. 003836 v. 25. April/BA-MA-OKW/6/2.

[8] Vgl. Der Stabsoffizier für den Propagandaeinsatz bei der H.Gr. Weichsel v. 23. April 1945/BA-MA-19 XV/10.

2. Aus der Elbe-Verteidigung zwischen Dömitz und Magdeburg ist eine starke Kräftegruppe herauszuziehen und in den Raum Nauen zu führen. Ihre Aufgabe wird es sein, zusammen mit den zwischen Spandau und Oranienburg eingesetzten Teilen der H.Gr. Weichsel ein weiteres Vordringen der Sowjets über die Havel nördlich Spandau zu verhindern.
3. Unter weitgehender Auflockerung der Elbeverteidigung zwischen Magdeburg und Dessau und der Muldefront zwischen Dessau und Grimma ist im Raum westlich und südwestlich Treuenbrietzen eine starke Angriffsgruppe von mindestens drei Divisionen zu bilden, mit dem Auftrag über die Linie Jüterbog—Brück, Richtung Zossen und Teltow anzugreifen, um gegen Potsdam und den Südrand von Berlin vorstoßende russische Kräftegruppe zu schlagen.
4. Für den Südflügel der Armee kommt es darauf an, auf Kosten der Muldeverteidigung die Abwehrfront in der Linie Riesa—Bad Liebenwerde—Schwarze Elster zu verstärken, notfalls unter Aufgabe des Raumes zwischen Mulde und Elbe.
Darüber hinaus muß angestrebt werden, auch von dem Südflügel der Armee, Teile der Angriffsgruppe Treuenbrietzen zuzuführen[9].«
Am gleichen Tag erging eine weitere Weisung des OKW/WFStab an das AOK 12:
»Vordringliche Aufgabe der 12. Armee ist, sich mit allen verfügbaren Mitteln des XXXXI. Pz.K. (Gen. Holste) auf den Feind zwischen Spandau und Oranienburg zu stürzen und ihn über die Havel zurückzuwerfen..., denn Teile russischer Panzerverbände haben die Havel zwischen Oranienburg und nördlich Spandau überschritten... und gehen auf Dallgow nach Süden vor...[10]«
Wenck erhielt an diesem Tag eine dritte Weisung im Rahmen eines Befehls für die Verteidigung der Havel-Seenengen beiderseits Potsdam:
»12. Armee wird unter Belassung schwacher Sicherungen an der Elbe am 23. April 1945 Feind im Raum Jüterbog—Treuenbrietzen von Westen her angreifen. Sie wird die Verbindung zum Abschnitt des Kampfkommandanten von Potsdam an der Autobahnschleife (3 km südl. Ferch) suchen[11].«
In Ausführung der Weisungen des OKW/WFStabes befahl das AOK im einzelnen (s. Skizze 2, S. 132):
»1. Das XXXXI. Pz.K. hat eine nach Osten gerichtete Verteidigungslinie ostwärts Brandenburg — anschließend an die Seenkette zwischen Potsdam und Brandenburg —

[9] Vgl. OKW/WFStab/Op.Abt.Ia Nr. 3812 v. 23. April 1945 g.K./BA-MA-RH2/v.337.

[10] OKW/WFStab/Op.Abt.(H) v. 23. April 1945 ohne Nummer und Uhrzeit/gez. Jodl/BA-MA-RH2/v.337. Für diese hier befohlenen Operationen wurden der 12. Armee mit gleichem Fernschreiben folgende Verbände zusätzlich unterstellt:
»...II. Pz.Rgt. 2 (2 Pz.Kp.) bisher OKW Reserve... 25. Pz.Gren.Div... Gen.Inspekteur d.Pz.Tr. führt... ein bisher für die 20. Pz.Gren. Div. bestimmtes Marsch-Btl... zu.
Dem XXXXI. Pz.K. (Gen.Holste) sind beschleunigt zur Durchführung seines Auftrages in den Raum Nauen—Fehrbellin—Rathenow nachzuführen: XXXIX. Pz.K., Masse d. 199. I.D., 7. Pz.Div., 1 Rgt.Gruppe voraus.«
Die 25. Pz.Gren.Div. und die 7. Pz.Div. sind dem AOK 12 nicht zugeführt worden. Inwieweit die anderen Verbände bei der 12. Armee tatsächlich eingesetzt worden sind, ist nicht mehr nachprüfbar.

[11] OKH/GenSt.d.H./Op.Abt./Ia Nr. 4910/45 v. 23. April 1945/BA-MA-RH2/v.337.

westlich Nauen und Fehrbellin mit allen verfügbaren Kampfverbänden aufzubauen. Es sind nur schwache Sicherungen in den Stellungen an der Elbe zu belassen. Das Korps hat Verbindung mit rückwärtigen Kampfteilen der H.Gr. Weichsel zu suchen.
2. Dem XX. A.K. unter Gen. Koehler wird die Aufgabe übertragen, den Kampf nach Osten vorzubereiten und zu führen. Hierzu werden ihm die Divisionen Scharnhorst, Körner, Schill und Hutten unterstellt.
Die Division Scharnhorst, die mit ihrer Masse die Sicherungsaufgaben am amerikanischen Brückenkopf Barby wahrnimmt, ist in dieser Aufgabe zunächst zu belassen[12].«

Dem Korps wurde aber durch den OB der Armee trotz der Gefahr, daß die Amerikaner aus ihrem Brückenkopf ausbrechen könnten, befohlen, die I.D. Scharnhorst ebenfalls aus der Westfront herauszulösen und in den Raum nördlich von Wittenberg in Marsch zu setzen[13].

Die Gren.Regimenter Scharnhorst 1 und 2 verlegten deshalb am 24. April aus ihren Stellungen an der Elbe nach Osten. Ihre bisherigen Sicherungsaufgaben übernahmen die der Armee neu aus Dreetz und Hamburg zugeführten Festungs-MG-Bataillone 115 und 110. Der Kampfwert des letztgenannten Verbandes war gering, da dieser ausschließlich aus Magenkranken bestand[14].

Weitere Verteidigungsaufgaben an der Elbe im Bereich der abgezogenen Division Scharnhorst übernahmen zwei Radfahrbaubataillone unter Führung von Pionieroffizieren der Pi.Schule Roßlau[15].

Außerdem hatte das XX. A.K. Kräfte zwischen Coswig und Dessau zur Sicherung der Südflanke der Armee einzusetzen. Die Division Körner sollte sich im Raum Belzig mit dem Auftrag der Sicherung und Aufklärung nach Nordost, Ost und Südost versammeln. Ihr wurde gleichzeitig die Verbindungsaufnahme zur Division Hutten nördlich von Wittenberg befohlen.

Die Division Schill hatte nach Beendigung ihrer Aufstellung sofort über Ziesar in den Raum westlich von Niemegk zu marschieren.

Die I.D. Hutten erhielt den Befehl, sich in der Nacht vom Feind zu lösen und unter Belassung schwacher Sicherungen an den bisherigen Kampfschwerpunkten über Gräfenhainichen nach Wittenberg zu marschieren. Sie hatte dort einen Brückenkopf zu bilden und diesen nach Osten und Nordosten sowie die Elbe zwischen Wittenberg und Coswig zu sichern[16].

Das XXXXVIII. Pz.K. behielt den bisherigen Auftrag der Sicherung nach Süden. Sämtliche kampfkräftigen Truppenteile waren ab 25. April[17] über die Elbe nach Norden in Marsch zu setzen. Der spätere Auftrag des Korps: Elbeverteidigung zwischen Wittenberg und Dessau nach Süden.

[12] Reichhelm, a.a.O., S. 14.
[13] Ebenda.
[14] Vgl. G-2 Reports, 83. US-Inf.Div., v. 25. und 26. April 1945 (Gefangenenvernehmung).
[15] Vgl. Reichhelm, a.a.O., S. 14.
[16] Vgl. Reichhelm, a.a.O., S. 14/15.
[17] Die Richtigkeit dieser von Reichhelm (vgl. ebenda, S. 15) übernommenen Zeitangabe ist zweifelhaft, da Edelsheim angibt, bereits am 20. April mittags einen Armeebefehl zum Abmarsch

Die befohlene Umgruppierung brachte für das XXXXVIII. Pz.K. die größten Schwierigkeiten. Aufgrund der geringen Anzahl von Fahrzeugen und des Treibstoffmangels mußten die Verbände den Stellungwechsel weitgehend im Fußmarsch vornehmen. Die zu bewältigenden Entfernungen betrugen 130—150 km. Erschwerend wirkte es sich dabei aus, daß die meisten Verbände Neuaufstellungen waren, welche nicht über die notwendigen Trosse verfügten, was ihre Beweglichkeit zusätzlich verringerte. Aufgrund fehlenden Brückengerätes mußte der Übergang über die Elbe im Fährbetrieb bewältigt werden.

Die Marschleistungen der einzelnen Verbände konnten daher kaum richtig eingeschätzt werden. Gleichwohl rechnete das Korps damit, daß die Bewegungen am 24./25. April abgeschlossen sein würden. Die Truppenteile, die vor diesem Zeitpunkt als Kampfverbände gebraucht wurden, mußten mit Hilfe des knappen Kolonnenraumes vorweg gefahren werden[18]. Entsprechend den gegebenen Befehlen standen alle Truppen am 25. April in den befohlenen Räumen.

Es ist sicherlich erstaunlich, daß bei inhomogenen Truppenkörpern, wie es das XXXXVIII. Pz.K. und die Division Schill gewesen sind, die Möglichkeit des Überlaufens zu den Amerikanern während dieser Bewegungen nicht dem Kampf gegen die Sowjets vorgezogen wurde. »Keine Überläufer, keine Gefangenen, keine Vermißten...[19]« Ausreichende Gelegenheit hätte es bei dieser Umgruppierung für viele Soldaten wahrscheinlich gegeben. »Diese für derartig zusammengewürfelte Truppenteile in jenem Zeitraum psychologisch außerordentlich schwierige Aktion, welche einen Einsatz gegen den Russen bedeutete, verlief fast reibungslos. Sie zeigt, daß auch in einer derart ungewöhnlichen Lage die Truppe noch solche Befehle ausführte[20].« Es verdient

nach Norden erhalten zu haben. Diese Bewegung seines Korps hat er am gleichen Tag um 24.00 Uhr eingeleitet und am 25. April bereits abgeschlossen, dem Zeitpunkt also, zu dem Reichhelm die Absetzbewegung erst eingeleitet haben wollte. Das KTB/OKW v. 20. April 1945 gibt in einer Weisung für die Kampfführung des AOK 12 nur folgenden Hinweis: »Zurücknahme des Südflügels der 12. Armee, bei weiterem Vordringen sowjetischer Kräfte gegen Linie Jüterbog—Torgau auf Elbe und Versammlung einer starken Reserve hinter dem linken Flügel in Gegend Jüterbog...«

Es ist denkbar, daß die Führung des AOK 12 aufgrund der Lücke zwischen Potsdam und dem Elbeknie bei Wittenberg, in welche die 4. sowj. Garde-Pz.Armee hineinzustoßen drohte und die nur im Abschnitt Jüterbog—Luckenwalde an diesem Tage von der I.D. Jahn verteidigt wurde, den o.g. Teil der Weisung des WFStabes zum Anlaß nahm, dem XXXXVIII. Pz.K. einen entsprechenden Rückzugsbefehl zu erteilen. Ein solcher Befehl zu diesem Zeitpunkt ist deshalb denkbar, weil durch einen rechtzeitigen Rückzug des Pz.K. ein Abschneiden dieses Korps durch einen sowj. Stoß in dessen Rücken verhindert werden konnte. Bei weiterem Ausharren in der alten Stellung hätte die Gefahr für das Korps bestanden, zwischen Amerikanern und Sowjets zerdrückt zu werden.

Ein entsprechender Befehl ist leider nicht vorhanden. Reichhelm und Wenck berichten nichts über eine solche vorzeitige Rückzugsmaßnahme. Da Edelsheim in seiner Gesamtdarstellung recht genau ist, halte ich einen zeitlichen Irrtum bei ihm nur für schwer denkbar. Hieraus folgt dann allerdings, daß es einen entsprechenden Befehl wahrscheinlich auf der Grundlage der o.g. Weisung gegeben haben muß.

[18] Vgl. Edelsheim, a.a.O., S. 16 ff.

[19] Mitteilung Gensicke. [20] Müller, a.a.O., S. 2.

daher festgestellt zu werden, daß selbst bei diesen z.T. aus Versprengten, Verwundeten, kaum Genesenen u.a. zusammengesetzten Verbänden der 12. Armee eine außergewöhnlich gute Disziplin und sehr hohe Kampfmoral vorhanden gewesen sein muß.
Die Sicherungen gegenüber den Amerikanern hatten den Befehl erhalten, nur noch im Fall neuerlicher Angriffe auf die US-Truppen zu schießen. Der Kampf gegen den westlichen Gegner war also praktisch eingestellt worden[21].
Die amerikanische Luftwaffe hatte ihre Einsätze über dem Gebiet der 12. Armee bereits am 20. April beendet und dadurch den ungestörten deutschen Aufmarsch erst möglich gemacht. Die Einstellung des US-Fliegereinsatzes erfolgte aus folgenden Gründen:
»The primary mission of each tactical air command came to a close, when the army with which it was associated, reached its final subjects or was prevented from further advances on orders from higher headquarters. In the case of XXIX TAC this took place on 20 April, after the Ninth Army had reached the Elbe[22].«
Vermutungen, daß die Amerikaner die Angriffe ihrer Flugzeuge aus politischen Gründen eingestellt hätten, um die Truppen Wencks indirekt zu unterstützen, dürften durch diese Feststellung gegenstandslos werden.

Die Kämpfe der I.D. Hutten um den Brückenkopf Wittenberg

Bevor am Mittag des 23. April der Armeebefehl zur Umgruppierung die Division erreichte, hatte sich ihr Kommandeur bereits durch gewaltsame Aufklärung nach Osten ein eigenes Bild von der Lage in seinem Rücken gemacht.
Vorsorglich war auch im Kampfabschnitt der I.D. Hutten die Divisionsreserve (ein Infanterieregiment mit unterstellter Artillerie-Abt., Panzerjäger und Sturmgeschütze) so gelegt worden, daß sie jederzeit nach Osten einsetzbar war[23].
Die Armee befahl der Division, im Raum Wittenberg östlich der Elbe einen möglichst großen Brückenkopf zu bilden und die vordringenden Sowjets solange wie möglich aufzuhalten. In der Nacht zum 24. April wurden mit Hilfe zusammengefaßten Kolonnenraums aus dem gesamten Gebiet (beschlagnahmte Fahrzeuge von Baubataillonen, Industriewerken, rückwärtigen Diensten und Parteidienststellen) zwei Regimenter mit eingegliederter Artillerie und Stürmgeschützen in den Raum Wittenberg transportiert und die Sowjets aus der Stadt geworfen. Der Gefechtsstand der Division befand sich am Abend dieses Tages im Keller des Lutherhauses[24]. Die Pz.Jgd.Abt. 3 verfügte, nachdem die Stadt zurückerobert worden war, über keinen Treibstoff mehr. Durch Hinweise aus der Bevölkerung wurde die Division auf ein privates 40000 Liter umfassendes Treibstofflager des örtlichen Kreisleiters aufmerksam gemacht. Diese Vorräte

[21] Vgl. Reichhelm, a.a.O., S. 14.
[22] Versch. Verfasser, The Army Air Force in WW II, Bd. 3, Chicago 1951, S. 778.
[23] Vgl. Engel, a.a.O., S. 22.
[24] Vgl. Tagebuch Burmeister.

wurden beschlagnahmt und mit ihrer Hilfe die Fahrzeuge der Abteilung wieder einsatzfähig gemacht[25].
In den Morgenstunden des 25. April wurden die Regimenter der Division bereits südostwärts und ostwärts der Stadt gegen drei gerade aus der Bereitstellung zum Angriff angetretene sowjetische Schützendivisionen eingesetzt.
Beide Gegner, die hier aufeinander prallten, trafen sich unerwartet, und daher vollzog sich hier ein selten gewordenes Begegnungsgefecht.
Die russischen Divisionen wurden im Verlauf der ersten Hälfte des 25. April über zehn Kilometer zurückgeworfen[26]. Die Soldaten der I.D. Hutten befreiten eingeschlossene deutsche Verbände und bildeten einen Brückenkopf von 15 km Tiefe um Wittenberg herum. Diese Stellung der Division deckte nunmehr in entscheidender Weise die Umgruppierung der Armee.
Die deutschen Kräfte hatten bei den Kämpfen allerdings einen entscheidenden Vorteil auf ihrer Seite: Die sehr rasch vorgedrungenen Sowjets waren mit hastig verlasteter Infanterie, ohne Unterstützung von Panzerverbänden aus dem Raum Jüterbog vorgestoßen, weil ihnen offenbar das Vorhandensein eines größeren deutschen Verbandes in der Gegend von Wittenberg verborgen geblieben war. Dieser Umstand verhalf der I.D. Hutten zu den beachtlichen Erfolgen des ersten Kampftages gegen die Russen.
Die Gefechte im Raum Wittenberg dauerten den ganzen Tag ununterbrochen an. Die Sowjets schlossen auf, zogen Panzer nach und versuchten, auf zahlreichen Straßen in die Stadt hinein vorzustoßen. Die dortigen Flakeinheiten wurden zur Abwehr dieser Angriffe in »Igeln« zusammengefaßt und konnten daher alle Straßen mit ihrer 8,8-cm-Flak sichern. Da die Sowjets bei den Kämpfen nur Panzer des Typs T 34 einsetzten, die von den deutschen Geschützen mit Panzergranaten abgeschossen werden konnten, kam es zu keinen Durchbrüchen. Noch am 25. April erhielt die Division den Befehl, sich vom Gegner zu lösen und in den befohlenen neuen Einsatzraum Jeserigerhütten zu marschieren[27]. Hier sollte sich die I.D. Hutten zum Einsatz nach Osten bereitstellen.
Es gab für die in pausenlose Abwehrkämpfe verwickelte Division nur die Möglichkeit, durch gleichzeitige Teilangriffe das Lösen vom Gegner zu erreichen. Sofortige Gegenangriffe, das hatte die Osterfahrung gelehrt, brachten die Sowjets sehr leicht durcheinander, wenn sie sich selbst noch im Angriff befanden. Solchen Begegnungsgefechten gingen sie daher nach Möglicheit aus dem Weg.
Die russischen Truppen wurden also mit rasch zusammengestellten Stoßtrupps und kleineren Kampfgruppen, die von einzelnen Sturmgeschützen und Panzern begleitet waren, angegriffen.

[25] Mitteilung Burmeister.
[26] Vgl. Engel, a.a.O., S. 23.
[27] Die Zeitangaben von Engel und Burmeister unterscheiden sich hier zum Teil um zwei Tage. Nach Engel erhielt die Division den Befehl, Wittenberg erst in der Nacht vom 26./27. April zu räumen. Burmeister gibt dafür in seinem Tagebuch den 25. April an. Da nicht mehr feststellbar ist, woher Engel seine Zeitangaben genommen hat, die Tagebuchaufzeichnungen von Burmeister aber vorliegen, sollen diese für mich maßgeblich sein. Unter Zugrundelegung der Engelschen Zeitangaben hätte die Division sicherlich auch nicht mehr rechtzeitig ihre Bereitstellungsräume für den Angriff erreicht.

Überdies mußte jede Batterie jeweils ein Geschütz mit reichlich Munition in der Feuerstellung zurücklassen. Diese Kanonen mußten auf bestimmte Ziele laufend Störfeuer schießen. Ebenso ließen die Regimenter mindestens einen Zug Infanteriegeschütze mit der gleichen Aufgabe zurück. Gegen Panzerdurchbrüche sicherte die Masse der Panzerjäger die Nachhut ab.
Diese Verschiebungstaktik war bei der befohlenen Absetzbewegung so erfolgreich, daß der Gegner die Nachhuten erst angriff, nachdem das Herauslösen fast abgeschlossen war[28].

Die Entscheidungen des AOK 12 für die weitere Kampfführung

Bis zum 25. April hatte sich die Ostlage bedrohlich verschlechtert. Die Sowjets standen südlich von Potsdam und ostwärts von Brandenburg.
Aufgrund des raschen sowjetischen Vorstoßes war es nicht mehr zum Einsatz der Division Jahn im Verteidigungsbereich von Berlin gekommen, sondern dieser Verband hatte sich zur Abwehr des sowjetischen Angriffs auf dem Truppenübungsplatz Jüterbog einrichten müssen und war nach harten Kämpfen ab 20. April über Luckenwalde in Richtung Potsdam zurückgedrängt worden[29].
Südlich von Niemegk sickerten russische Verbände zwischen dem offenen Nordflügel der Division Hutten und dem Südflügel der Division Körner in die Wälder an der Autobahn ein. Die Besatzung von Potsdam war völlig eingeschlossen. Der Druck gegen das XXXXI. Pz.K. nahm zu.
Aufgrund dieser Lage war es der Armee nicht möglich, den am 23. April befohlenen Angriff auf der Linie Jüterbog—Brück vorzutragen, da sich in der befohlenen Angriffsrichtung ein starker sowjetischer Schwerpunkt gebildet hatte[30].
Alle Divisionen des XX. A.K. waren bereits in den Bereitstellungsräumen in die Verteidigung gedrängt worden[31].
Als Konsequenz daraus sah das AOK zunächst nur die Möglichkeit, den Sowjets hartnäckigen Widerstand entgegenzusetzen, deren weiteres Vorgehen aufzuhalten, um auf diese Weise selbst die Handlungsfreiheit wiederzugewinnen[32].
Angesichts dieser Lage mußte sich Wenck darüber klar werden, ob der befohlene Angriff zum Entsatz von Berlin überhaupt durchgeführt werden konnte.
Die Befehle für das AOK waren klar, und am 23. April als GFM Keitel Wenck auf seinem Gefechtsstand in der Oberförsterei »Alte Hölle« bei Wiesenburg aufsuchte, von diesem mündlich wiederholt worden: »Befreien Sie Berlin! Machen Sie mit allen ver-

[28] Vgl. Engel, a.a.O., S. 24.
[29] Vgl. H.Gr. Weichsel/Tagesmeldung v. 21. April 1945/BA-MA-19XV/10.
[30] Vgl. H.Gr. Weichsel, Notizen des Oberstlt. v. Wienskowski über am 24. April geführte Telefongespräche/16.40 Uhr/Gespräch OB/Jodl/BA-MA-19XV/10.
[31] Vgl. KTB/OKW, Lagebuch v. 25. April 1945.
[32] Vgl. Reichhelm, a.a.O., S. 16.

fügbaren Kräften kehrt. Vereinigen Sie sich mit der 9. Armee. Hauen Sie den Führer heraus. Sein Schicksal ist Deutschlands Schicksal. Sie, Wenck, haben es in der Hand, Deutschland zu retten[33].«

Wenck machte Keitel den in dieser Situation einzig durchführbaren vernünftigen Vorschlag, wie in Richtung Berlin angegriffen werden konnte: Da die 9. Armee aufgrund ihres Zustandes für weitere Angriffsoperationen im Berliner Raum ausfiel, sollte sie sich nach Süden zur H.Gr. Schörner durchschlagen, während die 12. Armee nach Norden marschieren und ihre gesamten Kräfte nördlich der Havel ostwärts von Rathenow zusammenfassen und Berlin aus diesem Raum von Westen aus angreifen müsse. Dieser Aufmarsch würde zwar zwei Tage dauern, hätte aber den Vorteil, daß der Angriff zusammen mit den Verbänden des XXXXI. Pz.K. und in Verbindung mit dem rechten Flügel der H.Gr. Weichsel, der sich bei Fehrbellin stabilisierte, durchgeführt werden könnte[34].

Wenck und sein Chef sahen in einer solchen Operation folgende Vorteile:

»Die 12. Armee stand in einem langen Schlauch zwischen den letzten beiden sich klar abzeichnenden deutschen Widerstandsgruppen im Süden und Norden. Die Verbindung zur Südgruppe mußte mit dem inzwischen bereits befohlenen Abzug der letzten Kräfte des XXXXVIII. Pz.K. über die Elbe zwischen Wittenberg und Dessau nach Norden aufgegeben werden. Es lag also nahe, den Anschluß nach Norden zu suchen; in diesem Fall gehörte der Schwerpunkt der Armee an den Nordflügel. Auf diese Weise wären auch die Kräfte der Armee auf engerem Raum zusammengefaßt worden und es hätten für den Angriff mindestens zwei Armeekorps zur Verfügung gestanden.

Wenn es der H.Gr. Weichsel gelingen könnte, eine Kräftegruppe südostwärts Fehrbellin zum Stoß von Norden auf Berlin zu versammeln, konnte in Verbindung mit dem Angriff der 12. Armee von Westen her eine Teilvernichtung russischer Kräfte nordwestlich Berlin möglich sein, und die Rückzugsstraßen über Brandenburg, Genthin und Havelberg blieben für das Abfließen der rückwärtigen Truppen der 12. Armee und der Flüchtlingskolonnen noch für längere Zeit offen. Die für jegliche Unterstützung und Verschiebung von Kräften hindernden dazwischenliegenden Havelseen als ›Barriere‹ wurden vermieden...[35]«

Ein zweiter Angriffsvorschlag war vom XX. A.K. gemacht worden, nämlich der, aus dem Raum Belzig über Potsdam nach Berlin vorzustoßen. Der Vorteil dieser Operation bestand darin, daß die erforderliche Umgruppierung in einer einzigen Nacht durchgeführt werden konnte[36]. Der Nachteil eines solchen Angriffs war jedoch der, daß dieser allein von den Verbänden des XX. A.K. getragen werden mußte, die hierfür viel zu schwach waren.

Der Plan Wencks wurde vom FHQu abgelehnt, da die Lage um Berlin keinen Auf-

[33] Zitiert bei Wenck, W., Berlin war nicht mehr zu retten, in: Stern, 18. April 1965, S. 63.

[34] Vgl. derselbe, Kurzer Überblick, a.a.O., S. 13.

[35] Reichhelm, a.a.O., S. 17.

[36] Ebenda.

schub mehr zulasse[37], und statt dessen der vom XX. A.K. vorgeschlagene Angriff aus dem Raum Belzig befohlen[38].
Wenck war sich nach dieser Entscheidung darüber klar, daß die Verbindung seiner Armee auch nach Norden innerhalb kürzester Zeit unterbrochen sein würde. In dieser Situation fühlte er sich nunmehr berechtigt, selbständig zu handeln.

»In diesen Stunden wurde mir klar: Dieser Mann (Keitel) und damit auch das Staatsoberhaupt, das er beriet, wußten schon längst nicht mehr, wie es um den Krieg stand. Nach Beratung mit meinem Stab beschloß ich, von nun an meinen eigenen Weg zu gehen. Den Anfang hatten wir schon vor Wochen gemacht... so, als wir verhinderten, daß in unserem Bereich Versorgungsanlagen durch Sprengkommandos zerstört wurden... Nun aber war der Augenblick da, auch die Armee nur noch nach der Richtschnur des eigenen Gewissens zu führen... Das eingeschlossene Berlin konnten wir mit unseren Kräften unmöglich befreien... Wohl aber konnte zahlreichen Menschen geholfen werden, indem wir ihnen durch einen entschlossenen Angriff einen Weg nach Westen öffneten. Mit einem Angriff aus dem Raum Belzig in Richtung Potsdam war es möglich, 20000 Soldaten zu befreien, die dort eingeschlossen waren. Es schien keineswegs ausgeschlossen, daß die 9. Armee mit einem solchen Vorstoß aus ihrem Kessel geholt werden könnte... Außerdem gewannen die Kolonnen der Flüchtlinge, die hinter unserer Front westwärts zogen, noch einige Tage Zeit, um die Elbe zu erreichen und den Russen zu entkommen...[39]«

Wenck beschloß in Absprache mit seinen engsten Mitarbeitern, den Führerbefehl zum Entsatz von Berlin, von dessen Undurchführbarkeit er überzeugt war, nicht zu befolgen. Den am 26. April geplanten Angriff in Richtung Potsdam hielt er gegenüber den ihm in seinen Verbänden anvertrauten jungen Soldaten, die ihr Leben unmittelbar vor dem Ende des Krieges noch einmal einzusetzen hatten, für verantwortbar, weil es galt Leben zu retten und zwar:

- ☐ die Verwundeten aus den Lazaretten im Operationsbereich der Armee,
- ☐ die Reste der 9. Armee,
- ☐ die Soldaten der Korpsgruppe Reymann und
- ☐ die Flüchtlinge.

Wenck bezeichnet daher diese letzte militärische Aktion der 12. Armee als »Rettungswerk« für die oben genannten Personengruppen, das durchzuführen er entschlossen gewesen sei, nachdem er dessen Notwendigkeit erkannt hatte.

37 Vgl. WFSt/Op. Abt.(H) v. 25. April 1945/Abgangsvermerk: 26. April/KR Blitz an 12. Armee (leider ist die Nummer aus dem Befehl herausgeschnitten worden), National Archives, Washington, Mikrofilm: OKW Befehle v. 13. April bis 20. April 1945, Rolle T 77. — Vgl. hierzu auch das KTB/OKW, Lagebuch v. 22. April. Der o.g. Befehl ist hier bereits unter dem 22. April angegeben. Da das Ausfertigungsdatum des mir vorliegenden Befehls der 25. April, sein Abgangsvermerk der 26. April ist, liegt die Vermutung nahe, daß entweder beim Führen des KTB/OKW oder bei seiner Bearbeitung Fehler gemacht worden sind.

38 Vgl. Befehl Hitlers an Jodl und den OB der 12. Armee v. 25. April 1945/BA-MA-OKW 6/2.

39 Wenck, W., Berlin war nicht mehr zu retten, a.a.O., S. 64.

Seit seiner Befehlsübernahme habe es für ihn keinen Zweifel darüber gegeben, daß er keinen Soldaten sinnlos opfern werde. Daher habe er dem Kdr.Gen. des XX. A.K., Gen. Koehler, befohlen, mit beiden Flügeln an der Elbe zu bleiben, um auf diese Weise den Weg nach Westen offen zu halten[40].

Der letzte deutsche Angriff

(s. Skizze 2, S. 132)

In der Nacht zum 26. April hatten die Kampftruppen des XX. A.K. ihre Angriffsgliederung eingenommen.

Es waren dies auf dem linken Flügel vor Brück die I.D. Hutten, rechts daran anschließend die I.D. Scharnhorst, deren rechter Nachbar, die Division Körner, bei Niemegk stand. Die I.D. Schill wurde am ersten Angriffstag auf den äußersten linken Flügel mit dem Auftrag gezogen, die Besatzung von Potsdam freizukämpfen[41].

Das AOK 12 rechnete ursprünglich damit, die Sowjets durch diesen Angriff überraschen zu können. Es war sich dessen nicht mehr sicher, nachdem Hitler am 23. April folgendes für die Soldaten der 12. Armee bestimmtes Flugblatt herausgegeben hatte: »... Ein Befehl von größter Tragweite hat Euch aus Euren Aufmarschräumen gegen unsere westlichen Feinde herausgerufen und in Richtung nach Osten in Marsch gesetzt. Euer Auftrag ist klar: Berlin bleibt deutsch... im Kampf um die Reichshauptstadt den Bolschewisten die entscheidende Niederlage beizubringen... Berlin wartet auf Euch...[42]«

Die Armeeführung mußte also davon ausgehen, daß die Sowjets sowohl durch dieses Flugblatt als auch durch die bereits erwähnte Pressemitteilung des Stabsoffiziers für den Propagandaeinsatz bei der H.Gr. Weichsel vorgewarnt worden waren und daher einen deutschen Angriff erwarteten[43].

In den Morgenstunden des 26. April 1945 begann dann der letzte deutsche Angriff dieses Krieges[44].

Befohlene Stoßrichtung war Nordost, Richtung Beelitz—Ferch[45]. Die I.D. Hutten bildete die Angriffsspitze. Sie war dafür keilförmig gegliedert, d.h. mit einer Spitze und starken, schachbrettartig nach Osten und Südosten gestaffelten Flanken[46].

Die Division griff befehlsgemäß ostwärts von Belzig, beiderseits der Eisenbahnlinie nach Berlin, an.

Da aufgrund der Eile, mit der dieser Angriff vorbereitet worden war, keinerlei Aufklärung hatte betrieben werden können, wurde von der Division eine Aufklärungsabtei-

[40] Mitteilung Wenck. Vgl. hierzu auch Engel, a.a.O., S. 19.

[41] Vgl. Reichhelm, a.a.O., S. 18/19.

[42] Flugblatt, zitiert bei Wenck, W., Berlin a.a.O., S. 65. Wenck gibt hier auch an, daß er dieses Flugblatt hat vernichten und nicht an die Truppe ausliefern lassen.

[43] Vgl. Konjew, I., Das Jahr 1945 (russ.) Moskau 1970, S. 161.

[44] Vgl. Wenck, W., Kurzer Überblick, a.a.O., S. 15, wie Tagebuch Burmeister.

[45] Vgl. Befehl Hitlers an Jodl u. OB der 12. Armee v. 25. April 1945/BA-MA-OKW/6/2.

[46] Vgl. Engel, a.a.O., S. 30.

lung vorweggeschickt. Sie bestand aus Panzerspähwagen (Achtradwagen) mit 7,5-cm-Kanone (kurz), Kradschützen und einer Infanteriekompanie auf Schützenpanzerwagen. Gleichzeitig wurden als Vorhut motorisierte Spähtrupps, die mit einzelnen 5-cm-Pak ausgerüstet waren, der Division vorausgeschickt[47].

Die gepanzerte Aufklärungsabteilung traf schon nordostwärts von Belzig auf harten sowjetischen Widerstand, der, wie die abgeschossenen Panzerspähwagen bewiesen, im wesentlichen von russischen Aufklärungskräften geleistet worden war.

Der Gegner wurde offensichtlich durch den deutschen Angriff völlig überrascht, eine große Anzahl seiner Einheiten aufgerieben oder gefangenengenommen. Hierunter befanden sich u.a. Versorgungskolonnen und eine Panzerwerkstatt[48]. Gegen Mittag standen die Angriffsspitzen der 12. Armee bei Brück und Neuendorf[49].

Am Abend dieses Tages hatte die Division Hutten 18 km Raum gewonnen[50]. Sie hatte sich dabei gegen zwei sowjetische Schützendivisionen vorkämpfen müssen, deren Aufgabe es war »im Vorgehen in Richtung Brandenburg den Einschließungsring um Berlin zu vergrößern[51]«.

Die I.D. Scharnhorst stieß in den Raum Beelitz—Treuenbrietzen vor. Das Gren.Rgt. Scharnhorst 1 erreichte am 26. April den Raum Linthe. Im Verlauf des 27. April eroberte dieser Verband Reesdorf. Hier erhielt das Regiment einen Funkspruch der Division, der ein weiteres Vordringen verbot und das Halten der erreichten Stellungen befahl[52].

Als rechter Nachbar kämpfte sich das Gren.Rgt. Scharnhorst 3 auf die Linie Buchholz—Brachwitz Schlalach vor und hielt dort Stellung gegen alle sowjetischen Angriffe.

Die Aufgabe der beiden Regimenter lautete: Flankensicherung des Angriffs der I.D. Hutten. Das Gren.Rgt. Scharnhorst 2 stieß am 28. April mit seinen Spitzen bis zum Eisenbahnkreuz 6 km nördlich von Beelitz vor[53].

Die Verbände der Division Scharnhorst wurden wesentlich von der Sturmgeschützbrigade 1170 unterstützt, die hierbei sehr schwere Verluste erlitt[54].

Rechter Nachbar der I.D. Scharnhorst war die I.D. Körner. Diese hatte während des Angriffs der I.D. Hutten den Abschnitt zwischen Treuenbrietzen bis südwestlich Niemegk zu halten.

Die Division erhielt am 18./19. April den Befehl zum Einsatz gegen die Amerikaner im Brückenkopf Barby[55].

Noch auf dem Marsch in den befohlenen Einsatzraum befindlich, erreichte sie der Befehl zum Einsatz gegen die Sowjets. Die Verbände formierten sich zum Gegenstoß in

[47] Ebenda, S. 29.

[48] Vgl. Reichhelm, a.a.O., S. 18 und Wenck, Berlin, a.a.O., S. 66.

[49] Vgl. KR-Blitz, Nr. 72 v. 26. April 1945, für Okdo.H.Gr. Weichsel v. AOK 12, BA-MA-RH 19 XV/10.

[50/51] Vgl. Engel, a.a.O., S. 34.

[52] Vgl. Tagebuch Plank und Mitteilung Busch.

[53] Vgl. H.Gr. Weichsel/Lageorientierung 12. Armee v. 28. April 1945/BA-MA-RH 19 XV/10.

[54] Vgl. Bericht Rothe, der angibt, daß am 28. April nur noch 14 Sturmgeschütze seiner Brigade einsatzbereit gewesen sind.

[55] Vgl. Tagebuch Speer; Mitteilung Graevenitz; vgl. Schelm, Mehrle, a.a.O., S. 310.

Richtung Osten. Zwischen Niemegk und Treuenbrietzen lösten sie den »Gauschwarm Berlin« des »Freikorps Adolf Hitler« ab.
Am 24. April stürmte die I.D. Körner Treuenbrietzen, verlor die Stadt aber wieder am gleich Tag[56].
Während des 25. April wurden die Regimenter dieser Division auf der ganzen Frontbreite zurückgedrückt.
Am 26. April lautete der Auftrag für die I.D. Körner: Flankensicherung des Angriffs der Division Hutten im Abschnitt Treuenbrietzen—Niemegk[57].
Die weiteren Bewegungen der deutschen Verbände wurden durch die Meldungen des Wehrmachtberichtes, der ab 27. April Stoßrichtung und erreichte Position der angreifenden deutschen Divisionen veröffentlichte, sehr erschwert[58]. Hierdurch wurden die Sowjets in die Lage versetzt, rechtzeitig Gegenmaßnahmen, wozu vor allen Dingen die Verstärkung der eigenen Verbände an den deutschen Angriffsschwerpunkten gehörte, zu treffen[59].
Der Vorstoß der Angriffsspitze der Armee bis zum 27. April hatte im Ergebnis — aus Kräftemangel — keine geschlossene Front gebracht. Die Division Hutten mußte sich auf das Sichern der eroberten Ortschaften wie auch der Straßen beschränken, was die Gefahr des Einsickerns der Sowjets in ungesicherte Abschnitte heraufbeschwor.
Hierdurch hatte der Gegner die Möglichkeit, den deutschen Stoßkeil zu zernieren. Bei weiterem Vordringen mußte die Division Hutten überdies mit einer wachsenden Flankenbedrohung von Norden und Süden rechnen, da den Sowjets die Angriffsrichtung bekannt war.
Die gesteckten Ziele sollten daher so schnell wie möglich erreicht werden, was sich wiederum wegen des zu überwindenden Geländes — Waldgebiete — als sehr schwierig darstellte.
Gen.Lt. Engel, der Divisionskommandeur, setzte für den weiteren Vorstoß seiner Division am 28. April zwei Regimenter Infanterie, die Sturmgeschütze und zwei Züge Panzer ein. Schützenpanzerwagen und Panzerspähwagen deckten die Flanken der angreifenden Grenadiere[60].

[56] Vgl. H.Gr.Weichsel, Notizen des Oberstlt. v. Wienskowski über am 23. April geführte Telefongespräche/23.15 Uhr Gespräch Heinrici/Wenck, BA-MA-19 XV/10.
[57] Ebenda, Telefongespräch Maj. Friedl/Ia, am 27. April 14.30 Uhr. Vgl. hierzu ebenso: Schelm, Mehrle, a.a.O., S. 311.
[58] Vgl. Die Wehrmachtberichte v. 27.—29. April 1945.
[59] Vgl. Weidling, Hellmuth, Der Endkampf um Berlin (23. April bis 2. Mai 1945), Niederschrift des Generals Weidling. Übersetzt und eingeleitet von Wilhelm Arenz in: Wehrwissenschaftliche Rundschau, Heft 12, 1962, S. 40—52, S. 111—118, S. 169—174. Weidling gibt hier an, daß eine von drei in Berlin angreifenden sowjetischen Panzerarmeen abgezogen und gegen Wenck eingesetzt worden sei.
Leljuschenko, D.D., Moskau—Stalingrad—Berlin—Prag, Memoiren eines Armeekommandeurs, Moskau 1970 (russ.), S. 331 und S. 332, gibt folgende Kräfte an, die den gegen Wenck kämpfenden sowjetischen Verbänden zugeführt worden sein sollen: Das V. Garde-Korps, die 70. vollmechanisierte Gardeartilleriebrigade, Verbände der 71. selbständigen Brigade, Infanterieeinheiten der 13. Armee sowie weitere nicht genauer bezeichnete Verbände. Die Stärke der zugeführten sowjetischen Verbände war aufgrund der Quellenlage nicht zu ermitteln.
[60] Vgl. Engel, a.a.O., S. 38.

Am Mittag des gleichen Tages waren sechs Ortschaften und die Beelitzer Heilstätten zurückerobert worden.
Der deutsche Angriff zur Rückeroberung dieses Lazaretts traf auf erbitterten sowjetischen Widerstand. Den Zugang zu den Heistätten versperrte ein Trafohäuschen, das der Gegner hartnäckig verteidigte. Erst nachdem dieses durch den Einsatz von Pak zusammengeschlossen worden war, gelangten die deutschen Soldaten auf das Gelände der weitläufigen Anlage. Die Verteidiger hatten sich vornehmlich in den unterirdischen Verbindungsgängen, welche die einzelnen Pavillons miteinander verbanden, festgesetzt und leisteten von dort aus nachhaltigen Widerstand. Unmittelbar nachdem die Angreifer einen Abschnitt des Lazarettes freigekämpft hatten, begann der Abtransport der Verwundeten und Kranken[61]. Insgesamt befanden sich 3 000 deutsche Verwundete mit dem entsprechenden Pflegepersonal und zufällig auch Vertreter des Internationalen Roten Kreuzes[62] in den Heilstätten. Letztere vermittelten die Übernahme der Verwundeten durch die Amerikaner an der Elbe, nachdem die Armee den Abtransport dorthin organisiert hatte. Offensichtlich ergaben sich aufgrund des Verhaltens einiger Angehöriger des Lazarettpersonals überflüssige Verzögerungen beim Abtransport der Verwundeten[62a]. Es ist zu vermuten, daß auch andere Verwundete aus dem Operationsbereich der Armee durch die Vermittlung der Vertreter des IRK von den Amerikanern an der Elbe übernommen worden sind, worum der Kdr.General des XX. A.K., General Koehler, den Kommandeur der 83. US-I.D. bereits in einem Schreiben v. 26. April 1945 gebeten hatte:
»Im Raum Wiesenburg—Belzig befinden sich in deutschen Lazaretten etwa 6000 deutsche Verwundete. Die Verwundungen sind derartig schwer, daß eine Wiederherstellung zum Kampfeinsatz nicht mehr möglich ist... in Anbetracht der Tatsache, daß in den von Rußland eroberten Gebieten alle verwundeten deutschen Soldaten, die weder zu einem Kriegs- noch zu einem Arbeitseinsatz verwendbar sind, erschlagen werden, hat der Kdr.Gen. folgende Bitte... Übergabe der Verwundeten an den Befehlshaber des USA-Heeres im Raum Barby oder Magdeburg... Zuführung der verwundeten deutschen Soldaten in deutsche Lazarette im von den Truppen des USA-Heeres besetzten Gebiet des Deutschen Reiches... Transportmöglichkeit westlich der Elbe besteht von Seiten des Kdr.Gen. mit Rücksicht auf die Kampflage nicht...[63]«
Gegen Abend dieses Tages standen die Verbände der 12. Armee, nachdem Ferch von Verbänden der Division Hutten eingenommen worden war, in folgender Linie:
Nichel—Reesdorf—Eisenbahnkreuz nördlich Beelitz—Ferch[64], wobei sich Elsholz, Buchholz und Brachwitz ebenfalls in deutscher Hand befanden[65].

[61] Mitteilung Siebert.
[62] Vgl. Reichhelm, a.a.O.,S. 18; Engel, a.a.O., S. 41.
[62a] Vgl. Generalkommando XX. Armeekorps/Adjutant v. 29.4.1945, Meldung v. Oblt. Porst/Pi.Rgt.Stab 517 (Archiv des Verfassers). Siehe Dokument Nr. 19 im Anhang, S. 189ff.
[63] Das Originalschreiben befindet sich beim Verfasser. Den amerikanischen Akten war eine Antwort auf den o.g. Brief nicht zu entnehmen. Weitere deutsche Quellen konnten nicht beschafft werden. Eine Anfrage beim IRK in Genf ergab, daß sich dort angeblich keine Unterlagen befinden, obgleich die Tätigkeitsberichte der o.g. Delegierten dort archiviert sein müßten.
[64] Vgl. WFSt/Op/Ia Nr. 003865/45 g.K. v. 28. April/BA-MA-OKW 6/2.
[65] Vgl. Tagebuch Plank.

Ein Fernschreiben des WFStabes, das die Armee im Verlauf des 28. April erreicht hatte und die Säuberung sowie Sicherung des südlichen Havelufers zwischen dem Schwielow-See und Brandenburg befahl, dürfte vom AOK aus Kräftemangel nicht beachtet worden sein[66].
Am 29. April wurde die Verbindung zur Besatzung von Potsdam hergestellt.
Schwere sowjetische Flankenangriffe gegen die Front der Divisionen Körner und Scharnhorst wurden am 30. April abgewiesen[67].
In den Morgenstunden des 1. Mai erreichten die Reste der Armee Busse die Verteidigungslinien der 12. Armee bei Wittbrietzen[68].
Diese Stellungen mußten von den Verbänden Wencks 48 Stunden länger als ursprünglich geplant gehalten werden, da sich der Durchbruch der 9. Armee um diesen Zeitraum verschoben hatte[69].
Das AOK 12 sah sich nach dem Ausbruch vor ein Problem gestellt, mit dem Wenck nicht rechnen konnte: der totalen Erschöpfung der Soldaten und der Flüchtlinge, die zum Teil noch in dem 5 km breiten Durchbruchskorridor zu Boden sanken und einschliefen. Sie waren weder durch scharfe Befehle noch durch Drohungen zu bewegen weiterzugehen. Bei den schweren Rückzugskämpfen dieser Armee hatten überdies die Soldaten sämtliches schweres Material, zum Teil auch die Handwaffen, verloren. Kaum einer der aus dem Kessel Entkommenen war daher noch kampffähig.
Der Oberquartiermeister der 12. Armee mußte Transportraum beschaffen, um diese Männer und Frauen an die Elbe zu den Amerikanern zu bringen. Der Abfluß der Restverbände Busses war am Abend des 1. Mai abgeschlossen. Wenck hatte zu diesem Zeitpunkt die selbstgesteckten Ziele fast erreicht: die Rettung der Verwundeten u. die der 9. Armee.

Die Korpsgruppe Potsdam — ihre Aufgabe und der Ausbruch zur 12. Armee am 29./30. April 1945

(s. Skizze 2, S. 132)

Der Kampfkommandant der Festung Berlin, ab 6. April 1945 Gen.Lt. Reymann, war am 23. April auch noch mit der Führung der Armeegruppe Spree beauftragt worden[70].
Am gleichen Tag wurde er auf eigenen Wunsch, da er beide Aufgaben für miteinander nicht vereinbar hielt, als Kampfkommandant der Reichshauptstadt abgelöst.
Er begab sich nach Potsdam, um die Stadt mit den Resten der Armeegruppe zu verteidigen. Hierfür standen ihm folgende Kräfte zur Verfügung: ein Landesschützen-

[66] Vgl. OKW/WFSt/Op(H) Nr. 003835/45 g.K. v. 28. April/BA-MA-OKW 6/2.
[67] Vgl. Engel, a.a.O., S. 42.
[68] Vgl. Tagebuch Plank; Engel, a.a.O., S. 43.
[69] Vgl. Reichhelm, a.a.O., S. 20.
[70] Vgl. Reymann, Hellmuth, Ich sollte Berlin verteidigen, o.O., o.J. (unveröffentl. Manuskript), S. 22.

Bataillon, mehrere Volkssturmeinheiten sowie Panzervernichtungstrupps der HJ, die aber der Division Feldherrnhalle unterstanden[71]. Ab 25. April kamen Verbände der I.D. Jahn hinzu[72]. Ob die Reste der 20. Pz.Gren.Div. noch zugeführt werden konnten, ist zweifelhaft[73].

Der Auftrag Reymanns lautete: bis zum 23. April, 17.00 Uhr, Verteidigung des Südrings von Berlin. Ab 17.00 Uhr: Offenhalten eines Korridors für die 12. Armee zur Befreiung der Hauptstadt[74]. Die Korpsgruppe wurde am gleichen Tag dem AOK 12[75], einen Tag später der H.Gr. Weichsel unmittelbar unterstellt[76].

Die Verteidigung der Potsdamer Insel war wie folgt organisiert[77]: Reymann hielt die Nordfront. Die Verbände der Division Jahn verteidigten ab 25. April die Seefronten im Süden und Südwesten. Hierbei sicherten das Gren.Rgt. 1 den Raum Glindow, Front nach Süden. Die Kompanien des Füsilier-Bataillons standen bei Petzow und verstärkten ihren Abschnitt durch Feldbefestigungen[78]. Das Gren.Rgt. 3 war zwischen Marquardt und Golm eingesetzt.

Die Besatzung Potsdams erhielt am 29. April[79] von der 12. Armee den Befehl zum sofortigen Ausbruch, der am gleichen Tag begann und am 30. April weitgehend abgeschlossen war. Die Räumung der Stadt mußte deshalb sehr schnell erfolgen, weil die Sowjets am 28. April im Norden Potsdams einen Einbruch erzielt hatten, der nicht bereinigt werden konnte[80].

Die Durchführung der Ausbruchsoperation oblag dem Divisionsstab der I.D. Jahn, der Kampfkommandant war dem Stab hierbei unterstellt[81]. Teile der I.D. Schill hatten sich der Korpsgruppe bis Ferch bereits entgegengekämpft[82].

Wider Erwarten gelang der Durchbruch ohne große Feindeinwirkung. Das Gren.Rgt. 3 sicherte die Flanken der Ausbruchsstelle[83], die Nachhut bildete das II. Btl. des Gren.Rgts. 2[84].

[71] Mitteilung Hermani.

[72] Vgl. Praetorius, a.a.O., S. 9.

[73] Vgl. Weidling, a.a.O., S. 112. Er gibt hier an, daß auf seinen Befehl am 27. April die Reste der o.g. Division dem Kampfkommandanten von Potsdam unterstellt worden sind.

[74] Mitteilung Hermani.

[75] Nachl. A. Jodl 1—11, Beil.b), Niedersächs.Staats- und Universitätsbibliothek in Göttingen; Tagebucheintragung v. 23. April 1945.

[76] KR-Blitz, Okdo. H.Gr. Weichsel Nr.6048/45/BA-MA-RH 19 XV/10.

[77] Diese Angaben beziehen sich auf die Zeit ab 25. April. Reymann macht keinerlei Bemerkungen zur Verteidigung Potsdams, wohl aber Praetorius, Wiechert und Schwald.

[78] Vgl. Tagebuch Wiechert.

[79] Praetorius, a.a.O., S. 11 gibt als Zeitpunkt des Ausbruchs die Nacht v. 30. April/1. Mai an. Er versieht seine Angaben allerdings mit einem Fragezeichen.
Reymann nennt hierfür den 2. Mai.
Wiechert berichtet, daß sein Bataillon bereits am 29. April den Abmarschbefehl nach Großwusterwitz erhalten habe. Es ist daher anzunehmen, daß nicht nur das Füs.Btl./Jahn zu diesem Zeitpunkt abrückte, sondern das Abfließen der anderen Verbände auch am 29. April begann und am 30. April abgeschlossen war. Rothe gibt an, daß am 1. Mai nur noch einzelne Versprengte der Potsdamer Besatzung die deutschen Linien erreichten.

[80] Vgl. H.Gr. Weichsel, Lageorientierung 12. Armee v. 28. April/BA-MA-RH 19/XV/10.

[81] Vgl. Praetorius, a.a.O., S. 11.

[82] Vgl. Müller, a.a.O., S. 2.

[83] Vgl. Praetorius, a.a.O., S. 12.

[84] Mitteilung Schwald.

Der Marschweg der ausgebrochenen Truppen verlief wie folgt: Petzow—Mittelbusch —Kanin—Rädel—Kammer—Golzow—Wollin[85]. Die Verbände der Korpsgruppe wurden hinter den Widerstandslinien des XX. A.K. geordnet. Die Division Jahn sammelte ihre Soldaten bei Großwusterwitz, um bereits am nächsten Tag bei Plaue eingesetzt zu werden[86].
Die übrigen Verbände Reymanns wurden nach Lübars/Elbe geleitet. Dort erhielten sie eine neue Aufgabe zugewiesen[87].

Kurze Darstellung der Lageentwicklung beim AOK 9 vom 16. April bis zum Durchbruch zur 12. Armee am 1. Mai 1945

Zu Beginn der sowjetischen Oderoffensive am 16. April war es dem Gegner gelungen, beim rechten Nachbarn Busses, der 4. Panzer-Armee, im Abschnitt zwischen Guben und Forst einen tiefen Einbruch zu erzielen. Dieser bedrohte die gesamte Südflanke der 9. Armee.
Am 18. April durchbrachen die Sowjets bei Seelow die Front des AOK 9 und konnten hierdurch zu einer Zangenbewegung ansetzen, die zur Einschließung der gesamten Armee Busses führte. Durch die Kämpfe am 19. April wurde die 9. Armee in drei Gruppen aufgespalten:

- Das V. SS-Geb.A.K., die Verteidiger der Festung Frankfurt und das XI.SS-Pz.K. als Südgruppe,
- das LVI. Pz.K. als mittlere und
- das CI. A.K. als Nordgruppe.

Heinrici versuchte seit dem Abend dieses Tages vergeblich, die Rücknahme Busses auf die vorgesehene Stellung am Hohenzollern- und Rhinow-Kanal bei Hitler durchzusetzen[88].
Die für die 9. Armee verzweifelte Situation war das Ergebnis des Befehls, die Oderfront um jeden Preis zu halten. Selbst nach den Durchbrüchen der Sowjets durfte das AOK seine Verbände nicht zurücknehmen, obgleich sich die Einschließung abzeichnete[89].
Die Bemühungen Busses, seine Front zu stabilisieren, scheiterten, zumal Hitler das AOK 9 dadurch schwächte, indem er das LVI. Pz.K. der Armee wegnahm, dem Befehl des OKH unmittelbar unterstellte und das Korps ohne Verständigung der 9. Armee auf Berlin zurücknahm. Dieser Vorgang stellte einen »unerhörten Eingriff« in die Befehlsbefugnis des Armeeoberbefehlshabers dar[90].

[85] Vgl. Praetorius, a.a.O., S. 12.
[86] Ebenda.
[87] Vgl. Arndt, a.a.O., S. 17.
[88] Vgl. Heinrici, a.a.O., S. 74.
[89] Vgl. Busse, a.a.O., S. 164.
[90] Vgl. H.Gr. Weichsel, Notizen des Oberstlt. v. Wienskowski über am 23. April geführte Telefongespräche/23.25 Uhr/Heinrici/Busse/BA-MA 19 XV/10.

In dieser Lage erteilte Hitler dem AOK 9 nach Unterstellung des V. A.K. mit der 21. Pz.Div., der 35. Pol.Gren.Div. und einigen anderen Restteilen den Befehl, aus dem Raum Frankfurt nach Süden vorzustoßen. Gleichzeitig sollte die 4. Pz.Armee entlang der Oder nach Norden angreifen. Beide Armeen hatten die Aufgabe, durch diesen Angriff die Frontlücke zu schließen, die durch den Einbruch der Sowjets bei der 4. Pz.Armee entstanden war, die rückwärtigen Verbindungen der 1. Ukrainischen Front abzuschneiden und deren Stoß auf Berlin zum Stehen zu bringen.

»... Die Armee ging über diesen (am 22. April erteilten) undurchführbaren Befehl hinweg und faßte den Entschluß, nunmehr auch ohne Befehl alle Maßnahmen für einen Durchstoß der Südgruppe einschließlich des V. A.K. nach Westen einzuleiten...[91]«

Sämtliche für diesen Kampf entbehrlichen Trosse, rückwärtigen Dienste und zweite Staffeln der Stäbe waren daher bereits am 20. April nach Nordwesten abgeschoben, das vom AOK nicht mehr zu führende CI. A.K. an die 3. Pz.Armee abgegeben worden[92].

Busse befand sich mit seinem Stab bei der Südgruppe der Armee, die nunmehr aus folgenden Verbänden bestand: V. A.K., XI. SS-Pz.K., V.SS-Geb.A.K.

Für die H.Gr. zeichnete sich die Einschließung der 9. Armee bereits am 22. April klar ab, die durch den Gegner am Abend dieses Tages vollzogen wurde[93].

Die Sowjets stießen entlang der Autobahn Cottbus—Berliner Ring nach Nordwesten vor, sie verlängerten dadurch die Südflanke der Armee so sehr, daß weder eine geschlossene Front aufgebaut noch der in Aussicht genommene Riegel südlich von Berlin gefestigt werden konnte. Hier sollte die Divsion Jahn zusammen mit Teilen der 9. Armee eine Abwehrstellung auf der Höhe von Luckenwalde einrichten, was aufgrund des schnellen sowjetischen Vormarsches nicht gelang. Kurz vor der Einschließung Busses war Hitler die Genehmigung zur Räumung der Festung Frankfurt abgerungen worden, die durch die Entwicklung der letzten Tage nur noch eine geringe strategische Bedeutung besaß. Der Besatzung war es dabei sogar noch gelungen, einen Teil ihres schweren Gerätes mitzuführen[94].

Als am 23. April um 13.00 Uhr der Befehl zum Rückzug aus der Oder-Stellung beim AOK 9 eintraf[95], wäre es für eine solche Rückzugsbewegung bereits zu spät gewesen, wenn diese von Busse nicht schon zuvor eingeleitet worden wäre. Er hatte in zahlreichen Telefongesprächen mit Heinrici auf den völlig erschöpften Zustand seiner Truppen und den Mangel an Munition hingewiesen. Gleichzeitig hatte er dringend darum gebeten, daß die 12. Armee ihn freikämpfen solle. Von Heinrici war ihm zugesichert worden, »... daß ihn sein alter Freund Wenck heraushauen werde...«, und im übrigen ».. tun wir alles mit heißem Herzen, um Ihnen zu helfen ...[96]«. Gleichzeitig wurde Busse von Heinrici ermächtigt, »nach Lage zu handeln[97]«.

[91] Busse, a.a.O., S. 166.
[92] Vgl. Tagesmeldung der H.Gr. Weichsel v. 21. April 1945/BA-MA-RH 19 XV/10.
[93] Vgl. Busse, a.a.O., S. 166.
[94] Vgl. H.Gr. Weichsel, Notizen des Oberstlt. v. Wienskowski über am 23. April geführte Telefongespräche/23.25 Uhr/Heinrici/Busse.
[95] Vgl. H.Gr. Weichsel/Ia Nr.6019/gKdos. v. 23. April/BA-MA-RH19XV/10.
[96/97] Vgl. H.Gr. Weichsel, Notizen des Oberstlt. v. Wienskowski über am 23. April geführte Telefongespräche/23.25 Uhr/Heinrici/Busse.

Die 9. Armee konnte weder aufgrund »ihrer Lage noch ihres Zustandes«[98] den ihr am 23. April erteilten Befehl zum »Angriff gegen die Ostflanke der gegen die Berliner Südfront vorstoßenden Sowjets«[99] noch den vom 25. April ausführen, der sie anwies, mit ihrem rechten Flügel entlang der Autobahn südlich Berlin nach Westen anzugreifen und sich mit Wenck zu vereinigen, um Berlin freizukämpfen[100].

Busse beachtete und beantwortete diese Befehle daher nicht[101]. Wenck hatte zwischenzeitlich durch Funkaufklärung die günstigste Durchbruchsstelle herausgefunden. Sie wurde Busse mitgeteilt. Es war der Raum Beelitz[102].

Das Erreichen des in Aussicht genommenen Durchbruchraumes bedeutete für die 9. Armee einen Marsch von über 60 km durch feindliches Hinterland. Ein solcher Vorstoß konnte nur erfolgreich sein, wenn es gelang, das von den Sowjets besetzte Gebiet rasch zu durchqueren, um wirksame Gegenmaßnahmen der Roten Armee auszuschließen.

Das wiederum bedeutete für die Truppe Tag- und Nachtmärsche ohne Unterbrechung, was diese sicherlich noch zu leisten imstande war, aber für die in diesem wandernden Kessel mitmarschierenden Zivilisten eine fast nicht zu bewältigende Belastung bedeutete[103].

Der erste Versuch, zu Wenck durchzubrechen, wurde am 25. April unternommen. Ausbruchsrichtung war die Mitte der Linie zwischen Märkisch-Buchholz und Luckenwalde[104].

Die Angriffsspitze bildeten Panzer, die eine Lücke in den Einschließungsring zu schlagen hatten. Sie fuhren aber, nachdem ihnen dies bei Halbe gelungen war, entgegen ihrem Befehl, auf die Infanterie zu warten, davon und brachten sich selbst in Sicherheit, ohne Rücksicht auf den Rest der Armee[105].

Da die Panzerspitze davonfuhr, bevor die nachfolgende Infanterie die Durchbruchsstelle gesichert hatte, brachten die Sowjets den unter großen Verlusten vorgetragenen deutschen Angriff zum Stehen. Die Erschöpfung der Soldaten sowie Mangel an Munition und Treibstoff machten sowohl einen neuen Ausbruchsangriff als auch längeres Durchhalten fast unmöglich.

Für die Truppe besonders belastend war »die Not der im Kessel zusammengedrängten Zivilbevölkerung«[106].

[98] Busse, a.a.O., S. 167.

[99] OKW/WFStab/Op.Abt.(III) o.Nr. v. 23. April 1945 g.K./BA-MA-RH 2/v.336.

[100] Vgl. OKW/WFStab/Op.(H)Ia Nr. 003836/45 g.K. v. 25. April/BA-MA-OKW 6/2.

[101] Vgl. Busse, a.a.O., S. 167.

[102] Mitteilung Wenck.

[103] Die genaue Zahl der Zivilisten im Kessel ist nicht zu ermitteln. Busse, a.a.O., gibt »einige Tausend«, Heinrici, a.a.O., S. 85, »zehntausende geflohener Zivilisten«, Wenck, Kurzer Überblick, a.a.O., »große Zahlen von Flüchtlingen« an.

[104] Vgl. Funkspruch Nr. 538 v. 25. April 1945, 16.30 Uhr v. AOK 9 an die H.Gr. Weichsel/BA-MA-RH 19 XV/10; OKW/WFStab Op.Abt.Nr. 88885/45 g.K. v. 26. April/BA-MA-OKW 6/2.

[105] Vgl. Busse, a.a.O., S. 167.

[106] Op.(H)Nordost, Morgenmeldung der 9. Armee v. 28. April 1945/National Archives, Washington, Mikrofilm: OKW Befehle v. 13. April bis 20. Mai 1945/Rolle T 77.

Während der schweren Kämpfe dieses ersten Ausbruchsversuches erreichte das AOK 9 am 27. April ein Fernschreiben Keitels, in dem er ausdrückte, »der Führer in Berlin erwartet, daß die Armeen ihre Pflicht tun und die Geschichte und das deutsche Volk jeden verachten werden, der in dieser Lage nicht das Letzte einsetzt, um die Lage und den Führer zu retten«[107]. Jodl funkte wenig später an Busse und Wenck, der Führer habe befohlen, »das konzentrische Angriffe der 9. und 12. Armee nicht nur der Rettung der 9. Armee, sondern vorwiegend der Rettung Berlins dienen müssen«, ferner, daß die 9. Armee über Trebbin nach Norden eindrehen und Verbindung mit der 12. Armee herstellen sollte[108].

Auch diese Befehle beantwortete die um ihr Überleben kämpfende 9. Armee nicht mehr. Busse mußte angesichts der Lage möglichst schnell seine ihm verbliebenen Truppenreste zu einem neuen Ausbruch formieren. Hierfür wurde das XI. SS-Pz.K. mit allen noch vorhandenen Panzerkräften bei und nördlich von Halbe versammelt. Das V. A.K. schloß sich südlich an. Es hatte die Lücke zu schlagen, die Südflanke zu sichern und war die Spitze des Durchbruchkeiles.

Das V. SS-Geb.Korps sollte den Ausbruch nach Osten und Norden sichern und die Nachhut stellen.

Die 21. Pz.Division wurde als Deckung nach Nordwesten angesetzt und hatte auf Halbe zurückzuklappen, sobald das V. SS-Geb.A.K. im Abfließen war. Die Division sollte dann unter dem Befehl des Korps die letzte Staffel der Nachhut der Armee bilden[109].

Busse massierte die gesamte noch verfügbare Artillerie beiderseits von Halbe, um nach einem Feuerschlag dort den zweiten Ausbruchsversuch zu unternehmen.

Er befahl, sämtliche nicht für den Ausbruch benötigten Fahrzeuge und Waffen zu zerstören, um Treibstoff und Munition für das verbliebene benötigte Gerät zu gewinnen. Stäbe, Armeetruppen und Trosse wurden zu Kampfeinheiten formiert. Am 28. April[110] abends standen die Verbände der Armee im Raum von Märkisch-Buchholz, Hermsdorf und Halbe auf engstem Raum zum Ausbruch bereit, der noch in der gleichen Nacht begann.

Am 29. April konnte der Gegner an der Straße Zossen—Baruth den Durchbruch vorübergehend zum Stehen bringen.

Die Sperrlinie der Sowjets wurde jedoch in den Abendstunden dieses Tages überrannt. Über Kummersdorf wurde das Gebiet nordwestlich von Luckenwalde erreicht. Nach einer notwendigen Umgruppierung stießen die Verbände der Armee auf den Raum südlich von Beelitz zu, der ihnen durch die 12. Armee per Funk als günstigste Durchbruchsstelle angegeben worden war. In den Morgenstunden des 1. Mai[111] brach die gepanzerte Angriffsspitze Busses mit fünf Tigerpanzern und etwa zehn Schützenpanzerwagen mit aufgesessener Infanterie bei Wittbrietzen durch die russischen Linien[112].

[107] OKW/WFStab Op.Nr. 88861/45 g.K.Chefs. v. 27. April/BA-MA-OKW 6/2.

[108] OKW/WFStab Op.(H)Nordost Nr. 003822/45 g.K.v. 27. April/BA-MA-OKW 6/2.

[109] Vgl. Busse, a.a.O., S. 167.

[110] Busse gibt als Zeitpunkt für diesen zweiten Ausbruch den 26. April an. Der Lagekarte der H.Gr. Weichsel v. 28. April kann aber entnommen werden, daß mit dem Ausbruch erst an diesem Tag begonnen wurde.

Die Weisungen des WFStabes für die Kampfführung der Armee Wenck in der Zeit vom 27. bis 30. April 1945

Hitler war offenbar nach dem erfolgreichen Beginn des Angriffs des XX. A.K. der festen Überzeugung, daß dieses schwache Gen.Kdo. in Verbindung mit der zu diesem Zeitpunkt bereits völlig zernierten 9. Armee und dem Korps Steiner in der Lage sein würde, den Einschließungsring um Berlin aufzubrechen und die Stadt zu entsetzen[113]. Das AOK 12 hatte daher bei den laufenden Operationen der Rettung Berlins, nicht aber der der 9. Armee die absolute Priorität einzuräumen[114].
Hatte das FHQu bis zum 27. April auch noch mit einem zusätzlichen Entlastungsangriff Steiners in Verbindung mit dem XXXXI. Pz.K. (Holste) von Norden auf Berlin gerechnet, so wurde dieser geplante Vorstoß durch das schnelle Vordringen der Sowjets nördlich Berlins vollends unmöglich.
Am 28. April hatte der Kampf um den Stadtkern begonnen. Auf dringliche Anfrage des FHQu machte Keitel deutlich, weshalb ein Entlastungsangriff von Norden zu diesem Zeitpunkt nicht mehr durchgeführt werden konnte[115].
Am 29. April spitzte sich die Lage im Kampf um Berlin weiter zu. Um 23.00 Uhr erhielt Jodl in Dobbin folgenden Funkspruch Hitlers:

»1.) Wo Spitze Wenk (sic!)?
2.) Wann tritt er an?
3.) Wo 9. Armee?
4.) Wo Gruppe Holste?
5.) Wann tritt er an[116]?«

Um 23.30 Uhr unterrichtete der Ia beim AOK 12 die Operationsabteilung des WFStabes über die Lage bei der 12. Armee:
»XX. A.K. nunmehr in ganzer Front in Abwehr gedrängt. Starke Angriffe bei Schlalach, beiderseits Beelitz und bei Ferch unter Abriegelung mehrerer Einbrüche bisher abgewiesen. Bei Niemegk feindliche Ansammlungen. Fortsetzung der Angriffe auf Berlin daher nicht mehr möglich, zumal auch mit Unterstützung durch Kampfkräfte der 9. Armee nicht mehr gerechnet werden kann. Bedrohung der tiefen Flanke und des

111 Busse gibt als Durchbruchsdatum zur 12. Armee den 29. April an. Diese Angabe dürfte nicht stimmen. Vgl. hierzu Engel, a.a.O., S. 43; ebenso Wenck, Berlin, a.a.O., S. 68, beide geben den 1. Mai als Tag des Ausbruchs der 9. Armee an. Plank nennt in seinen Tagebuchaufzeichnungen ebenfalls den 1. Mai für das Erreichen der deutschen Stellungen durch Soldaten der 9. Armee (Anm. zu S. 92).

112 Vgl. Engel, a.a.O., S. 43 (Anm. zu S. 92).

113 Vgl. OKW/WFStab/Op.Nr. 88861/45 g.K./Chefs. v. 27. April 1945/BA-MA-OKW 6/2.

114 Vgl. OKW/WFStab/Op.(H)Nordost Nr. 003822/45 g.K. v. 27. April 1945/BA-MA-OKW 6/2.

115 Vgl. WFStab/Op.Abt. o. Nr. a. H.Gr. Weichsel und AOK 12/Keitel v. 27. April 1945/ BA-MA-OKW 6/2.

116 Funkspruch Hitlers an Jodl v. 29. April/BA-MA-OKW 6/2.

Rückens durch amerikanischen Vorstoß auf Coswig[117] und die Möglichkeit weiterer Angriffe nach Norden erheblich gewachsen, rechtzeitiger Aufbau neuer Sicherungsfront Dornburg—Göritz noch in Frage gestellt. XXXXI. Pz.K. mit unzureichenden Kräften in der Abwehr konzentrischer Angriffe an Hamburgerstr. Amerikanisches Antreten an zahlreichen Stellen gegen gesamte Westfront aufgrund heutigen Verhaltens wahrscheinlich. AOK erbittet sofortige Entscheidung für weitere Kampfführung[118].«

Die Entscheidung wurde wie folgt gefällt:
»Wenn OB 12. Armee in voller Kenntnis seiner heutigen Lage bei XX. A.K. eine Fortführung des Angriffs in Richtung Berlin trotz der hohen moralischen und geschichtlichen Verantwortung, die wir dafür tragen, für undurchführbar hält, sind Maßnahmen zum Durchbruch des XX. A.K. über die untere Havel nach Norden vorzubereiten. Auffassung hierzu melden. Befehl folgt daraufhin unter Vorlage beim Führer[119].«

Am 29. April um 23.30 Uhr ging von Jodl folgender Funkspruch an die 12. Armee:
»Das AOK hat den Auftrag, mit dem XX. A.K. und dem XXXXVIII. Pz.K. nach Norden durchzubrechen und sich mit dem XXXXI. Pz.K. nördlich des havelländischen Hauptkanals zu vereinigen...[120]«

[117] Hiermit war der amerikanische Vorstoß auf Zerbst (vgl. Skizze 2) gemeint, der, wenn er weiter vorgetragen worden wäre, sicherlich das gesamte XXXXVIII. Pz.K. aus den Angeln gehoben, die Südflanke der Armee aufgerissen und einen geordneten Rückzug auf die Elbe unmöglich gemacht hätte. Daß dieser amerikanische Angriff nur ein sehr begrenztes und recht einfaches Ziel hatte, konnte das AOK 12 zu diesem Zeitpunkt nicht wissen.
Die Führung der 83. US-Inf.Div. wollte nur einen Kontakt zu den vordringenden Verbänden der Roten Armee herstellen. Vom 22. April an konnten die Soldaten des 329. US-Inf.Rgt./83. US-Inf.Div., die den Brückenkopf Barby hielten, dem sowjetischen Funkverkehr entnehmen, daß sich die Verbände der Roten Armee den amerikanischen Positionen näherten, ohne daß es allerdings gelang, Funkverbindung zu den sowjetischen Spitzen herzustellen. Gleichwohl erwarteten die Amerikaner eine baldige Begegnung mit den Verbänden ihres Verbündeten in diesem Gebiet. Diese Erwartung führte dazu, daß sich immer mehr Reporter in den Brückenkopf bringen ließen, um hier Zeuge des amerikanisch-sowjetischen Treffens zu werden. Da es trotz intensiven Bemühens den amerikanischen Funkern nicht gelang, einen Kontakt zu den Sowjets herzustellen, wurde ein Angriff der amerikanischen Verbände aus dem Brückenkopf heraus in Richtung auf die sowjetischen Spitzen geplant.
Da Zerbst die nächstgrößere Stadt in der vorgesehenen Angriffsrichtung war, wurde seit dem 22. April (nachmittags) mit dem Kampfkommandanten der Stadt, Oberst Könzen, über eine Kapitulation verhandelt, welche dieser ablehnte. Nachdem er aber am Morgen des 28. April mit seinen beiden Kompanien Zerbst verlassen hatte, konnten die Amerikaner die Stadt kampflos besetzen. Der gewünschte Kontakt zu den sowjetischen Spitzen wurde erst am 30. April durch Soldaten der 125. US-Kavallerie Schwadron in Apollensdorf aufgenommen.
Vgl. G-2 Reports, 83. US-Inf.Div. v. 28. April und 30. April 1945, ebenso O'Connor, Daniel, Buckshot, A History of the 329th Inf.Regt., Wolfenbüttel 1945, S. 104 ff.

[118] Funkspruch des AOK 12 an WFStab/Op.Abt. v. 29. April 1945/BA-MA-OKW/2061.

[119] WFStab/Op.Nr. 88863/45 g.K.Chefs. v. 29. April 1945/BA-MA-OKW 6/2. Keitel erwähnt hier das XXXXVIII. Pz.K. nicht.

[120] WFStab/Op. o. Nr.v. 30. April/1.15 Uhr/BA-MA-OKW 6/2. Der Fernspruch trägt das Datum v. 30. April/11.15 Uhr, sein Inhalt wurde dem AOK 12 aber bereits am 29. April um 23.30 Uhr übermittelt.

Der Sinn dieses Durchbruchbefehls bestand darin, daß sich die 12. und 9. Armee mit der H.Gr. Weichsel vereinigen sollten, um eine geschlossene Verteidigungsstellung im Norden in der Linie: Elbmündung—Havelberg—Rostock aufzubauen. Hierdurch glaubte Keitel, Zeit für politische Verhandlungen gewinnen zu können[121]. Gleichzeitig erging ein Befehl Keitels an alle Kommandeure der Nordfront der H.Gr. Weichsel, »den Feind endlich zum Stehen zu bringen«, um Wenck die notwendige Zeit zum Durchbruch zu verschaffen[122].

Das AOK hat den Befehl, nach Norden durchzubrechen, nicht befolgt, obgleich Keitel noch einmal gesondert zu strikter Einhaltung aller erteilten Befehle aufgefordert hatte.

»...kein Befehlshaber, kein Kommandeur, kein Offizier hat das Recht, eigenmächtig und gegen Befehle zu handeln. Wer es trotzdem wagt, eigenmächtig zu handeln... ist als Verräter am deutschen Volk zu richten...[123]«

Die 12. Armee hielt den Durchbruchsbefehl wahrscheinlich weder aus militärischen Gründen für durchführbar noch aus humanitären Gründen für vertretbar. Seine Ausführung hätte mit Sicherheit folgendes bedeutet: Die Verwundeten, deren Abtransport zu diesem Zeitpunkt noch nicht abgeschlossen war, die vielen Flüchtlinge im Operationsgebiet des AOK 12 und die Reste der 9. Armee hätten dem russischen Gegner überantwortet werden müssen.

Militärisch war der befohlene Durchbruch aus folgenden Gründen nur schwer vorstellbar: Sämtliche Divisionen des XX. A.K. waren in harte Abwehrkämpfe verwickelt und hätten sich nur unter Schwierigkeiten nach einem vorgegebenen Zeitplan vom Gegner lösen können.

Es gab nur einen Weg nach Norden, bei dem keine Flußläufe bzw. Seen überquert werden mußten: Die Landenge bei Brandenburg zwischen Plauer- und Beetzsee. Die Verbände der 12. Armee wären hier bei dem vorgegebenen Gelände sicherlich pausenlosen Angriffen durch die sowjetische Luftwaffe ausgesetzt gewesen, gegen die es kaum noch Abwehrmittel gab, was sehr hohe deutsche Verluste bedeutet hätte.

Zum Überqueren der Gewässer aber fehlte das notwendige Pioniergerät. Die Sowjets standen bereits seit dem 26. April in Rathenow und wären unschwer in der Lage gewesen, ihre Verbände nach Süden zu drehen, um so den geplanten Durchbruch zum Stehen zu bringen.

Der Befehl zum Durchstoß nach Norden wurde daher vom AOK 12 nicht befolgt. Dieses sah nach Aufnahme der 9. Armee nur noch die Aufgabe, ein »geordnetes Zurückkämpfen an die Elbe«[124] zu organisieren.

Am 30. April um 1.00 Uhr beantwortete Keitel den Funkspruch Hitlers vom 29. April wie folgt:

»1.) Spitze Wenck liegt südlich Schwielow-See fest. Starke Sowjetangriffe in gesamter Ostflanke.

[121] Vgl. WFSt/Op.Abt.Nr. 88868/45 g.K./Chefs. v. 30. April/BA-MA-OKW 6/2.
[122] Vgl. der Chef d.OKW/o. Nr. v. 30. April 1945/BA-MA-OKW 62/2.
[123] OKW/WFStab Nr. 004003/45 g.K. v. 30. April/BA-MA-OKW 6/2.
[124] Vgl. Reichhelm, a.a.O., S. 19.

2.) 12. Armee kann daher Angriff auf Berlin nicht fortsetzen.
3.) 9. Armee mit Masse eingeschlossen...
4.) Korps Holste...in die Abwehr gedrängt...[125]«

Die Frage nach den Spitzen von Holste wäre von Hitler nicht gestellt worden, wenn dieser den Befehl Keitels vom 27. April 17.00 Uhr gekannt hätte, der Steiner anwies: »...der Angriff westlich von Oranienburg ist einzustellen...[126]«
Hiermit wurde Aufgrund der Lageentwicklung ein weiterer Vorstoß der Truppen Steiners in Richtung Berlin verboten. Es blieben daher für den geplanten Entlastungsangriff der Reichshauptstadt aus dem Norden bzw. Nordwesten nur die schwachen Kräfte des XXXXI. Pz.K. Mit diesen konnte Holste gar nicht daran denken, ohne Steiner, nunmehr allein den Angriff zu führen, der selbst mit Steiner aussichtslos gewesen wäre. Der Entsatz Berlins aus dem Norden war somit vollends unmöglich geworden. Überdies befand sich Holste bereits seit dem 28. April auf dem Rückzug. Offensichtlich war Keitel bemüht, auch in den letzten Tagen Hitlers sich dessen unbedingtes Vertrauen zu erhalten, anders ist es nicht verständlich, daß er in einem Gespräch mit Krebs am 28. April 3.00 Uhr die von ihm tags zuvor befohlene Einstellung des Angriffes von Steiner verschwieg und nur folgendes angab: »... weil der Gegner mit durchgebrochenen Panzern über Templin die rückwärtigen Verbindungen des Korps Steiner stark bedroht und mit weiterem Vordringen den Angriff sowieso zum Erliegen bringen wird...[127]«
Der zitierte Funkspruch Keitels löste den Selbstmord Hitlers aus.

[125] WFSt/Op.Nr. 88868 g.K.Chefs.v. 30. April 1945/BA-MA-OKW 6/2.
[126] WFSt/Op.o.Nr./Chefs. v. 27. April 1945/BA-MA-OKW 6/2.
[127] KTB/OKW, Lagebuch v. 28. April 1945.

Kapitel 6

Die Entwicklung der Lage auf dem Nordflügel der 12. Armee

Die Kämpfe des XXXIX. Pz.K. im Bereich der Elbe vom 22. bis 29. April 1945

Am Abend des 21. April 1945 war der Vorstoß des XXXIX. Pz.K. aus dem Raum Uelzen in Richtung Fallersleben endgültig gescheitert.
Korpstruppen und Stab waren bei diesem Unternehmen zerschlagen worden. Die restlichen Teile des Gen.Kdos. wurden dem AOK 12 unmittelbar unterstellt[1].
Der Gegner drückte die wenigen deutschen Restverbände dieses Raumes in Richtung Elbe zurück.
Der Stab der 84. I.D. sammelte zwar eine Reihe von versprengten Truppenteilen, es gelang ihm jedoch nicht mehr, eine zusammenhängende Front westlich der Elbe aufzubauen. Die deutschen Verbände mußten sich in den Brückenkopf Dömitz absetzen.
Im Verlauf des 23. April drückte der Gegner die beiden Flügel des Brückenkopfes bei Hitzacker und Crippel ein und erzwang damit seine Räumung am 24./25. April[2]. Hiermit wurde die letzte deutsche Stellung auf dem Westufer der Elbe in diesem Abschnitt aufgegeben.
Am 26. April übernahm Gen.Lt. Arndt die Führung des Korps[3]. Das AOK 12 erteilte ihm den Befehl, die Elbeverteidigung zwischen Boitzenburg und Havelberg zu übernehmen. Hierbei wies das Korps den Divisionen folgende Verteidigungsabschnitte zu:

- Rest der Pz.Div. Clausewitz: zwischen Boitzenburg und Bleckede.
- Div. Reserve Hamburg: bis Dömitz.
- Div. Meyer: bis Havelberg.
- Die 84. I.D. wurde als Korpsreserve eingeteilt (s.S. Skizze 1, S. 129).

Die Divisionen waren wie folgt gegliedert: Die 84. I.D. und die Pz.Div. Clausewitz verfügten jeweils über ein Inf.Rgt. mit drei Bataillonen, sowie ein Art.Rgt. Die Div. Reserve Hamburg und die Division Meyer bestanden aus je zwei Inf.Regimentern zu zwei Bataillonen sowie einem Art.Rgt. mit zwei Abteilungen zu je drei Batterien[4].
Gemäß dem Befehl des AOK wurden die Verbände in den oben genannten Stellungen geordnet und soweit wie möglich personell und materiell ergänzt.

[1] Vgl. KTB/OKW, Lagebuch v. 20. April 1945.
[2] Vgl. Tagesmeldung der H.Gr. Weichsel v. 24. April 1945/BA-MA-RH 19 XV/10.
[3] Mitteilung Arndt, der dieses Kommando übernahm, da sich Gen. Decker, nach dem Scheitern des Angriffs in Richtung Harz, erschossen hatte.
[4] Vgl. Arndt, a.a.O., S. 9.

Am 29. April[5], erst sechs Tage nachdem ein entsprechender Befehl des OKW/WFStabes den Einsatz des *gesamten* Korps im Raum Fehrbellin—Nauen—Rathenow im Verband des XXXXI. Pz.K. angeordnet hatte, wurde Arndt vom AOK angewiesen, nur seine Divisionen abzugeben[6]. Weshalb das Gen.Kdo. diesen Befehl mit einer solchen Verzögerung erhielt und dann beauftragt wurde, nur die Divisionen ohne den Korpsstab abzugeben, ist nicht mehr zu ermitteln.

Die Kämpfe des XXXIX. Pz.K. an der Havel- und Elbefront vom 1. bis 4. Mai 1945

In der Nacht zum 1. Mai übernahm das Generalkommando befehlsgemäß die Führung an der Havelfront, die folgenden Verlauf hatte: Brandenburg—Plaue—Pritzerbe—Rathenow. An der Elbe war der Abschnitt zwischen Havelberg und Tangermünde zu sichern[7].

Zur Durchführung dieser Aufgabe wurden dem Korps die 309. I.D. und die Division Konitzky unterstellt[8]. Diese Verbände waren wie folgt gegliedert: Die 309. I.D. bestand aus drei Inf.Regimentern. Dem Regiment Boysen mit drei, dem Regiment Winter mit zwei und dem Regiment des Kampfkommandanten von Rathenow mit zwei Bataillonen. Außerdem verfügte die Division über ein Art.Regiment mit zwei Abteilungen, von denen eine über Feldhaubitzen und die andere über 8,8-cm-Eisenbahnflak verfügte. Die Division Konitzky bestand aus zwei Inf.Regimentern zu je zwei Bataillonen, von denen das eine Regiment aus Magenkranken bestand und daher nur bedingt einsatzfähig war.

Dem Kampfkommandanten von Brandenburg unterstand das zweite Regiment. Zusätzlich wurde der Division ein Art.Regiment unterstellt, welches ebenso gegliedert war wie das der Division Konitzky[9].

Die angegebenen Frontabschnitte waren laut Weisung des AOK 12 so lange zu halten, bis die Korpsgruppe Reymann und die Reste der 9. Armee gerettet waren. Später sollte gegenüber den Amerikanern kapituliert werden[10].

Gen.Lt. Arndt, der Kdr.General, hatte im Südabschnitt die Division Konitzky, im Nordabschnitt die 309. I.D. eingesetzt.

[5] Vgl. ebenda, S. 11.

[6] Vgl. OKW/WFStab Op. Nr. 003812/45 g.K. v. 23. April 1945/BA-MA/RH 2 v. 337. Vgl. OKW/WFStab Op. ohne Nr. v. 23. April 1945/BA-MA/RH 2 v. 337.
Einen zeitlichen Irrtum halte ich bei Arndt aufgrund seiner sonst sehr präzisen Angaben für unwahrscheinlich. Über die weitere Verwendung der Divisionen des XXXIX. Pz.K. besteht Unklarheit. Sie konnten weder beim XXXXI. Pz.K. noch bei der 3. Pz. Armee nachgewiesen werden. Es ist daher zu vermuten, daß sie aufgrund des Zusammenbruchs des XXXXI. Pz.K. am Nordflügel der 12. Armee ihren Einsatzraum nicht mehr erreicht haben.

[7] Vgl. Arndt, a.a.O., S. 13.

[8] Vgl. Arndt, a.a.O., S. 14.

[9] Ebenda, Skizze 7.

[10] Ebenda, S. 16.

Brennpunkt im Süden war die Stadt Brandenburg. Hier wurde die Kampfführung besonders schwierig, weil die Landverbindung in den Ort durch den Verlust der Straße Plaue—Brandenburg unterbrochen war. Der Kontakt zur Besatzung der Stadt konnte daher nur mit Hilfe von Havelkähnen aufrechterhalten werden. Zum Kernpunkt der Verteidigung wurde der Marienberg am Nordrand der Stadt, von dem aus die gesamte Havelniederung kilometerweit einzusehen war. Hier hatte der Kampfkommandant, Oberst Zöller[11], mit Hilfe der beiden ihm zur Verfügung stehenden Bataillone und des Volkssturms einen geschlossenen Verteidigungsring gebildet. Die Verteidigung der übrigen Front der Division — nördlich Brandenburg bis südlich Rathenow — war deshalb relativ problemlos, weil sie die Havel und ihre sumpfigen Ufer als unmittelbares Hindernis vor der eigenen Front hatte. Daher wurde hier das Magenkranken-Regiment eingesetzt.

Bei der 309. I.D. sicherte ein Bataillon des Regimentes Boysen nördlich Rathenow bis zur Korpsgrenze bei Hohennauen.

Schwerpunkt des Kampfes war hier Rathenow. Der Kampfkommandant hatte um die Stadt herum einen Brückenkopf gebildet. Ihm standen zur Verteidigung zwei Bataillone sowie die Eisenbahnflak der Division zur Verfügung. Diese Geschütze schossen während des 25./26. April auf die Rathenow angreifenden sowjetischen Truppen[12]. Mehrfache Einbrüche der Russen in diesen Verteidigungsbereich konnten bereinigt werden. Der Gegner griff die Stadt seit dem 25. April[13] deshalb pausenlos an, weil sich hier die leistungsfähigsten Havelbrücken dieses Gebietes befanden. Das Regiment Winter hatte die Elblinie zwischen Sandau und Ferchland mit nur einem Bataillon besetzt, da keine weiteren Kämpfe mit den Amerikanern erwartet wurden.

Das zweite Bataillon dieses Regimentes sowie das dritte Bataillon Boysen standen dem Korps als Reserve zur Verfügung.

Der Versuch des Korps, zum linken Nachbarn (Holste) Funkkontakt zu halten, war wenig erfolgreich und gelang nur bis zum Morgen des 2. Mai, dem Tag, an dem sich das XXXXI. Pz.K. auflöste. Arndt hatte bis zu diesem Zeitpunkt von Holste keinerlei Informationen über die Entwicklung der Lage erhalten. Ihm war auf entsprechende Funkanfrage nur »Warten«, später »Antwort nach Stellungswechsel« zurückgefunkt worden[14].

Eine Orientierung über die Lage nördlich der Korpsstellungen war nur durch direkte Aufklärung möglich, die ergab, daß bereits am 2. Mai im Forst Havelberg gekämpft wurde. Hierauf befahl Arndt eine Frontverlängerung seines linken Flügels: Der Abschnitt Hohennauen—Molkenberg wurde dem Regiment Winter zugewiesen. Das Korps-Pionier-Bataillon hatte zwischen Molkenberg und Garz zu verteidigen. Im Fall

[11] Praetorius, a.a.O., S.12/ab 3. Mai Kdr. der Div. Jahn.

[12] Vgl. Kadler, A., Bericht über die Evakuation der Gruppe Grosswudicke der schweizerischen Gesandtschaft, Abteilung Schutzmachtangelegenheiten in Berlin über die Elbe und Rückkehr nach Bern, 1. Juni 1945, Schweizerisches Bundesarchiv, Bern/E 2001 (D) 7, Bd. 14, S. 3.

[13] Ebenda. Kadler gibt aufgrund seiner Beobachtungen den Beginn der Kämpfe um die Stadt mit dem oben genannten Datum an.

[14] Vgl. Arndt, a.a.O., S. 17.

weiterer überlegener feindlicher Angriffe wurde diesen Verbänden ein Zurückgehen auf die Linie Molkenberg—Rehberg—Kamern unter Anschluß an die Kräfte des Kampfkommandanten von Havelberg befohlen[15].
Aufgrund der undurchsichtigen Lage in Havelberg begab sich Arndt am 2. Mai dorthin[16]. Er stellte fest, daß bereits sowjetische Panzer in die Stadt eingedrungen waren[17]. Daraufhin befahl er dem Kampfkommandanten, diese aufzugeben und sich auf die Linie Kamern— Wulkau zurückzuziehen[18].
Am 3. Mai[19] traf das Gren.Rgt. Hutten 2 bei Havelberg ein, stabilisierte die Lage südlich der Stadt und verhinderte ein weiteres Vordringen der Sowjets nach Süden entlang der Elbe und damit ein Aufrollen des geplanten Brückenkopfraumes. Dieses Regiment dürfte mit seinem Einsatz die durch den plötzlichen Zusammenbruch des XXXXI. Pz.K. entstandene Situation an Havel und Elbe gefestigt und damit die 12. Armee vor einer drohenden Einschließung bewahrt haben. Eine solche wäre unvermeidbar gewesen, hätten die Russen ihren Vorstoß entlang der Elbe ungehindert fortsetzen können. Dem Regimentsführer des Gren.Rgt. Hutten 2, Major Anton Siebert, wurde für das Abweisen des sowjetischen Durchbruchs noch am 6. Mai das Deutsche Kreuz in Gold verliehen[20]. Am 4. Mai wurde die Front in diesem Abschnitt gemäß dem Befehl des AOK auf die Linie Molkenberg—Rehberg—Kamern—Wulkau—Elbe zurückgenommen[21].

Einsatz und Ende des XXXXI. Pz.K. (Holste) beim geplanten Entsatz von Berlin

Durch Befehl vom 23. April[22] wurde das Korps Holste zusammen mit der Armee-Abt. Steiner gegen die im Norden Berlins durchgebrochenen Sowjets eingesetzt.
Mit dem Eintreffen der ersten Teile des XXXXI. Pz.K. im Raum Nauen wurde in der Nacht vom 23./24. April gerechnet. An Kräften verfügte Holste zu diesem Zeitpunkt

15 Vgl. ebenda, S. 18.
16 Ebenda.
17 Vgl. Voigt, a.a.O., S. 4. Dieser gibt an, daß es am Nachmittag des 2. Mai einer gegnerischen Vorausabteilung mit drei Panzern und 50 Mann gelungen sei, in die Stadt einzudringen.
18 Vgl. Arndt, a.a.O., S. 18.
19 Vgl. Engel, a.a.O., S. 45. Er gibt hier den 2. Mai als Zeitpunkt für das Eintreffen seines Regimentes bei Havelberg an. Wäre das der Fall gewesen, hätte die Stadt erfolgreicher verteidigt werden können. Die Tagebuchaufzeichnung Burmeister ist daher sicherlich richtiger, der den 3. Mai für den Einsatz dieses Regimentes nennt.
20 Vgl. Soldbuch Siebert.
21 Vgl. Reichhelm, a.a.O., S. 21.
22 Vgl. OKW/WFStab/Op. (H) o. Nr. v. 23. April 1945/BA-MA-RH 2/v.337. Vgl. ObKdo. H.Gr. Weichsel, Chef d. GenSt./Ia Nr. 5778/23. April 1945/BA-MA-RH 19XV/10.

wahrscheinlich nur über die Div.Gruppe v. Hake mit ihren beiden Regimentsgruppen[23].

Der Auftrag des XXXXI. Pz.K. lautete: Vorstoß nach Osten, bei gleichzeitigem Angriff der Armee-Abt. Steiner aus dem Raum nordwestlich von Oranienburg in Richtung Südwesten, um die über die Havel durchgebrochenen Sowjets abzuschneiden und zu vernichten.

Der russische Angriff erreichte am 25. April den Raum Nauen—Ketzin. Am 26. erkämpfte sich das Korps Holste den für den Vorstoß auf Berlin notwendigen »Aufmarschraum südlich des Havelländischen Luch für zufließende 199. und 264. Inf.Div. sowie Div. Schlageter«[24], wobei die Beweglichkeit der Verbände des XXXXI. Pz.K. außerordentlich durch den Mangel an Kraftfahrzeugen eingeschränkt wurde[25].

Am 27. April um 15.00 Uhr hatten die Sowjets die Front der 3. Pz.Armee bei Prenzlau durchbrochen. Sie stießen auf Lychen und Templin vor und bedrohten dadurch den Rücken der Verbände Steiners.

Da die 3. Pz. Armee über keinerlei Reserven zum Abriegeln des sowjetischen Einbruchs verfügte, mußte u.a. die 25. Pz.Gren.Div. aus ihrem Aufmarschraum am Ruppiner Kanal abgezogen und gegen die Einbruchsstelle eingesetzt werden. Dadurch wurde die sich nordwestlich Oranienburg versammelnde Angriffsgruppe so geschwächt, daß der aus diesem Raum geplante Angriff nicht mehr durchgeführt werden konnte. Steiner erhielt von Keitel ohne Wissen Hitlers den Befehl, den Angriff in Richtung Berlin einzustellen (17.00 Uhr). Damit war der geplante Vorstoß zum Entsatz Berlins aus dem Norden vollends unmöglich geworden, da das Korps Holste mit seinen schwachen Kräften nicht allein in der Lage war, diesen zu führen. Dem XXXXI. Pz.K. standen am 27. April nur folgende Verbände zur Verfügung: die Div.Gruppe v. Hake, die Pz.Vern.Brig. Hitlerjugend, die Pz.Aufklärungsabteilung 115, die Pz.Jg.Brig. Hermann Göring und die V-Waffen-Division Oberst von Gaudecker[26].

Einen Befehl, den Entsatzangriff auf Berlin aufzugeben, erhielt Holste nicht.

Gleichzeitig erging die Weisung an die H.Gr. Weichsel, den sowjetischen Durchbruch aufzufangen und Flanke und Rücken der 12. Armee zu decken, damit diese den Angriff ihres XX. A.K. fortsetzen konnte[27].

[23] Mitteilung Hake. H.Gr. Weichsel, Notizen des Oberstlt. v. Wienskowski über am 23. April geführte Telefongespräche, 23.40 Uhr/Manteuffel/Heinrici; dieser gibt an, daß Wenck die Zuführung von drei Regimentern in den Raum Nauen zugesagt habe. Ob und ggfs. welches andere außer den oben genannten noch zugeführt worden ist, konnte nicht ermittelt werden.

[24] OKW/WFStab/Op. Nr. 88885/45 g.K. Chefs. v. 26. April/BA-MA-OKW 6/2. Von den og. Divisionen konnte nur das Rgt. Boßen/199. I.D. für die Zeit ab 29. April im Raum Stölln nachgewiesen werden (Mitteilung Luz). Es muß bezweifelt werden, daß Verbände der anderen Divisionen noch zugeführt worden sind.

[25] Vgl. KTB/OKW, Lagebuch v. 24. April 1945.

[26] Vgl. Lagekarte der H.Gr. Weichsel v. 28. April/BA-MA-RH 19 XV/16K. Die V-Waffen-Division ist in die Lagekarte nicht eingezeichnet. Daß sie aber während dieser Zeit dem XXXXI. Pz.K. unterstand, ist durch Mitteilungen von Angehörigen des Korpsstabes zu belegen.

[27] Vgl. WFSt./Op.o. Nr. v. 27. April 1945/BA-MA-OKW 6/2.

Die Entwicklung der Lage auf dem Nordflügel der 12. Armee

Als das erste Regiment der 199. I.D. das XXXXI. Pz.K. am 29. April erreichte, befand sich Holste bereits auf dem Rückzug. Der Gefechtsstand des Korps war am 30. April von Gut Klessen bei Friesack in das Wehrertüchtigungslager Dreetz nordwestlich von Rhinow verlegt worden. Er befand sich am 1. Mai noch weiter rückwärts auf dem Gut Berlitt nordwestlich von Havelberg[28].
Neuruppin war am Abend des 30. April Hauptkampflinie (HKL) und wurde nur noch von schwachen Kräften gehalten. Nördlich von Altruppin hatten mangels anderer Truppen seit dem 28. April die RAD Abt. 1/91 und das Bataillon Mecklenburg der 1. Pz.Vern.Brig. Hitlerjugend Sicherungsaufgaben übernommen. Sie wurden am Abend des 30. April von Soldaten der aus dem Raum Liebenwalde zurückgeworfenen 3. Marine-Inf.Div. und Verbänden der 25. Pz.Gren.Div. abgelöst[29].
Am 1. Mai erfolgte hier der sowjetische Durchbruch, der am gleichen Tag noch Kyritz erreichte. Die russischen Spitzen stießen am 2. Mai bis in den Raum Perleberg vor[30]. Am Abend dieses Tages löste sich der Stab des XXXXI. Pz.K. auf[31].

Der schnelle sowjetische Vormarsch in diesem Raum sowie der plötzliche Zusammenbruch des Korps Holste am 1./2. Mai waren offenbar die Folge davon, »daß die Division Gaudecker einfach nach Westen abmarschiert ist[32]«. Dieser Verband hatte den äußersten linken Flügel Holstes zu decken. Gaudecker nahm am 30. April, ohne das Korps zu verständigen, eigenmächtige Übergabeverhandlungen mit der 29. US-Inf. Div. auf und kapitulierte dieser gegenüber am 1. Mai[33].
Diese V-Waffen-Division hatte sich offenbar schon zu einem früheren Zeitpunkt aus ihr zugewiesenen Stellungen entfernt und sich in Richtung Elbe bewegt. Hierdurch wurde die linke Flanke Holstes aufgerissen, was den Sowjets einen schnellen Vormarsch auf die Elbe und Havelberg ermöglichte. Durch die so entstandene Situation ergab es sich, daß die Front der 12. Armee von Norden her entlang der Elbe in Gefahr stand, durch die Sowjets aufgerollt zu werden. Nur durch den verlustreichen Widerstand anderer Verbände Wencks wurde dieses verhindert.

Oberst von Gaudecker erklärt seine eigenmächtige Kapitulation, die er, ohne das Korps zu verständigen, vor den Amerikanern vollzog, wie folgt: Diese Division sei zwar als vollmotorisierte Infanteriedivision auch mit Waffen und Gerät gut ausgerüstet gewesen, habe aber nur aus Spezialisten für V-Waffen bestanden. Diese Männer hätten als

[28] Vgl. Tagebuch Stohr und Mitteilung Kleykamp.
[29] Vgl. Voigt, a.a.O., S. 2.
[30] Vgl. Tagebuch Stohr und Mitteilung Luz.
[31] Dieser Zeitpunkt wird von Merz und Bielitz genannt. Die Tagebuchaufzeichnungen von Stohr geben die gleiche Zeit an, wenngleich die Nachrichtenabteilung seit dem Mittag dieses Tages vom übrigen Korpsstab getrennt war.
[32] Tagebuch Jodl v. 2. Mai 1945.
[33] Vgl. Ewing, Joseph, Let's Go, History of the 29th Inf.Division, Washington 1948, S. 256 ff. Mitteilung v. Bahr, Schefold, Merz.

Infanteristen nicht kämpfen können, weil sie für einen solchen Einsatz nicht ausgebildet waren. Überdies seien diese Soldaten alle Geheimnisträger gewesen, die er auf keinen Fall in die Hände des sowjetischen Gegners habe fallen lassen wollen[34].
General Wenck verurteilt auch heute noch diese Handlungsweise v. Gaudeckers scharf, da er *alle* Soldaten und Flüchtlinge seines Operationsbereiches vor dem Zugriff des sowjetischen Gegners habe retten wollen, diese Aktion aber durch die unentschuldbare Handlungsweise v. Gaudeckers ernsthaft gefährdet worden sei[35].

[34] v. Gaudecker, Meine letzten Wochen als deutscher Offizier, o.O., 12. August 1945, S. 2.
[35] Gespräch mit Wenck am 16. Januar 1982.

Kapitel 7

Der Rückzug der 12. Armee auf den Elb-Brückenkopf

(s. Skizze 3, S.133)

Das XX. A.K.

Nachdem die Korpsgruppe Reymann und die Reste der 9. Armee hinter den Linien des Korps Koehler in Sicherheit gebracht worden waren, erging der Befehl des AOK 12, mit der Absetzbewegung auf den Elb-Brückenkopf in der Nacht vom 1. zum 2. Mai zu beginnen[1].

Der Rückzug wurde in ununterbrochenen Tag- und Nachtmärschen durchgeführt, wobei die Divisionen bemüht waren, ihre Bewegungen zu verschleiern, um jedem vermeidbaren Kampfkontakt, der die Rückzugsbewegungen nur verzögert hätte, aus dem Weg zu gehen.

Die Kämpfe der Nachhuten wurden in der Form von Verzögerungsgefechten geführt. Zum Verminen der aufgegebenen Gebiete, das sich angeboten hätte, stand nicht mehr genügend Material zur Verfügung, ebenso fehlte den Nachhuten für Dauergefechte bereits die Munition[2].

Von der Division Hutten wurde auch für den Rückzug die Keilform gewählt, wobei einmal ein Regiment, das nächste Mal zwei Regimenter die Nachhut bildeten.

Die Artillerie wurde dabei grundsätzlich zur Unterstützung der Nachhut eingesetzt und bei dieser belassen. Panzer, Panzerspäh- und Schützenpanzerwagen sind auf die Flügel gezogen worden, um so die Flanken der sprungweise zurückgehenden Division zu sichern[3].

Noch am 1. Mai setzten sich die Verbände der Division in den Raum Wollin ab. Nachdem am 2. Mai der Plaue-Kanal überschritten worden war, versammelten sich die Regimenter im Raum Vieritz—Schlagenthin[4]. Während dieser Zeit konnten die Bewegungen der I.D. Hutten zügig durchgeführt werden, da die Sowjets nur sehr zögernd nachstießen. Für das Verhalten des Gegners gab es zwei Gründe: die Gunst des Geländes, es waren vornehmlich Waldgebiete zu durchqueren, wie aber auch die Maifeiern der Sowjets, die offenbar an diesem Tag weder an einer Verfolgung interessiert noch dazu

[1] Vgl. Reichhelm, a.a.O., S. 21; Wenck, Berlin, a.a.O., S. 68, gibt ebenfalls diesen Termin an. Auch die Tagebuchaufzeichnungen Burmeisters bestätigen dieses Datum.

[2] Vgl. Engel, a.a.O., S. 45.

[3] Ebenda, S. 46.

[4] Vgl. Tagebuch Burmeister.

in der Lage waren[5]. Am 3. Mai hatten die Kampftruppen der Division folgende Räume erreicht und waren dort in heftige Abwehrkämpfe gegen die erst jetzt verstärkt nachstoßenden Russen verwickelt: Gren.Rgt. 1 bei Ferchels, 2 südlich von Havelberg, 3 ostwärts von Klietz[6].
Im Verlauf des 4. Mai wurde bei Großwudicke eine neue Abwehrfront aufgebaut, die aber aufgrund wachsenden sowjetischen Druckes am 5. Mai auf Schmetzdorf und Wusterdamm zurückweichen mußte[7].
Das Gren.Rgt. Scharnhorst 1 begann am Abend des 1. Mai befehlsgemäß seine Stellungen bei Reesdorf zu räumen. In der darauffolgenden Nacht erreichten die Soldaten Schwanebeck bei Belzig. Der Verband zog über Bücknitz bei Ziesar (3. Mai) nach Dreihausen bei Genthin (4. Mai)[8].
Auch das Gren.Rgt. 3 dieser Division gab zur gleichen Zeit seine Stellungen zwischen Schlalach und Elsholz auf und rückte in Eilmärschen über Genthin in den Raum Fischbeck, wo es zu Sicherungsaufgaben eingesetzt wurde[9]. Die Nachhut der Division bildete bei diesem Rückzug die Panzerjägerabteilung[10].
Die Verbände der Division Körner begannen in der Nacht vom 1. zum 2. Mai ihre Stellungen zwischen Niemegk und Treuenbrietzen aufzugeben und in Tag- und Nachtmärschen über Belzig—Görzke—Genthin in den Raum Hohengöhren/Schönhausen zu marschieren, den sie zu sichern hatten[11]. Dieser Rückzug konnte fast reibungslos und geordnet durchgeführt werden, was auch daraus hervorgeht, daß dem Divisionskommandeur am 2. Mai in Schmerwitz und dem Bataillonskommandeur am 4. Mai noch Zeit blieb, Vorbeimärsche des Jäger-Btls. abzunehmen[12].
Solche »Formalübungen« hätten sicherlich bei hartem Nachsetzen des Gegners nicht durchgeführt werden können. Auch den Verbänden der I.D. Jahn gelang der Rückzug auf den Elberaum ohne wesentliche Feindeinwirkung[13].
Die Nachhut dieser Division bildete dabei das II. Bataillon des Gren.Regimentes 2, das sich auf der Linie Lehniner Forst—Kirchmöser—Zabakuck—Hohenbellin zurückzog. Zu einem schweren Gefecht kam es dabei nur um Zabakuck[14]. Der Rückzug des XX. A.K. auf den vorgesehenen Brückenkopfraum ist von den Sowjets nicht wesentlich behindert worden.
Ein Grund könnte dafür die Notwendigkeit von Umgruppierungen auf gegnerischer Seite gewesen sein. Vielleicht unterstellte das russische Oberkommando, daß die Ame-

[5] Vgl. Tagebuch Burmeister.
[6] Ebenda.
[7] Ebenda.
[8] Vgl. Tagebuch Plank sowie Mitteilung Busch.
[9] Mitteilung Pick.
[10] Mitteilung Bartel.
[11] Vgl. Nestler, a.a.O., S. 4.
[12] Vgl. Tagebuch Erbe, Mitteilung Thomasius.
[13] Vgl. Tagebuch Wiechert sowie Mitteilung Großmann.
[14] Mitteilung Schwald.

rikaner die deutschen Verbände an der Elbe nicht zu übernehmen beabsichtigten und ihnen daher diese auch ohne Kampf in die Hände fallen würden.
»Schwierige Absatzbewegungen«, wie Reichhelm behauptet, »die unter fortdauernden schweren Abwehrkämpfen der Nachhuten geführt werden mußten«[15], konnten aufgrund der vorliegenden Unterlagen nicht nachgewiesen werden.

Das XXXXVIII. Pz.K.

Hatte der Befehl des AOK 12 für das Korps am 20. April gelautet: Sicherung des Südflügels der Armee zwischen Wittenberg und Coswig[16], so war dessen Front ab 25. April bis Dessau verlängert worden.
Der Abmarsch des XX. A.K. nach Norden und die Aufgabe Wittenbergs ließen die Ostfront zunächst auf der Linie Niemegk—Coswig verlaufen. Hierbei entwickelten sich in den Wäldern nördlich von Coswig heftige Waldkämpfe mit den Sowjets.
Die Amerikaner stießen nur sehr zögernd in die vom Korps geräumten Gebiete vor.
Am 26. April wurde von einem amerikanischen Spähtrupp bei Oranienbaum eine kleine Gruppe deutscher Offiziere, die zum Stab des Korps gehörten, gefangengenommen. Diese hatte den Auftrag, kleineren Verbänden des Pz.K., die aufgrund fehlender Nachrichtenmittel nicht anders erreichbar waren, den Befehl zum Abmarsch nach Norden zu überbringen[17].
Ein kleiner, um Coswig gehaltener Brückenkopf wurde am gleichen Tag aufgegeben. Die Stadt selbst fiel erst am 30. April in amerikanische Hand[18].
Im Verlauf des 28. April 1945 ist die Front des Korps mit Genehmigung des AOK in die Linie Pretzin—Lindau—Krakau—Bergfrieden—Grochewitz—Cobbelsdorf—Gr.Mahrzehns aufgrund des amerikanischen Vorstoßes auf Zerbst zurückgenommen worden. Hierbei wurde ein in Hundeluft in Reserve liegendes Regiment (Oberst Conti) gefangengenommen oder zersprengt. Der Stab der Kampfgruppe Rathke ist dabei in Buko angegriffen und vernichtet worden[19].
Linker Nachbar war die Korpsgruppe Raegener, rechts schloß sich das Korps Koehler an. Nachdem die Rückzugsbewegungen des XX. A.K. eingeleitet worden waren, sollte das XXXXVIII. Pz.K. als letzter Verband auf folgender Linie sprungweise zurückge-

[15] Reichhelm, a.a.O., S. 22.
[16] Vgl. Edelsheim, a.a.O., S. 15.
[17] Vgl. ebenda. Edelsheim gibt hier an, daß diese Offiziersgruppe »von einem starken amerikanischen Panzerverband« gefangengenommen worden sei. Diese Angaben sind unrichtig. Auch Hegemann, der hierbei in Gefangenschaft geriet, teilt mit, daß es sich nur um einen amerikanischen Spähtrupp gehandelt habe. Vgl. hierzu auch die G-2 Reports der 83. US-Inf. Div. v. 26. und 27. April.
[18] Vgl. G-2 Report, 83. US-Inf.Div. v. 30. April 1945.
[19] Vgl. Edelsheim, a.a.O., S. 19.

hen: Magdeburg—Möckern—Altengrabow (s. Skizze 3, S. 133), von dort aus in die Linie Zerben—Fiener Bruch—Kirchmöser ausweichen.
Im Anschluß daran war der Plauer Kanal nach Norden zu überqueren. Am 3. Mai stand das Korps in der Linie Zerben—Großwusterwitz[20], als General v. Edelsheim mit der Führung der Kapitulationsverhandlungen beauftragt und im Kommando von Gen.Lt. Hagemann ersetzt wurde[21].

[20] Vgl. Edelsheim, a.a.O., S. 19.
[21] Ebenda, S. 20 sowie Mitteilung Hagemann, der für die Befehlsübernahme das gleiche Datum angibt.

Kapitel 8

Die Kapitulationsgespräche der 12. deutschen Armee mit dem AOK der 9. US-Armee am 4. Mai 1945 in Stendal

Allgemeine Vorbemerkung

Das alliierte Konzept für eine deutsche Kapitulation sah zwei unterschiedliche Formen vor:

- ☐ Die bedingungslose Gesamtkapitulation der deutschen Regierung an allen Fronten, die vor den drei Großmächten gleichzeitig zu erfolgen hatte und von ihnen auch nur gemeinsam angenommen oder abgelehnt werden konnte[1].
- ☐ Eine militärische Teilkapitulation einzelner deutscher Verbände, die von dem zuständigen Befehlshaber angeboten werden mußte. Letztere war wie folgt geregelt:

»Die Kapitulation hat bedingungslos zu erfolgen und sich ausdrücklich auf die militärischen Belange der örtlichen Übergabe zu beschränken.

Dem Feind gegenüber dürfen keine Verpflichtungen irgendwelcher Art eingegangen werden.

Die Kapitulation sei ohne Präjudiz in bezug auf ein späteres allgemeines Kapitulationsinstrument abzuschließen, das die Teilkapitulationsurkunde ersetzen und Deutschland von den drei Großmächten auferlegt werden sollte[2].«

Gemäß der zweiten Kapitulationsregelung konnte General Simpson die Kapitulation der gesamten 12. Armee entgegennehmen.

Tatsächlich aber haben die Amerikaner ein entsprechendes Begehren Gen. Wencks formal nicht angenommen[3].

[1] Vgl. hierzu die Urkundenentwürfe der European Advisory Commission v. 22. Juli 1944 und 5. Februar 1945, zitiert bei Deuerlein, Ernst, Die Einheit Deutschlands, Bd. I, Frankfurt a. M. und Berlin 1961, S. 311 ff. und 331 ff.; auch Eisenhower, a.a.O., S. 485.

[2] Zitiert in: Pogué, Forrest C., United States Army in WW II, The European Theater of Operations, The Supreme Command, Washington D.C. 1954, S. 480.
Es handelt sich hierbei um eine Anweisung der Combined Chiefs of Staff v. August 1944, mit der befohlen wurde, wie bei Teilkapitulationen verfahren werden mußte. Vgl. hierzu auch Eisenhower, a.a.O., S. 485: »... Wenn sich eine einzelne deutsche Armee ergeben wollte..., so war das eine rein militärische Angelegenheit. Auch hätte der Befehlshaber einer ganzen Front mit allen seinen Kräften kapitulieren können und der betreffende alliierte Befehlshaber hätte dieses Angebot annehmen dürfen...«

[3] Vgl. Moore, a.a.O., S. 2; ebenso Conquer, a.a.O., S. 329.

In den Gesprächen zwischen der deutschen und amerikanischen Delegation am 4. Mai in Stendal hat Gen.Maj. Moore nur die Absicht erklärt, gemäß den Kriegsregeln[4] deutsche Soldaten als Gefangene zu übernehmen, wenn sich diese einzeln auf dem Westufer der Elbe den Amerikanern ergeben würden[5].
Auch die amerikanische Bereitschaft, die deutschen Verwundeten auf das Westufer zu lassen und die Bezeichnung von Übergangsstellen, sind ebenfalls nichts anderes als eine mündliche, juristisch unverbindliche Absichtserklärung. »Im übrigen waren die Abmachungen in nichts bindend (für die Amerikaner)[6].«
Demzufolge wurde weder eine Kapitulationsurkunde noch eine Gesprächsniederschrift angefertigt[7].
Weshalb von der 9. US-Armee bei der Übergabe diese äußere Form gewählt worden ist, bleibt unklar. Die Einflußnahme übergeordneter Stellen in dieser Angelegenheit wird amerikanischerseits ausgeschlossen[8]. Es ist zu vermuten, daß dieses sehr merkwürdige Verfahren mit Rücksicht auf den sowjetischen Verbündeten deshalb gewählt wurde, weil es eine Absprache zwischen den Alliierten gab, wonach die deutschen Truppen dem gegenüber kapitulieren mußten, gegen den sie zuletzt gekämpft hatten[9].
Eine solche Abmachung ist allerdings aktenmäßig nicht nachweisbar, was nicht ausschließen kann, daß es ein entsprechendes mündliches Übereinkommen gab. Dieses würde sowohl das seltsame Kapitulationsverfahren als auch die spätere Auslieferung von Soldaten der 12. Armee an die Sowjets erklären.

Die Gespräche[10]

Am 3. Mai hatten sich die Verbände der 12. Armee planmäßig in den Brückenkopfraum zurückgezogen. Wenck mußte jetzt versuchen, die Amerikaner zu bewegen, die

4 Vgl. Moore, a.a.O., S. 2 dort wörtlich: »under customs of war«.
5 Ebenda.
6 Mitteilung Edelsheim.
7 Mitteilung Moore.
8 Vgl. Pogué, a.a.O., S. 482.
9 Mitteilung Hake: Er sei mit den Soldaten seiner Div.Grp. geschlossen und mit allen Waffen bei Jerichow über die Elbe gegangen. Der amerikanische Abschnittskommandeur habe ihm auf seinen Kapitulationswunsch entgegnet, er möge dies auf dem Ostufer den Sowjets gegenüber tun, gegen die er ja auch zuletzt gekämpft habe.
10 Die einzigen hierzu erreichbaren Quellen sind: Der Bericht Gen. v. Edelsheim: »Die Kapitulationsverhandlungen der 12. (deutschen) mit der 9. (amerikanischen) Armee am 4. Mai 1945 in Stendal« (OMCH/MS-B-220) sowie einige ergänzende Mitteilungen desselben an den Verfasser. Außer Edelsheim, als deutschem Verhandlungsführer, nahmen der pers. Generalstabsoffizier Gen.Wencks, Oberstlt. H. Seidel, sowie Major Kandutsch (als Dolmetscher) an den Verhandlungen teil. Beide sind verstorben. Bemühungen bei Angehörigen um persönliche Aufzeichnungen über diese Verhandlungen blieben erfolglos.
Gen.Maj. Moore, der amerikanische Verhandlungsführer, überließ dem Verfasser eine Kopie seines Memorandums, das er über diese Verhandlungen für Gen. Simpson am 7. Mai 1945

Kapitulation der Armee anzunehmen, um seine Truppen dann auf das Westufer der Elbe hinüberzuretten.
Hinzu kamen noch die vielen Flüchtlinge, die es ebenfalls galt, dem Zugriff der Sowjets zu entziehen.
Bei den militärischen Verbänden handelte es sich im wesentlichen um die Soldaten folgender Korps: des XX. A.K., des XXXIX. Pz.K., des XXXXVIII. Pz.K., des XXXXI. Pz.K., der Korpsgruppe Reymann sowie um die Reste der 9. Armee[11].
Gleichzeitig beabsichtigte Wenck den Widerstand im Brückenkopf solange forzusetzen, bis dieser vollständig geräumt war[12]. Am Mittag des 3. Mai begab sich General von Edelsheim in Begleitung eines Sonderstabes mit einem Schwimmwagen zu den Amerikanern auf das westliche Elbufer[13].
Er nahm dort auf dem Gefechtsstand des 405. US-I.R. Kontakt zum Stab der 102. US-Inf.Div. auf und übergab ein Schreiben Wencks an den OB der 9. US-Armee, das folgende Bitten enthielt:

»1. Übernahme der deutschen Verwundeten.
Herüberlassen der Zivilbevölkerung insbesondere der Frauen und Kinder auf das westliche Elbufer.
2. Übernahme der Soldaten ohne Waffen.
3. Nach Beendigung des Kampfes der Armee Übernahme der geordneten Verbände als aufrechte Soldaten zur Verfügung des amerikanischen AOK...[14]«

Der deutschen Seite wurde mitgeteilt, daß erst am 4. Mai um 8.00 Uhr mit einer amerikanischen Entscheidung gerechnet werden könnte.
Am Vormittag des 4. Mai begannen die Gespräche im Rathaus von Stendal[15]:

☐ Die Übernahme der Verwundeten wurde unter der Bedingung genehmigt, daß die deutsche Seite zuvor ausreichendes Personal, Einrichtungen und Medikamente auf das Westufer verbringen würde[16].

angefertigt hat. Es verwundert, daß die Akten der 9. US-Armee in den National Archives keinerlei entsprechende Unterlagen enthalten.

[11] Wenck gibt im »Stern«, a.a.O., S. 69, die Gesamtzahl der Soldaten mit »über 100000 Mann« an, die der Flüchtlinge mit 300000. Edelsheim nennt a.a.O., S. 3: 90000—100000 Soldaten, von denen 40 Prozent unbewaffnet waren. Moore gibt a.a.O., S. 1, folgende Zahlen an, die ihm Edelsheim genannt haben soll: 25000 Mann, die unbewaffnet waren, 40000 Soldaten, die in Kampfverbänden fochten, 6000 Verwundete und 100000 Zivilisten.

[12] Vgl. Wenck, Kurzer Überblick, a.a.O., S. 17.

[13] Vgl. G-2 Report, 9. US-Army, 3./4. Mai 1945.

[14] Zitiert in: With the 102nd, a.a.O., S. 227.
Es ist erstaunlich, daß sich dieses Schreiben weder in den Akten der 9. amerikanischen Armee noch in denen der 102. I.D. befindet.

[15] Mitteilung Edelsheim: »Es waren keine Verhandlungen, die ich führte. Wir hatten nichts zu bieten, um zu verhandeln.« Auch Moore benutzt in seinem Memorandum an keiner Stelle den Begriff »negotiation«, sondern spricht nur von »discussion«.

[16] Vgl. Moore, a.a.O., S. 3.

- ☐ Das Herüberlassen von Flüchtlingen wurde ohne Begründung abgelehnt[17].
- ☐ Die Übernahme der Soldaten ohne Waffen sowie der Kampfverbände wurde zugesichert, falls diese ausreichend Verpflegung mit sich führen würden[18].

Neue, offenbar von deutscher Seite während der Gespräche eingeführte Bitten wie Bau einer Pionierbrücke bzw. Ausbau der gesprengten Brücke bei Tangermünde sowie materielle und personelle Hilfe durch die Amerikaner beim Flußübergang wurden abgelehnt[19].

Für den Fährverkehr über die Elbe sind folgende Übergangsstellen genehmigt worden: Schönhausen, Tangermünde und Ferchland[20].

Gleichzeitig nahmen die Amerikaner die Ankündigung Wencks, gegen die Sowjets weiterkämpfen zu wollen, stillschweigend zur Kenntnis[21]. Für Wenck bedeutete diese Duldung insoweit eine Unterstützung, als daß er dadurch Zeit gewann, innerhalb derer er fast seine gesamte Armee auf das Westufer der Elbe verbringen konnte.

Diese amerikanische Haltung war dem sowjetischen Verbündeten gegenüber zweifellos nicht korrekt. Daß die Amerikaner Wencks Kapitulation entgegennehmen durften, ist unstrittig. Die weitere stillschweigende Duldung deutschen Widerstandes gegenüber dem eigenen Verbündeten ist sicherlich auch nicht durch die extensivste Auslegung der bereits zitierten Weisung der Combined Chiefs of Staff gedeckt. Eine Klärung dieses Vorganges aus den zur Verfügung stehenden Unterlagen ist nicht möglich.

Es könnte vermutet werden, daß die amerikanische Duldung weiteren deutschen Widerstandes gegen die Rote Armee einen Protest der Sowjets auf höchster Ebene zur Folge gehabt hat und daher, als eine Art Ausgleich für die Russen, Teile der 12. Armee später an sie ausgeliefert wurden. Für eine solche Hypothese fehlen allerdings die Belege.

Nachdem die Delegation der 9. US-Armee der Aufnahme der deutschen Soldaten zugestimmt hatte, begann am Morgen des 5. Mai der Abfluß der Verbände Wencks nach Westen, der wie folgt organisiert war:

[17] Vgl. Moore, a.a.O., S. 3.
Die Ablehnung der Übernahme der Zivilisten ist offenbar auf die Formulierung: »...und sich ausschließlich auf militärische Belange der örtlichen Übergabe zu beschränken...«, der bereits zitierten Dienstanweisung der Combined Chiefs of Staff vom August 1944 zurückzuführen. Die »ausschließlich militärischen Belange« schlossen die Übernahme von Zivilisten wahrscheinlich deshalb aus, weil hierdurch der rein militärische Bereich überschritten worden wäre, wozu Simpson die Kompetenz fehlte.

[18] Vgl. Moore, a.a.O., S. 2.

[19] Vgl. Edelsheim, a.a.O., S. 4.
Moore machte dazu keine Angaben.
Die sowjetische Geschichtsschreibung behauptet heute, daß die Amerikaner den Truppen Wencks aktiv (durch Brückenbau) beim Flußübergang geholfen hätten. Vgl. Geschichte des 2. Weltkrieges 1939—1945, Bd.10, herausgegeben vom Militärverlag des Ministeriums für Verteidigung der UdSSR, Moskau 1979 (russ.), S. 338.

[20] Vgl. Edelsheim, a.a.O., S. 10, sowie Moore, a.a.O., S. 3.

[21] Vgl. Brief Wencks an den OB der 9. US-Armee v. 3. Mai 1945. Moores Memorandum enthält zu diesem Punkt keinen Hinweis.

- ☐ Korpsgruppe Reymann/Übergang Eisenbahnbrücke Stendal/Rathenow.
- ☐ Das XXXXVIII. PzK./Übergang Ferchland.
- ☐ Das XX. A.K., das XXXIX. Pz.K. und die Reste der 9. Armee/Übergang Fischbeck-Tangermünde.

Die Befehlsführung an der Übergangsstelle hatte das Gen.Kdo. XXXIX. Pz.K. Das XXXXVIII. Pz.K. leitete das Übersetzen bei Ferchland[22].

[22] Vgl. Arndt, a.a.O., S. 18/19 sowie Mitteilung Minssen.

Kapitel 9

Die letzten Kämpfe im Brückenkopf

(s. Skizze 3, S.133)

Die Sowjets hatten den deutschen Nachhuten bei ihrem Rückzug nur zögernd nachgesetzt, da sie offenbar davon überzeugt waren, die Verbände der 12. Armee unmittelbar vor der Elbe relativ kampflos überwältigen zu können.

Die russischen Angriffe verstärkten sich zu dem Zeitpunkt, als die Verfolger erkannten, daß die deutschen Soldaten von den Amerikanern westlich der Elbe übernommen wurden[1]. Die Taktik der Angreifer bestand darin, zu versuchen, den deutschen Brükkenkopf von Norden aufzurollen. Dabei waren ihnen aber nur unwesentliche Einbrüche in die Linie Wulkau—Molkenberg—Rehberg gelungen, die durch Gegenstöße jedoch bereinigt werden konnten[2].

Zwischenzeitlich hatte das AOK 12 das XX. A.K. und das XXXXVIII. Pz.K. auf den großen Brückenkopf Genthin (südliche Begrenzung) westlich Rathenow (östliche Begrenzung) zurückgenommen, so daß auch der Nordflügel in der Nacht vom 4./5. Mai auf die Höhe von Lübars zurückgehen konnte[3].

Das XXXIX. Pz.K. erhielt den Befehl, im Raum Fischbeck zum Übergang zu sammeln und wurde damit aus der Front herausgezogen[4].

Die I.D. Körner übernahm die Verteidigung des nördlichen Teiles des Brückenkopfes im Raum Hohengöhren/Schönhausen[5]. Die Wucht der sowjetischen Angriffe auf diesen Verband konnte dadurch gemildert werden, daß sämtliche in diesem Bereich verfügbare Artillerie aller Kaliber im Schloßpark von Schönhausen zusammengezogen und von hier aus dem Gegner massive Feuerschläge versetzt wurden[6].

Rechter Nachbar war die I.D. Hutten, die am 5. Mai noch zwischen Wusterdamm und Schmetzdorf verteidigte und sich ab 6. Mai langsam auf Fischbeck zurückzog. Sie mußte ihr Gren.Rgt. 3 zur Unterstützung der Division Körner am 7. Mai noch für Kämpfe bei Schönhausen abgeben[7].

Die I.D. Scharnhorst stand rechts von der Division Hutten. Ihr Gren.Rgt. 1 wurde am 5. Mai als Armeereserve eingeteilt und mußte am Tag darauf Stellungen bei Wust verteidigen. Während des 7. Mai wehrte dieses Regiment starke gegnerische Angriffe gegen Kabelitz ab[8].

1 Vgl. Engel, a.a.O., S. 50, sowie Mitteilung Schulze-Hagen.
2 Vgl. Reichhelm, a.a.O., S. 25.
3 Vgl. Arndt, a.a.O., S. 18.
4 Ebenda.
5 Mitteilungen Graevenitz, Alsleben, Fichtner sowie Tagebuch Erbe.
6 Mitteilung Fichtner.
7 Vgl. Tagebuch Burmeister.
8 Vgl. Tagebuch Plank.

Das Gren.Rgt. 3 dieser Division hatte den Auftrag, den Raum östlich von Fischbeck bis zum Ende des Übersetzens abzuschirmen. In der Nacht vom 5./6. Mai trat dieser Verband noch einmal zu einem Entlastungsangriff nach Osten an und erlitt dabei sehr schwere Verluste. Es gelang aber, die Sowjets bis zum 7. Mai aufzuhalten[9].
Am Vormittag dieses Tages war es den Russen gelungen, südlich von Fischbeck bis zur Elbe durchzubrechen, den Brückenkopf in zwei Teile aufzuspalten und dadurch den Übergang insgesamt zu bedrohen[10]. Rechts von der Division Scharnhorst sicherten Kräfte der I.D. Schill[11], an die sich rechts Verbände der I.D. Jahn anschlossen. Diese wurde bis zum 7. Mai 14.00 Uhr von Redekin aus geführt[12].
Das Füs.Bataillon der Division Jahn setzte sich nach schweren Gefechten bei Roßdorf (6. Mai) über Redekin (7. Mai) nach Ferchland ab[13].
Die Nachhut der Division bildete das II. Bataillon des Gren.Regiments 2, das am 7. Mai noch bei Hohenbellin kämpfte, als die Verbindung zum Regiment abriß. Die Soldaten dieses Verbandes erreichten erst gegen 19.00 Uhr das Elbufer bei Ferchland, das zu diesem Zeitpunkt bereits von sowjetischen Panzern abgeriegelt worden war, so daß ihnen nur noch der Weg in die russische Gefangenschaft blieb[14].
Den rechten Anschluß an die I.D. Jahn bildeten Verbände des XXXXVIII Panzerkorps[15].

[9] Mitteilung und Karten von Pick.
[10] Vgl. Edelsheim, a.a.O., S. 15.
[11] Vgl. Lagekarte Reichhelm, 1. Mai—7. Mai, die aber in Teilen unvollständig und unrichtig ist. Von dieser Division konnte mit Sicherheit nur das II. Btl. des Gren.Regiments 2 in dieser Zeit bei Gr. Mangelsdorf am 6. Mai nachgewiesen werden.
[12] Vgl. Praetorius, a.a.O., S. 13.
[13] Vgl. Tagebuch Wiechert.
[14] Mitteilung Schwald.
[15] Da sich dieses Korps aus im einzelnen nicht nachweisbaren Verbänden zusammengesetzt hat, kann nichts Näheres über dessen Kampfeinsatz im Brückenkopfraum ausgesagt werden.

Kapitel 10

Der Übergang über die Elbe

Der Übergang der Soldaten

Die Planung des AOK sah für den Übergang vor, daß die nichtkämpfenden Teile der Armee bis zum 7. Mai früh das Übersetzen beendet haben mußten, das XX. A.K. und das XXXXVIII. Pz.K. sodann enge Brückenköpfe an den Übergangsstellen zu beziehen hatten, um das Übergehen der Kampftruppen zu sichern[1].
Bereits vor dem 5. Mai, dem mit dem Oberkommando der 9. US-Armee vereinbarten Termin für den Beginn des Übersetzens der deutschen Verbände, hatten örtliche Kommandeure der US-Armee die Kapitulation deutscher Verbände entgegengenommen. Hatte bereits am 1. Mai die Division von Oberst v. Gaudecker vor der 29. US-Inf.Div. die Waffen niedergelegt, so begann am 3. Mai um 14.00 Uhr, nach Absprache mit dem zuständigen örtlichen Kommandeur der amerikanischen Truppen, der Sperrverband Schemmel mit einer Übersetzaktion westlich von Klietz und Scharlibbe. Die Pioniere brachten in 20 großen und 30 kleinen Floßsäcken bis zum 4. Mai 17.00 Uhr 6000—8000 Menschen über den Fluß. Zu diesem Zeitpunkt mußten sie aufgrund des sehr starken sowjetischen Artilleriefeuers den Fährverkehr einstellen und selbst in Gefangenschaft gehen[2].
Die Sturmgeschützbrigade 1170 war beim Rückzug zersprengt worden. Die 1. Batterie verfügte am 7. Mai noch über fünf Geschütze und Troßfahrzeuge, die um 7.30 Uhr in Schönhausen gesprengt wurden. Insgesamt 80 Offiziere und Soldaten gingen bei Tangermünde über die Elbe. Die 2. Batterie zerstörte die verbliebenen Geschütze und Fahrzeuge und ging bei Parey über den Fluß. Teile des Trosses und der Stabsbatterie vernichteten ihr Gerät auf der Höhe von Tangermünde und setzten dort über. Zwischen allen Einheiten der Brigade bestand bis zuletzt Funkkontakt[3].
Die Soldaten der Sturmgeschützbrigade 243 überquerten die Elbe am 7. Mai, nachdem sie ihr Material gesprengt hatten, bei Tangermünde[4].
Der Kommandeur des Gren.Regiments Scharnhorst 1 gab am 7. Mai gegen 15.00 Uhr den Befehl zum Absetzen auf die Übergangsstelle Fischbeck[5], der offenbar nicht mehr alle seine Soldaten erreichte, denn Teile dieses Verbandes setzten sich gegen 16.00 Uhr — ohne einen Rückzugsbefehl erhalten zu haben — auf das Elbufer ab[6].

[1] Vgl. Reichhelm, a.a.O., S. 25.
[2] Vgl. Bericht Schemmel.
[3] Vgl. Bericht Rothe.
[4] Mitteilung Gerlitz und Rübig.
[5] Mitteilung Busch.
[6] Vgl. Tagebuch Plank.

Das Gren.Rgt. Scharnhorst 3 hielt mit seinen Resten die zugewiesenen Stellungen bis gegen 17.00 Uhr und setzte sich danach auf das Westufer des Flusses ab, das für die Soldaten nur noch schwimmend zu erreichen war[7].
Südlich der von diesem Regiment gehaltenen Stellung hatte es am späten Nachmittag noch besondere Schwierigkeiten gegeben. Die Sowjets waren südlich von Fischbeck durchgebrochen. Der Kommandeur der Division Scharnhorst befahl seiner Sturmkompanie, einen Gegenstoß zu unternehmen und den Gegner zurückzuwerfen, da sonst die Gefahr eines Aufrollens des Brückenkopfes bestanden hätte.
»Vor mir wird immer das Bild dieses Oberleutnants stehen, der wie in Friedenszeiten die Hand an die Mütze hob, den Befehl seines Generals wiederholte und mit seiner Kompanie stürmte, den Russen zurückwarf und die Stellung etwa ein bis zwei Stunden hielt[8].«
Das Übersetzen konnte ungestört weitergehen. Die Pz.Jäger-Abt. der Division Scharnhorst hatte bereits am 3. Mai vom Divisionskommandeur die Erlaubnis erhalten, sich in Richtung Burg/Magdeburg zurückzuziehen, um außerhalb der geplanten Übergangsstellen über den Fluß zu gehen, da bei Ferchland und Tangermünde Stauungen beim Übergang vermutet wurden. Der Abt.Kommandeur versammelte seine Soldaten bei Parchen, die Pz.Jäger gelangten am 4. Mai südlich von Parey an die Elbe. Hier wurden Waffen und Geräte vernichtet oder vergraben. Offiziere der 102. US-I.D., welche das Zerstören des Materials beobachtet hatten, nahmen zu den Deutschen Kontakt auf und brachten sie mit Booten auf das Westufer der Elbe. Die Übersetzaktion für diese etwa 300 Soldaten war gegen 18.00 Uhr beendet[9].
Die Verbände der I.D. Schill gingen am 7. Mai sowohl bei Ferchland als auch bei Tangermünde über die Elbe[10]. Die I.D. Jahn geriet am 5./6. Mai in den Abschnitt des XXXXVIII. Pz.K. und mußte daher bei Ferchland über den Fluß setzen[11].
Die Division Körner, welche den Nordteil des Brückenkopfes verteidigt hatte, wurde mit ihrem Gros auf den Übergang Tangermünde eingewiesen. Am 7. Mai überquerte der Divisionskommandeur mit seinem Stab den Fluß, nachdem bereits am 6. Mai der Ic mit etwa 30 Mann auf das Westufer der Elbe geschickt worden war, um Quartier zu machen, was unter den gegebenen Umständen ein erstaunlicher Vorgang war[12].
Am gleichen Tag gegen 18.00 Uhr war bereits das Jäger-Btl. auf der Höhe von Gut Billberge mit Hilfe eines von den Amerikanern zur Verfügung gestellten Elbkahns über den Fluß gegangen.
Einen Tag später, schon in amerikanischer Gefangenschaft, hielt der Bataillonskommandeur mit Genehmigung der US-Kommandobehörden seinen letzten Appell ab. Die Soldaten traten hierzu im offenen Viereck an. Es wurden Auszeichnungen verliehen und Beförderungen bekanntgegeben. Nach einer letzten Ansprache des Hauptmanns

7 Mitteilung Pick.
8 Derselbe. Führer dieser Kompanie war Oblt. Rommel.
9 Mitteilung Bartel
10 Mitteilungen Müller, Gensicke, Omnus.
11 Vgl. Praetorius, a.a.O., S. 13.
12 Vgl. Tagebuch Speer sowie Schelm, Mehrle, a.a.O., S. 310.

und dem Absingen des Deutschlandliedes verabschiedeten sich die Offiziere von den Soldaten. Der Bataillonskommandeur verblieb auf eigenen Wunsch, der von den Amerikanern respektiert wurde, bei seinem Verband und ging nicht in ein Offiziersgefangenenlager[13].

Der Übergang der Flüchtlinge

War es den Soldaten der 12. Armee bis zur Beendigung der Kapitulationsverhandlungen noch gelungen, Flüchtlinge auf das Westufer der Elbe zu bringen, so hatten die amerikanischen Soldaten seit dem 5. Mai strenge Weisung, keinen Zivilisten mehr auf das Westufer des Flusses zu lassen. »An der Übergangsstelle Tangermünde waren amerikanische Soldaten aufgestellt, mit Fahrerpeitschen ausgerüstet. Diese einfachen Soldaten benahmen sich anständig und schlugen nicht[14].«

Zwar hatte Wenck an alle ihm unterstehenden Verbände den Befehl gegeben, auf jede nur denkbare Weise den Flüchtlingen behilflich zu sein[15], aber das Helfen war den deutschen Soldaten aufgrund der amerikanischen Haltung fast unmöglich geworden.

In dieser für Tausende von Flüchtlingen verzweifelten Situation kamen ihnen die sowjetischen Angreifer wider Willen zu Hilfe. Am 7. Mai gegen 12.00 Uhr mittags brachen russische Panzer etwa 5 km südlich der Brücke von Tangermünde zur Elbe durch und begannen die Übergangsstelle zu beschießen. Hierbei gerieten auch die amerikanischen Beobachter am Westufer unter das Feuer der eigenen Verbündeten. Trotz der Leuchtkugeln, die von den Amerikanern abgeschossen wurden, um eine Feuereinstellung zu erreichen, setzten die Panzerschützen ihren Beschuß fort. Hierbei erlitten drei amerikanische Soldaten Verletzungen und einer wurde getötet[16].

Daraufhin räumten die Amerikaner einen Uferstreifen von etwa 2 km Breite.

Sofort wurden die Übersetzbewegungen für Zivilisten wieder von den deutschen Soldaten aufgenommen[17].

Ähnliches hat sich auch an der Übergangsstelle Ferchland abgespielt, wo die Sowjets das Westufer mit Granatwerferfeuer belegten[18] und auf diese Weise das Ufer für die Flüchtlinge »freimachten«.

Die genaue Anzahl der bei dieser Aktion geretteten Flüchtlinge ist nicht bekannt.

[13] Tagebuch Erbe, Mitteilung Thomasius.
[14] Mitteilung Edelsheim.
[15] Vgl. Reichhelm, a.a.O., S. 24.
[16] Vgl. With the 102nd, a.a.O., S. 232; ebenso Tagebuch Erbe.
[17] Vgl. Wenck, Berlin, a.a.O., S. 69.
[18] Vgl. Praetorius, a.a.O., S. 13.

Kapitel 11

Die Auslieferung von Soldaten der 12. Armee durch die Amerikaner an die Sowjets am 8. Mai 1945[1]

Im Verlauf des 8. Mai wurden Angehörige von Verbänden der 12. Armee entgegen der amerikanischen Zusage, jeden deutschen Soldaten in amerikanische Gefangenschaft übernehmen zu wollen, an die Rote Armee ausgeliefert.
Wodurch diese Aktion ausgelöst worden ist, wer für sie verantwortlich war, konnte leider nicht ermittelt werden. Moore behauptet, daß es keinen zentralen Auslieferungsbefehl der Armee gegeben habe und ihm der Gesamtvorgang unbekannt sei[2]. Deutsche Zeugen geben andere Eindrücke wieder: »... Anlage und Durchführung der Übergabeaktion machten nicht den Eindruck einer aufgrund von örtlichen Mißverständnissen ausgelösten Improvisation[3].« Die Vermutung, daß es sich bei der Auslieferung um den Übergriff eines einzelnen amerikanischen Kommandeurs gehandelt habe, muß deshalb unrichtig sein, weil sowohl Soldaten, die bei Ferchland, als auch solche, die bei Tangermünde übergegangen sind, ausgeliefert wurden. Jede der Übergangsstellen unterstand aber einem anderen amerikanischen Befehlshaber.
Bevor die US-Truppen am Morgen des 8. Mai 1945 den auf Viehkoppeln bei Schelldorf und Grieben lagernden deutschen Soldaten ihre Auslieferungsabsicht bekanntgaben, hatten sie beide Lager mit Panzern bzw. Panzerspähwagen umstellt und schußbereite Waffen auf die Gefangenen gerichtet. Die Bekanntgabe der bevorstehenden Auslieferung an die Sowjets löste bei den Deutschen eine Panik aus, die dazu führte, daß viele Männer versuchten, aus dem Lager auszubrechen. Es kam zu Selbstmorden: »Einige bei meinem Bataillon befindliche Angehörige des Freikorps Adolf Hitler machten Harakiri, indem sie sich auf die Erde legten und ein Messer ins Herz bohrten...[4] « Es wurde durch die Bewacher von der Schußwaffe Gebrauch gemacht, so daß es unter den Gefangenen zahlreiche Tote und Verletzte gab[5].

[1] Es gibt über diese Ereignisse keinerlei amerikanische Unterlagen. Weder die Akten der 9. US-Armee, noch die der 102. US-I.D., in deren Bereich sich diese Vorgänge abgespielt haben, enthalten irgendwelche diesbezüglichen Papiere. Ebenso ist es aufgrund der wenigen deutschen Angaben nicht möglich, die genaue Zahl der ausgelieferten deutschen Soldaten anzugeben.
[2] Mitteilung Moore.
[3] Praetorius, a.a.O., S. 14.
[4] Mitteilung Gensicke.
[5] Vgl. Praetorius, a.a.O., S. 14, sowie Tagebuch Wiechert und Mitteilung Gensicke.

Von folgenden Verbänden sind Soldaten an die Sowjets ausgeliefert worden:

- ☐ Die gesamte I.D. Jahn, deren Männer in den Lagern Schelldorf und Grieben gesammelt worden waren[6].
- ☐ Teile der Division Schill, soweit sich diese ebenfalls in Grieben und Schelldorf befanden[7].
- ☐ Teile der Korpsgruppe Raegener[8].
- ☐ 5 Offiziere und 65 Soldaten der Sturmgeschützbrigade 243, die sich bei Tangermünde in Gefangenschaft begeben hatten[9].
- ☐ Teile der Stabsbatterie der Sturmgeschützbrigade 1170, die bei Tangermünde übergegangen waren[10].
- ☐ Die letzten 10 Offiziere und Mannschaften der 541.VGD. Diese Division gehörte zu den Resten der 9. Armee[11].
- ☐ Flak- und Nachrichtenhelferinnen[12].
- ☐ Mit hoher Wahrscheinlichkeit sind auch Angehörige des XXXXVIII Pz.K. ausgeliefert worden[13].

Von folgenden Divisionen sind offensichtlich keine Auslieferungen erfolgt: Hutten, Körner und Scharnhorst[14]. Versuche des deutschen Verhandlungsführers bei den Kapitulationsverhandlungen mit den Amerikanern, General von Edelsheim, die Auslieferungen zu verhindern oder rückgängig zu machen, scheiterten[15]. Seine Frage, weshalb diese Auslieferungen erfolgten, beantworteten die Amerikaner nicht[16].

[6] Vgl. Praetorius, a.a.O., S. 14, sowie Tagebuch Wiechert, ebenso Mitteilungen Konopka, Schulze-Hagen, Großmann.
[7] Mitteilung Gensicke.
[8] Mitteilung Raegener.
[9] Mitteilung Gerlitz.
[10] Bericht Rothe.
[11] Mitteilung/Fragebogen Hagemann.
[12] Vgl. Praetorius, a.a.O., S. 14.
[13] Vgl. Edelsheim, a.a.O., S. 5.
[14] Alle befragten Angehörigen der o.g. Divisionen haben entsprechende Fragen verneint.
[15] Vgl. Edelsheim, a.a.O., S. 5.
[16] Mitteilung Edelsheim.

Kapitel 12

Schlußbetrachtung

Die Bewertung der militärischen Operation

Der Vorstoß der 12. Armee am 26. April 1945 war der letzte größere deutsche Angriff im Zweiten Weltkrieg.
Diese Operation mußte ohne Unterstützung durch Panzerverbände, Luftabwehr und Luftwaffe, die es nicht mehr gab, durchgeführt werden. Es standen nur noch wenige schwere Waffen zur Verfügung. Die Motorisierung der Armee war unzureichend.
Die Soldaten des diesen Angriff tragenden XX. A.K. verfügten nur über eine mangelhafte Ausbildung:

»... die Mannschaftsdienstgrade waren nur an Gewehr, Pistole und Panzerfaust ausgebildet, ohne jede Kriegserfahrung... auch 90 Prozent der RAD-Führer hatte keinerlei Kriegserfahrung und keine Ahnung von Verbandsausbildung...[1]«

Die Ausrüstung mit Infanteriewaffen war zwar befriedigend, jedoch fehlte zum Teil bereits die Kenntnis der Bedienung von MGs[2]. Wenck gelang es durch geschickte Funkaufklärung, die schwächsten Stellen des Gegners herauszufinden und dort den Vorstoß in Richtung Potsdam anzusetzen sowie Busse die günstigste Durchbruchstelle mitzuteilen. Hierbei wurden offenbar stets die Nahtstellen der sowjetischen Verbänden erkannt, der Gegner dort angegriffen und zum Ausweichen oder Zurückgehen gezwungen[3].
Es ist in diesem Zusammenhang interessant festzustellen, daß die offizielle sowjetische Geschichtsschreibung den Durchbruch Busses zu Wenck bis heute nicht zugibt[4].
Die russischen Truppen wichen vor dem deutschen Angriff in Richtung Osten zurück und gaben damit den Weg nach Berlin frei. Es ist zu vermuten, wenngleich aufgrund fehlender sowjetischer Quellen nicht mit letzter Sicherheit zu belegen, daß der Raum bis zum Südrand der Stadt nur noch von schwachen Kräften des Gegners besetzt und daher vielleicht kurzfristig ein Durchbruch nach Berlin möglich gewesen wäre.
Wenck verzichtete aber — und hier liegt der große dramatische Knoten der gesamten Operation — auf einen solchen rein äußerlich gesehen phantastischen, aber im Endeffekt sinnlosen Erfolg, der nur nutzlose Opfer gekostet hätte.

[1] Praetorius, a.a.O., S. 4. Vgl. hierzu auch die Mitteilung Schulze-Hagen, sowie Speer und Nestler, a.a.O., S. 3.
[2] Vgl. Brief Winters an Wenck v. 7. April 1945/BA-MA-RW 4/v. 457.
[3] Vgl. Worojow, Parotkin, Schimanskii, a.a.O., S. 338.
[4] Ebenda.

So zerrann Hitlers letzte Hoffnung auf eine »Rettung« Berlins. Unmittelbar nach Wencks Absage, nicht nach Berlin durchzustoßen, erschoß sich Adolf Hitler. Nachdem die Besatzung Potsdams, die Verwundeten und die Reste der 9. Armee hinter den Linien der 12. Armee in Sicherheit gebracht worden waren, begann in voller Ordnung der Rückzug auf die Elbe.
Diese Bewegung ist nur einmal durch das Versagen der V-Waffen-Division unter Oberst v. Gaudecker ernsthaft gefährdet gewesen. Dieser Verband hatte die Aufgabe der Sicherung des äußersten linken Flügels des XXXXI. Pz.K. Gaudecker zog sich ohne Befehl auf die Elbe zurück und kapitulierte vor den Amerikanern. Er brachte hierdurch die Front des Korps Holste zum Einsturz, gefährdete den gesamten linken Flügel, der in voller Ordnung zurückgehenden Armee und beschwor die Gefahr des Abgeschnittenwerdens von der Elbe für alle Truppen Wencks herauf.
Nur der erbitterte Widerstand eines Grenadier-Regiments der I.D. Hutten südlich von Havelberg verhinderte hier den sowjetischen Durchbruch und rettete der Armee den Brückenkopfraum.
Die letzte deutsche Angriffsoperation ist in ihrer begrenzten Zielsetzung und unter Berücksichtigung der eingangs genannten Mängel erfolgreich gewesen.
Daß er trotz erheblicher Überlegenheit des Gegners die gesetzten Ziele erreicht hat, ist als hervorragende Leistung der Armeeführung und der unterstellten Soldaten zu bewerten.

Die Verantwortbarkeit des Einsatzes und die Haltung der Soldaten

Der Einsatz der 12. Armee, die weitgehend aus den jüngsten Soldaten der Wehrmacht bestand, wirft die Frage nach der Verantwortbarkeit eines solchen Einsatzes auf. Konnte es die Armeeführung in dieser militärisch hoffnungslosen Situation überhaupt noch verantworten, die jungen Soldaten in einen Kampf zu schicken, der für viele von ihnen den Tod bedeutete?
Diese Frage muß uneingeschränkt bejaht werden: Wie dargestellt, hatte Wenck es abgelehnt, mit den Divisionen seines XX. A.K. nach Berlin hineinzustoßen, weil er sicher annahm, daß seine Verbände, falls dieser Durchbruch in die Stadt gelänge, in einem sinnlosen Straßenkampf vernichtet würden.
Hierdurch hätte also weder Berlin entsetzt noch eine militärische Wende des Krieges herbeigeführt werden können. Der Befehl zu einem solchen Einsatz, hätte Wenck ihn gegeben, wäre in der Tat verantwortungslos gewesen. Wenn sich der OB trotzdem zum Angriff nach Osten entschloß, so geschah dies ausschließlich, um die eingeschlossenen Reste der 9. Armee, der Korpsgruppe Reymann, die Verwundeten und die Flüchtlinge zu retten.

»Wir sind ja in den Nachkriegsjahren oftmals wegen unseres Einsatzes bekämpft worden. Aber Sie wissen so gut wie ich, wenn wir uns auch in den letzten Wochen nicht voll

und ganz eingesetzt hätten, wären Hunderttausende von deutschen Menschen mehr in die russische Gefangenschaft und damit in die Ungewißheit gegangen[5].«
Daraus folgt, warum die jungen Soldaten in diesem Kampf mit einem solchen Elan gefochten haben.
Unzweifelhaft bestanden die Divisionen der Armee aus den jüngsten, aber zu dieser Zeit sicherlich vom Einsatzwillen her besten Soldaten der Wehrmacht: »Das Menschenmaterial, um diesen häßlichen Ausdruck zu gebrauchen, ist also zweifellos sehr gut[6].«
Als Beispiel für die gute soldatische Haltung der Männer der 12. Armee mag folgendes gelten: Beim Anmarsch in den Aufstellungsraum der Pz.Jg.Abt. Scharnhorst führte der Weg den Kommandeur und etwa 80 Mann, die ihm neu zugeteilt und daher weitgehend unbekannt waren, über das nach einem Luftangriff brennende Magdeburg. Da alle Soldaten Magdeburger waren, der Anschlußzug erst am nächsten Morgen fuhr, baten die Männer ihren Kommandeur um Urlaub, der mit Bedenken gewährt wurde. Beim Antreten am darauffolgenden Tag fehlte nicht ein Soldat. »Mir standen die Tränen in den Augen[7].«
Der hohe Grad von Einsatzwillen kann durch weitere Zeugnisse belegt werden: »... und tatsächlich kämpften diese ›Arbeitsdienstsoldaten‹ mit einer unerhörten Einsatzbereitschaft, Tapferkeit und Standhaftigkeit... vor meinem Gericht ist in der damaligen Zeit nicht ein einziger Fall von Fahnenflucht, unerlaubter Entfernung, Selbstverstümmelung oder sonstiger militärstrafrechtlicher Drückebergerei vorgekommen[8].«
Dies wird auch von Truppenoffizieren bestätigt: »Haltung der Kompanie bis zum Ende des Kampfes sehr gut. Es ist nicht ein einziger Fall vorgekommen, daß Befehle nicht ausgeführt wurden oder selbständig zurückgegangen wurde. Kein Fall von Fahnenflucht ist zu verzeichnen[9].«
Entscheidend scheint hier die Person des Oberbefehlshabers gewesen zu sein, der es offenbar verstand, seine Soldaten für diesen Einsatz zu motivieren. »Wenck konnte gerade junge Leute begeistern. Er war viel an der Front und wirkte durch sein Beispiel[10].«
Der Armeeführer fuhr mit seinem Krad zu den Frontlinien. Hier erklärte er den Soldaten, weshalb dieser Kampf geführt werden mußte. Er appellierte an ihr Kameradschaftsgefühl und die daraus resultierende Verpflichtung, die eingeschlossenen Kameraden freikämpfen zu müssen.
Diese Ansprache ist offenbar deshalb verstanden worden, weil in diesen letzten Tagen, durch die Person Wencks repräsentiert, etwas sehr Wesentliches bei dieser Armee noch voll intakt war: das gegenseitige Vertrauen zwischen Offizieren und Soldaten, ohne das eine Truppe zerbricht und welches vielleicht eine engere Bindung darstellt, als der Eid es vermag.

[5] Brief Wencks an Müller v. 2. Juni 1955, zitiert bei Müller, a.a.O., S. 3.
[6] Brief Winters an Wenck, a.a.O.
[7] Mitteilung Bartel.
[8] Mitteilung Forch.
[9] Tagebuch Erbe.
[10] Mitteilung Reichhelm.

Der Kommandeur der I.D. Th. Körner charakterisierte seinen Verband vor Angehörigen seines Stabes auf dem Rückzug zur Elbe: »... eine Division, wie jene, mit denen man 1939 ins Feld gerückt ist...[11]«

Damit war über die Haltung, den Geist, die Leistung und den Einsatzwillen der Soldaten ein sicherlich sehr zutreffendes Urteil ausgesprochen worden.

Das Problem der Auslieferung

Ich bedauere, daß es mir nicht gelungen ist, festzustellen, warum die Auslieferung von Soldaten der 12. Armee durch die Amerikaner an die Sowjets erfolgte.
Aktenmäßig ist dieser Vorgang auf amerikanischer Seite nicht erfaßt worden, wobei nicht gänzlich auszuschließen ist, daß es Unterlagen gibt, die noch nicht freigegeben wurden. Offizielle deutsche Aufzeichnungen hierzu fehlen ganz. Die noch wenigen lebenden Zeugen dieser Ereignisse, die von mir festgestellt und zu persönlichen Gesprächen aufgesucht wurden, erinnern sich nicht mehr, weil ein zu langer Zeitraum zwischen diesen Vorgängen und der Gegenwart liegt. Überdies scheint diese Auslieferung im Rahmen ihrer militärischen Tätigkeit keinen so hohen Stellenwert einzunehmen.
Andere haben meinem Eindruck nach die Erinnerung an jene Ereignisse verdrängt, weil das Kapitulierenmüssen für einen Soldaten an sich ein sehr unerfreulicher Vorgang ist, der außerdem als unehrenhaft empfunden werden kann.
Bedeutet die Übergabe das gleichzeitige Ende einer langjährigen militärischen Laufbahn und ist sie mit persönlichen Zurücksetzungen durch den Gegner verbunden, so wird es fast verständlich, wenn als Erinnerung davon nichts bleibt.
Falls es auf der sowjetischen Seite Unterlagen über diesen Vorgang geben sollte, kann nur einmal mehr bedauert werden, daß uns die sowjetischen Quellen verschlossen sind.

[11] Zitiert bei Nestler, a.a.O., S. 5.

Skizzen

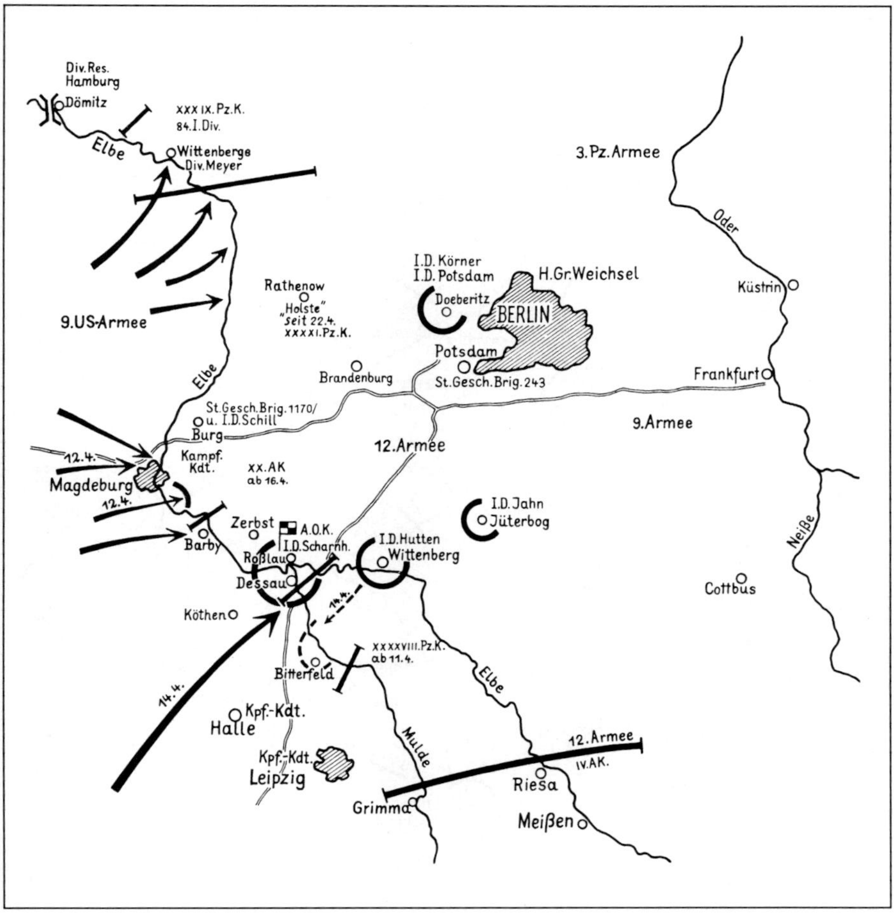

Skizze 1: Ausgangslage

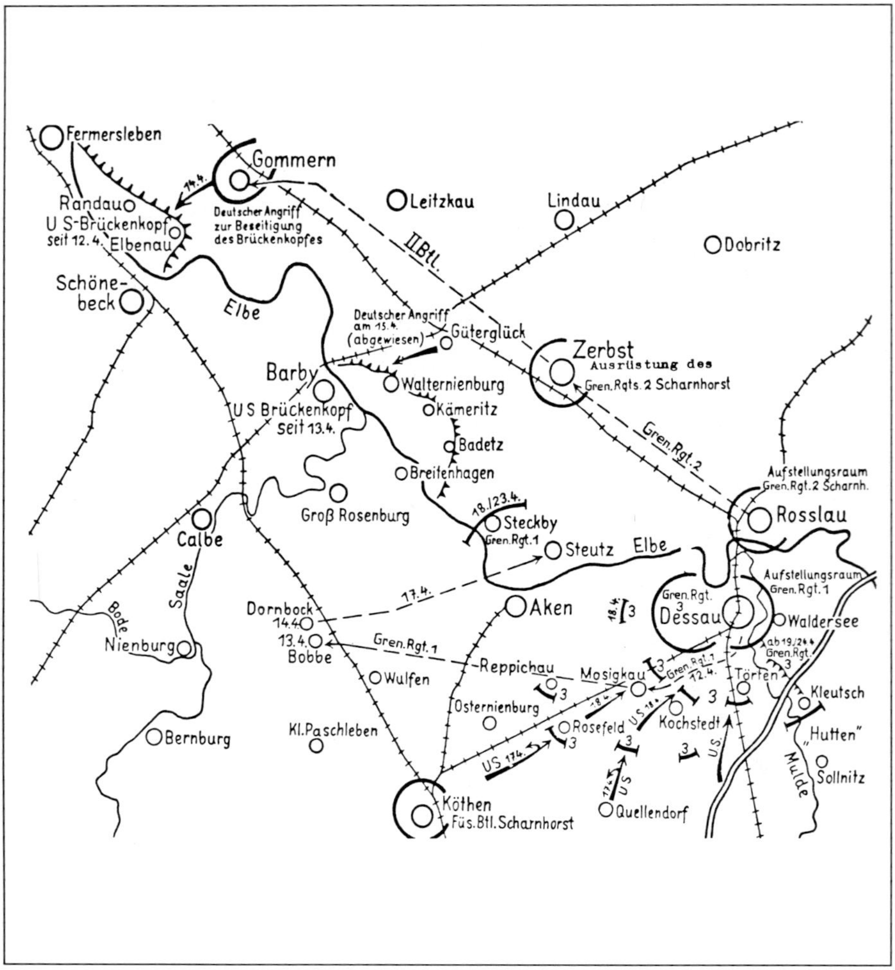

Skizze 1a: 1. Deutscher Angriff auf den US-Brückenkopf Schönebeck
2. Vergeblicher deutscher Angriff auf den US-Brückenkopf Barby
3. Die weiteren Abwehrkämpfe der I.D. Scharnhorst an Elbe und Mulde

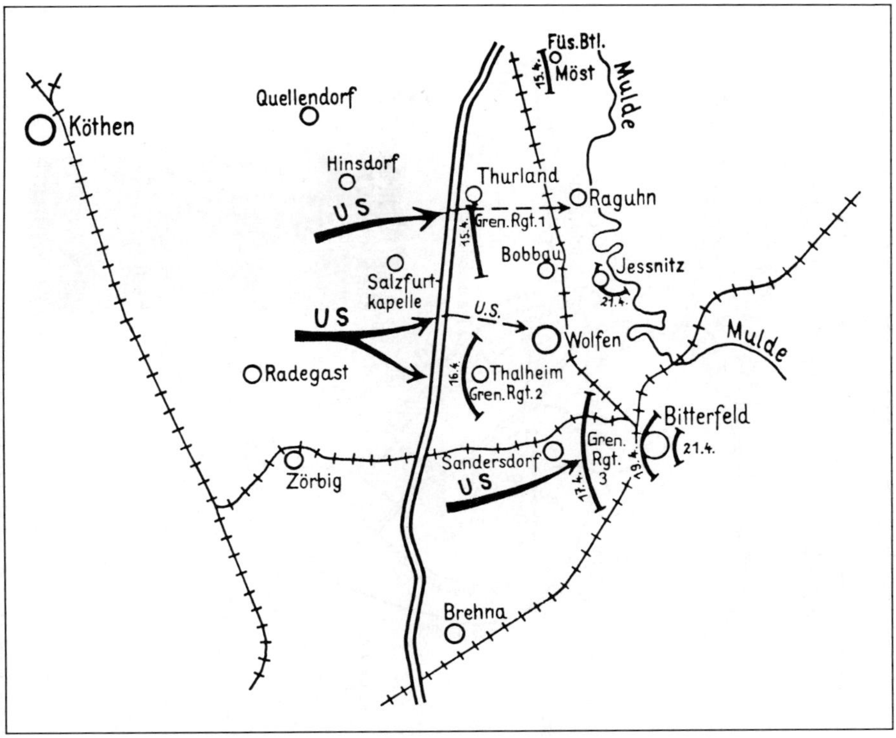

Skizze 1b: Die Kämpfe der I.D. Hutten gegen die Amerikaner vom 15.—22. April 1945

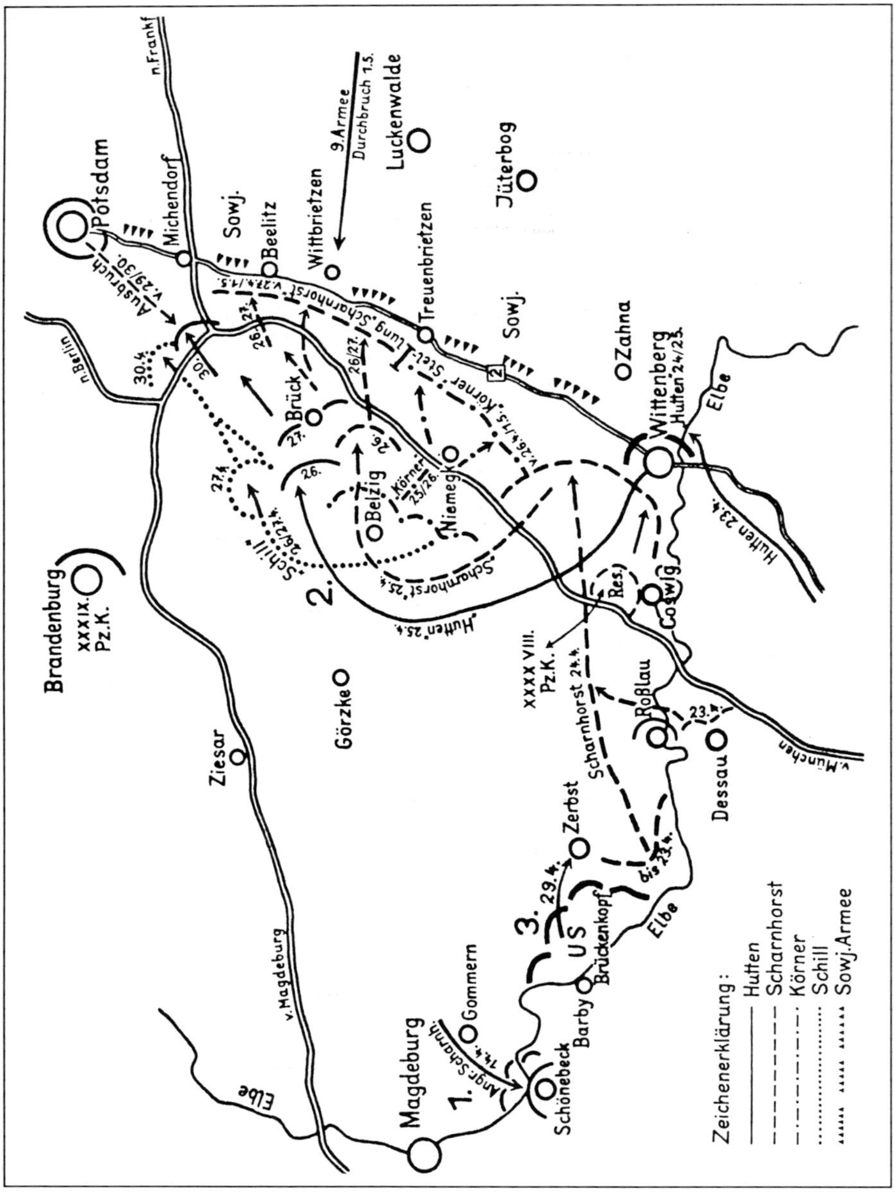

Skizze 2:
1. Die Beseitigung des Brückenkopfes Schönebeck
2. Die Umgruppierung und Bereitstellung zum Angriff nach Osten und seine Durchführung
3. Der US-Vorstoß auf Zerbst

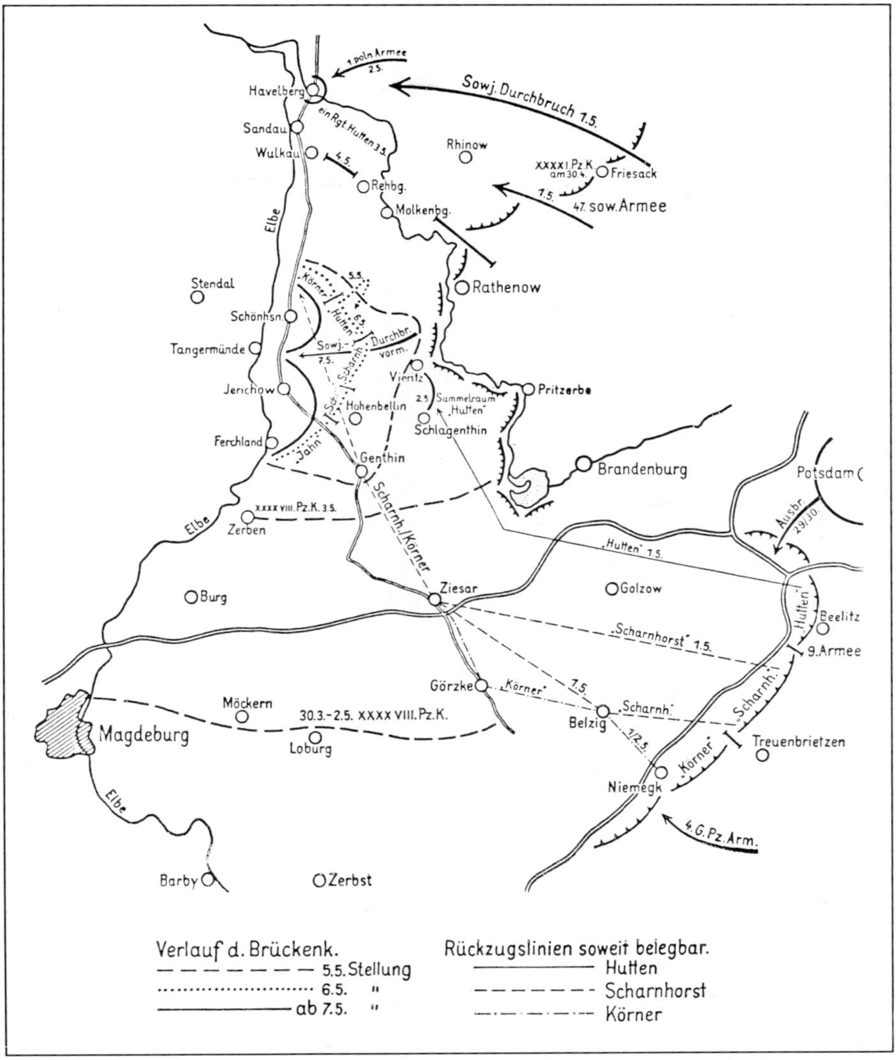

Skizze 3: 1. Der Rückzug der Armee auf den Elbbrückenkopf
2. Die Kämpfe um den Brückenkopf

Für die Skizzen 1, 2 und 3 dienten die Karten in: Reichhelm, Günter, MS-606 als Vorlage. Sie sind für die Zwecke dieses Buches vom Autor ergänzt worden.

Bildteil

General der Panzertruppen Walther Wenck
Oberbefehlshaber der 12. deutschen Armee

Oberst i.G. Günter Reichhelm
Chef des Generalstabs der 12. Armee

General der Kavallerie Carl-Erik Koehler
Kommandierender General des
XX. Armeekorps

Generalleutnant Karl Arndt
Kommandierender General des
XXXIX. Panzerkorps
(hier noch als Oberst)

General der Panzertruppen
Maximilian Reichsfreiherr von Edelsheim
Kommandierender General des
XXXXVIII. Panzerkorps

Oberst Gerhard Klein
Kommandeur der Infanteriedivision
»F. L. Jahn«

Oberst Franz Weller
Kommandeur der Infanteriedivision
»F. L. Jahn« vom 25. April bis 3. Mai 1945

Generalleutnant Bruno Frankewitz
Kommandeur der Infanteriedivision
»Th. Körner«

Generalleutnant Gerhard Engel
Kommandeur der Infanteriedivision
»U. v. Hutten« (hier noch als Oberst)

Generalleutnant Heinrich Götz
Kommandeur der Infanteriedivision
»Scharnhorst« (hier noch als Oberstleutnant)

Oberstleutnant Alfred Müller
Kommandeur der Infanteriedivision »Schill«

Oberst Friedrich von Hake
Kommandeur der Divisionsgruppe
von Hake

Oberst Erich Lorenz
Kommandeur der Infanteriedivision
»Potsdam«

Vereidigung der 1. Panzervernichtungsbrigade »Hitlerjugend« in Strausberg im April 1945 durch Reichsjugendführer Axmann und den Vertreter des Oberbefehlshaber des Ersatzheeres, SS-Obergruppenführer Berger. Rechts im Bild (v.r.) Oberbannführer Kern, Major Bodenig, AOK 9 (zweiter v.r.), Reichsjugendführer Axmann (dritter v.r. mit dem Rücken zum Betrachter). Links im Bild Obergebietsführer Dr. Schlünder (dritter v.l.), der später die Pichelsdorfer Brücken in Berlin-Spandau mit einer HJ-Kampfgruppe verteidigte.

Nach der Vereidigung der 1. Panzervernichtungsbrigade »Hitlerjugend«. Einmarsch in die Unterkünfte unter Vorantritt eines HJ-Musikzuges. Dahinter im Felddienstanzug eine Kompanie des IV. Bataillons der Brigade.

An der Vereidigung nahmen auch Eltern und Geschwister als Gäste des Verbandes teil.

April 1945 in Strausberg nach der Besichtigung einer Panzerjagdkompanie der 1. Panzervernichtungsbrigade »HJ«. Zweiter v.r. Stammführer Werner Zoch, Kommandeur des IV. Bataillons. Ganz rechts der Bataillonsadjutant, Obergefolgschaftsführer R. Nölting. Ganz links ein Kompanieführer, daneben (mit Hund) ein zur Brigade kommandierte Pionier-Leutnant.

Der Unterstaatssekretär im US-Kriegsministerium, Patterson, und der Oberbefehlshaber der 9. US-Armee, General Simpson, besuchen die von amerikanischen Einheiten errichtete Brücke bei Barby.

Panzer der 2. US-Panzerdivision beim Angriff auf Magdeburg.

Soldaten der 30. US-Infanteriedivision greifen Magdeburg an.

Im Raum Magdeburg gefangengenommene Angehörige der HJ werden von amerikanischen Soldaten verhört.

Amerikanische Panzer in Halle.

Das zerstörte Hydrierwerk bei Merseburg im April 1945.

Deutsche Verteidigungsstellungen im Raum Merseburg.

Aufgegebene deutsche Flak-Stellung im Industriegebiet von Merseburg.

Zerstörte deutsche Flak-Stellung bei Leipzig.

Gefallene deutsche Soldaten bei Leipzig.

Angreifende US-Infanteristen bei den Kämpfen um Leipzig.

Kurz nach Ende der Straßenkämpfe in Leipzig. Rechts brennt noch ein abgeschossener amerikanischer Panzer.

Amerikanische MG-Stellung bei den Kämpfen um das Stadtzentrum von Leipzig.

Amerikanischer Panzer in Leipzig.

Im Schutz eines Panzers gehen amerikanische Infanteristen in Leipzig vor.

Das Völkerschlachtdenkmal bei Leipzig unmittelbar nach Kampfende. Davor ein gefallener deutscher Soldat.

Ein Hauptmann aus dem Divisionsstab des Obersten von Gaudecker verhandelt mit Oberst McDaniel von der 29. US-Infanteriedivision über die Kapitulation der Division Gaudecker vor den Amerikanern.

Soldaten der Division Gaudecker, die das Westufer der Elbe schwimmend zu erreichen suchen, werden von amerikanischen Sturmbooten aufgenommen.

Gefangenensammelplatz der 29. US-Infanteriedivision für Angehörige der Division Gaudecker.

Die deutsche Delegation auf dem Weg zu den Verhandlungen mit den Amerikanern im Rathaus von Stendal über die Kapitulation der 12. Armee. Von links nach rechts: Major Kandutsch als Dolmetscher, Oberstleutnant i.G. Seidel, der persönliche Generalstabsoffizier General Wencks, Obergefreiter Kiem als Fahrer und General der Panzertruppen Reichsfreiherr von Edelsheim als Verhandlungsführer.

Die deutsche Verhandlungsdelegation im Rathaus von Stendal. Von links nach rechts: ein amerikanischer Offizier, Major Kandutsch, Obergefreiter Kiem, Oberstleutnant i.G. Seidel und General der Panzertruppen Reichsfreiherr von Edelsheim.

Die Kapitulationsgespräche im Rathaus von Stendal.

General von Edelsheim nach Beendigung der Übergabegespräche mit den Amerikanern: »Das war der schwerste Tag in meinem Leben.«

Am westlichen Elbufer: General von Edelsheim im Gespräch mit einer Flüchtlingsfrau.

Die deutsche Delegation im Schwimmwagen auf dem Rückweg zum Ostufer der Elbe. Im Hintergrund die gesprengte Eisenbahnbrücke bei Tangermünde.

Pioniere der 84. US-Infanteriedivision setzten am 5. Mai 1945 nördlich von Werben deutsche Soldaten und Zivilisten an das Westufer der Elbe über.

Die gesprengte Eisenbahnbrücke bei Tangermünde.

Der Übergang von Verbänden der 12. Armee über die Elbe bei Tangermünde. Die gesprengte Eisenbahnbrücke war durch Behelfsstege begehbar gemacht worden.

Die deutschen Verbände übergeben auf dem Westufer der Elbe ihre Waffen an die Amerikaner.

Amerikanische Gefangenensammelstelle auf dem westlichen Elbufer.

Soldaten der 12. Armee westlich der Elbe auf dem Marsch ins Gefangenenlager.

Flüchtlingsschicksal an der Elbe.

Anhang

1. Dokumente
2. Stellenbesetzungen
3. Gefechtsstände
4. Abkürzungsverzeichnis

1. Dokumente

Dok. Nr. 1	Unterrichtung General Wencks über den Zustand von Divisionen der 12. Armee durch Gen.Lt Winter, Stellv. Chef WFStab, v. 7.4. 1945
Dok. Nr. 2	Mitteilung von der H.Gr. Weichsel über die Kehrtwendung der 12. Armee vom Amerikaner gegen den Russen vom 23. April 1945.
Dok. Nr. 3	Mitteilung des Marinenachrichtendienstes über die Gesamtlage vom 25. April 1945.
Dok. Nr. 4	Funkspruch AOK 9 an H.Gr. Weichsel vom 25. April 1945 über Antreten zum Durchbruch und zur Vereinigung mit 12. Armee.
Dok. Nr. 5	Schreiben des Kdr. Gen. XX. A.K., Gen.d.Kav. Koehler, an den Kdr. der 83. US-Inf.Div v. 26. April 1945.
Dok. Nr. 6	Gesprächsbruchstücke zwischen Ia und OB vom 27. April 1945.
Dok. Nr. 7	Fernschr. Keitels an H.Gr. Weichsel, 9. u. 12. Armee v. 27.4.1945.
Dok. Nr. 8	Lageorientierung 12. Armee vom 28. April 1945.
Dok. Nr. 9	Durchstoßbefehl nach Westen für 9. Armee durch Jodl v. 28.4.1945.
Dok. Nr. 10	Fernschreiben Jodls an 12. Armee vom 28. April 1945.
Dok. Nr. 11	Funkspruch Keitels an AOK 12 vom 29. April 1945.
Dok. Nr. 12	Fernschriftl. Anfrage Hitlers an Jodl über Lage Wenck, 9. Armee und Gruppe Holste.
Dok. Nr. 13	Befehl des Chefs des Oberkommandos der Wehrmacht an alle Kommandeure der Nordfront der H.Gr. Weichsel vom 30. April 1945.
Dok. Nr. 14	FRR-Funkspruch Keitels an Gen.Lt. Winter, Führ.Stab B, v. 30.4.1945.
Dok. Nr. 15	Funkspruch Keitels an die Reichskanzlei vom 30. April 1945 als Antwort auf die Anfrage Hitlers gem. Dok. Nr. 12.
Dok. Nr. 16	Funkspruch Jodls an AOK 12 und H.Gr. Weichsel vom 30. April 1945.
Dok. Nr. 17	Auszug aus dem Soldbuch des Majors Anton Siebert, Kommandeur des Gren.Rgt. 2 der I.D. Hutten, mit der Verleihung des Deutschen Kreuzes in Gold. Sieber erhielt die Auszeichnung für die Abriegelung des sowjetischen Einbruchs bei Havelberg am 3. Mai 1945. Die Ordenseintragung konnte mangels eines Dienstsiegels nicht mehr gesiegelt werden.
Dok. Nr. 18	Memorandum des Chefs des Stabes der 9. US-Armee, Generalmajor James E. Moore, für den OB der Armee, General Simpson, über die Kapitulationsgespräche mit General von Edelsheim.
Dok. Nr. 19	Meldung des Oberleutnant Porst, Pi.Rgt.Stab 517, beim Generalkommando XX. Armeekorps über Verzögerungen beim Abtransport der Verwundeten aus dem Lazarett Beelitz v. 29.4.1945.

Dok. Nr. 1

Unterrichtung General Wencks über den Zustand von Divisionen der 12. Armee durch Gen.Lt. Winter, Stellv. Chef WFStab, vom 7. April 1945.

7.April 1945.

Generalleutnant A.Winter.

<u>2 Ausfertigungen</u>

2.Ausfertigung.

Geheime Kommandosache.

Lieber Wenck!

Zu Ihrer persönlichen Unterrichtung einige Worte über Ihre künftige Armee:

Sie wissen, daß ich nur ein Bestreben kenne, die Befehle des Führers in jeder Beziehung nach bestem Können durchzuführen. Ich zweifle nicht daran, daß es Ihrer Tatkraft gelingen wird, aus den neuen Verbänden herauszuholen, was überhaupt möglich ist.

Ich halte mich aber für verpflichtet, Ihnen einige Daten zu geben, die Ihnen die realen Grundlagen des Instruments vermitteln sollen, über das Sie verfügen werden:

1) Die drei Führer-Nachwuchs-Divisionen werden im großen und ganzen am 8.4. abends stehen können. Ihre Zusammensetzung besteht aus rund 18 000 Fahnenjunkern der Infanterie und etwa 3 000 Fahnenjunkern der Artillerie, außerdem aus Stämmen und Trossen zerschlagener, aber bewährter West-Divisionen. Das "Menschenmaterial", um diesen häßlichen Ausdruck zu gebrauchen, ist also zweifellos sehr gut. Ich muß jedoch feststellen, daß es natürlich zusammengeschweißt ist und somit die Führungsgrundlagen (taktische und Versorgungsführung, Kampftechnik) lückenhaft sein werden.

- 2 -

- 2 - 129

2) Der Kampfwert der drei RAD-Divisionen wird wesentlich geringer sein. Sie setzen sich zusammen aus insgesamt 7 - 8 ooo ehemaligen Angehörigen des RAD, die mit geringen Ausnahmen noch keine MG-Ausbildung gehabt haben, also praktisch nur über eine infanteristische Grundausbildung verfügen. Die sogenannten Unterführer sind, wie mir gemeldet wird, fast durchweg noch nicht im Felde gewesen, verfügen also über keine Kampferfahrung. Die Divisionen erhalten ferner etwa 8 ooo Rekruten, die auch lediglich die infanteristische Grundausbildung (ohne le.M.G. und schwere Waffen) des RAD durchgemacht haben.

Die am 6.4. von Obergruppenführer Jüttner genannten Aufstellungs-Endtermine: 2 Divisionen am 9.4. und eine Division am 13.4. werden nach der mir gewordenen Meldung ~~nicht~~ kaum eingehalten werden können. Ich rechne damit, daß die ersten beiden RAD-Divisionen tatsächlich am 15.4. fertig sein werden, die dritte am 13.4. personell, materiell jedoch erst mehrere Tage später.

3) SS-Division "Nibelungen" (aus der SS-Junkerschule Bad Tölz mit 1 ooo Junkern, aufgefüllt mit etwa 8 ooo Rekruten aus Jahrgang 1928), wird am 15.4. fertig, ist dann aber nach meinen Begriffen noch nicht einsatzfähig, da die Rekruten ~~jeglicher~~ Ausbildung entbehren. Allerdings bringen diese Rekruten aus den Wehrertüchtigungslagern eine gewisse Grundlage mit.

4) Die Ausstattung der Divisionen ist auch auf dem Gebiet des allgemeinen Heeresgeräts beschränkt. So erhalten z.B. die Divisionen keine Feldküchen, sondern nur eine Behelfsausrüstung mit Kochkisten, soweit nicht der RAD aus uns bisher nicht zugänglichen Beständen eine bessere Ausrüstung für seine drei Divisionen doch noch beibringt. Über diese Lücke kann vielleicht die vom Führer angeordnete Gepäckbeschränkung und weitgehende Ausstattung mit Konzentrat-Verpflegung während der ersten Phase der ihnen befohlenen Operationen hinweghelfen.

- 3 -

130

- 3 -

Ich halte es für richtig, daß Sie über diese durch Willenskraft allein nicht zu beseitigenden Tatsachen Bescheid wissen, damit Sie Ihre Planungen von vornherein auf richtige Grundlagen aufbauen.

Wir sind uns beide darüber klar, daß es unsere Aufgabe ist, unabhängig von diesen genannten Daten alles daran zu setzen, den vorwärtstreibenden Willen des Führers nicht zu enttäuschen.

Heil Hitler!

Ihr getreuer

Dok. Nr. 2

Mitteilung von der H.Gr.Weichsel über die Kehrtwendung der 12. Armee vom Amerikaner gegen den Russen vom 23. April 1945.

Der Stabsoffizier
für Propaganda-Einsatz
bei H.Gr.Weichsel

Sofort vorlegen!

Nachrichtendienst 2

Von der Front in Berlin.

Berlin, 23.4.45
22 Uhr

Die Elb-Armee greift ein.

Die von der Elbe her angreifende deutsche Armee hat Treuenbrietzen zurückgenommen und Beelitz erreicht. Die Sowjets, die auf Lichterfelde und Lankwitz drückten, haben unter dem Eindruck dieser Operationen ihre vorgeprellten Spitzen ohne Gefechtsberührung zurückgenommen .

Schwere Kämpfe in den nördlichen Stadtteilen Berlins.

In den nördlichen Teilen der Reichshauptstadt sind erbitterte Kämpfe mit den Bolschewisten im Gange. Besonders umkämpft sind die Stadtteile Friedrichshain, die Gegend um den Gesundbrunnen und am Schlesischen Bahnhof.

Nur zur Information, nicht zur Veröffentlichung.

Die auf Befehl des Führers zum Kampf gegen den Bolschewismus von der West-Front abgerufene Elb-Armee löste sich ohne Behinderung durch die Amerikaner aus ihren bisherigen Stellungen. Diese Meldung hat bei der Auslandspresse in den heutigen Abendstunden einen sensationellen Eindruck hervorgerufen.

Dok. Nr. 3
Mitteilung des Marinenachrichtendienstes über die Gesamtlage vom 25. April 1945.

8403 **Marinenachrichtendienst** **61**

Eingegangen	Weiter an	Tag	Uhrzeit	Rolle	durch	
	1.	25.4.	Eingang		0745	1583/23/
	2.					
von durch	3. MBG	25/4	1450			Grau 1
Verzögerungsvermerk	4.					
	5.					

Fernschreiben von Wildente Nr. 5 Offizier

Chefsache! Nur durch Offizier!

Chefsache! Nur durch Offizier!

KR Blitz

Ob.d.M /1/Skl

Zur Lage:

1)OB 12.Armee General Wenk Befehl erhalten Masse seiner Kräfte unter Sicherung der Elbelienie nunmehr gegen von Osten vordringenden Russen zu werfen.Hierzu Bildung starker Angriffsgruppe aus 3 Divisionen mit allen sonstigen entbehrlichen Kräften. Auftrag Angriff in Flanke des von Süden gegen Berlin vorstoßenden Gegners. Gruppe "Decker" wird zurückgenommen mit Ziel Verbindung aufnOstufer Elbe. Havelfront nördlich Spandau wird aus Kräften Gruppe "Holste" verstärkt. An Muldefront sollen nur Sicherungen bleiben. Auch Masse röm. 48. Panzerkorps auf Ostufer Elbe wird unter Inkaufnahme Risiko Angriffs Westgegner gegen Russen eingesetzt.

2)Eigene Angriffsabsichten im Raum Bautzen von Feldmarschall "Schörner" günstig beurteilt. Da Kräfte zum Schließen Lücke südlich Cottbus nicht ausreichen, vom Führer Ausweichen 9.Armee in Linie Cottbus-Peitz -Beeskow, notfalls auch bis südlich Lübbenau-Schwieloch genehmigt.

3)Ungünstige Lageentwicklung im Süden. Bei 1.Armee Gegner aus Dinkelbühl nach Süden durchgebrochen. Donau bei Dillingen erreicht. Weitere Gruppe aus Raum Göppingen Donau bei Ehingen erreicht. Franzosen vor 19.Armee in 2 Gruppen nach Süden durchgebrochen. Ostwärtige Gruppe hart nordwestlich Bodensee, westliche bei Blumegg dicht an Schweizer Grenze. Beide Armeen Befehl in starken Kampfgruppen Angriffe gegen Flanke und Rücken des Feindes.

Eingegangen am 25. IV. 45
1/Skl ... Nr. 887
mit — Anl.

OKW Wfstab Op (Kpt.z.See Assmann) Chefsache

Chef Skl vorlegen!

2.) + 1/Skl vorlegen!

3.) ... 26.

4.) ...

Dok. Nr. 4
Funkspruch AOK 9 an H.Gr.Weichsel vom 25. April 1945
über Antreten zum Durchbruch und zur Vereinigung mit 12. Armee.

Ia:

1362 299

Nachr. Stelle: HR IX/SS

Funkspruch Nr. 538
Vermerke: QEM.
Aufgenommen 25.4. 1720 Uhr.
Abgang: 25.4. 1630 Uhr.

25/4.

KR

An: H.Gr.Weichsel. Von: A.O.K. 9

Zur Durchbruchsrichtung Mitte Maerk. Buchholz Luckenwalde erfolgversprechend angesetzt. Und Vereinigung Wenk Gebiet Luckenwalde erstrebt.

Busse, Gen.d.Inf.

F.d.R.:

160 Buchstaben/ Entschl. 1758 Uhr.

Dok. Nr. 5
Schreiben des Kdr. Gen. XX. A.K., Gen.d.Kav. Koehler, an den Kdr. der 83. US-Inf.Div. v. 26. April 1945.

Der Kommandierende General
eines Deutschen Armeekorps

s-Gefechtsstand, den 26.4.1945

1.) Im Raum Wiesenburg - Belzig befinden sich in deutschen Lazaretten etwa 6 000 schwerverwundete deutsche Soldaten ausschließlich der Ostfront. Die Verwundungen dieser bereits ärztlich versorgten Soldaten sind derartig schwer, daß eine Wiederherstellung zum Kampfeinsatz nicht mehr möglich ist. (Arm- und Beinamputationen, Verlust eines oder beider Augen undsoweiter.)

In Anbetracht der trotz des erbitterten Kampfes der amerikanischen Nation und des britischen Königreiches gegen das Großdeutsche Reich auf beiden Seiten in loyalster Weise eingehaltenen Bestimmungen der Genfer Konvention und in Anbetracht der Tatsache, daß in den von Rußland eroberten Gebieten alle verwundeten deutschen Soldaten, die weder zu einem Kriegs- noch einem Arbeitseinsatz verwendbar sind, erschlagen werden, hat der Kommandierende General folgende Bitte:

a) Übergabe der im genannten Raum liegenden Verwundeten durch einen Arzt des deutschen Heeres und Schwestern des Deutschen Roten Kreuzes an den Befehlshaber des USA-Heeres im Raum Barby oder Magdeburg.

b) Zuführung der verwundeten deutschen Soldaten in deutsche Lazarette im von den Truppen des USA-Heeres besetzten Gebiet des Deutschen Reiches durch Einrichtungen des Deutschen Roten Kreuzes unter Anwendung der Bestimmungen der Genfer Konvention und Übergabe zur Pflege an die deutsche Zivilbevölkerung.

2.) Auf dem Truppenübungsplatz Altengrabow befinden sich 1500 zum Arbeitseinsatz verpflichtete deutsche junge Frauen mit ihren Kindern und junge Mädchen.

In Anbetracht der Tatsache, daß deutsche Frauen, die russischen Truppen in die Hände fallen, in unmenschlicher Weise geschändet werden, wird gebeten, auch diesen Frauen mit ihren Kindern die Möglichkeit

-2-

-2-

zu geben, sich unter den Schutz des Internationalen Roten Kreuzes zu begeben, soweit es sich im Bereich der von den Anglo-amerikanischen Heeresverbänden besetzten reichsdeutschen Gebiete befindet.

Transportmöglichkeit westlich der Elbe besteht von Seiten des Kommandierenden Generals mit Rücksicht auf die Kampflage nicht.

Der Kommandierende General bittet um entsprechenden Vorschlag, wie und wo die Schwerverwundeten und Frauen zugeführt werden können. Er hat die besondere Bitte, die Maßnahmen beschleunigt durchzuführen, da die deutschem Truppen im genannten Raum in erbittertem Kampf mit Front nach Osten stehen.

Die in 1.) und 2.) ausgesprochenen Bitten werden in völligem Einverständnis mit dem Oberbefehlshaber der im hiesigen Bereich kämpfenden deutschen Armee gestellt.

Die Kampfhandlungen werden durch die nach den Bestimmungen der Genfer Konvention durchzuführende Übergabe nicht beeinflußt, mit Ausnahme eines für die Zeit der Übergabe örtlich festzulegenden, auf das engste zu beschränkenden Streifens, der in gegenseitigem Einvernehmen festzulegen wäre.

Koch[?]

General der Kavallerie

Dok. Nr. 6
Gesprächsbruchstücke zwischen Ia und OB vom 27. April 1945.

27.4. KTB 409

Gespräch Ob - Ia

Ia: Div. Scharnhorst steht mit der Angriffsspitze bei Elsburg südlich Beelitz, mit Teilen südwestlich Beelitz. Mit der Div. steht sie Heilstätte Beelitz (Stadtforst) Mit der 2.Gruppe Hutten Strassenkreuz nordwestlich davon und dann noch eine Gruppe bei Kargow? Es wird nachgeführt eine Brigade ...... Körner schirmt ab bei Treuenbrietzen.

Durchbruch bei Göritz (von Osten nach Westen über die Autobahn. Wittenberg schwere Häuserkämpfe, ging verloren. Die Kräfte zwischen Wittenberge und ..... sind westlich auf das Nordufer herübergezogen worden.

OB: Steiner will mit Div. 7 über ...... angreifen, weil er aus dem Brückenkopf nicht herauskommt. Das ist das Richtige. Steiner wartet auf Angriffsbefehl, muss erst mit Jodl geklärt werden.

Ia: Unbestätigte Meldung, dass feindliche Panzer in Beutzenburg und auf der Strasse Prenzlau ..... sind. Meldung wird nachgeprüft.

Dok. Nr. 7
Fernschreiben Keitels an H.Gr. Weichsel, 9. und 12. Armee vom 27. April 1945.

Chefsache! Geheime Kommandosache 136

WFSt/Op **Nur durch Offizier!** F.H.Qu., den 27. April 1945

6 Ausfertigungen

FRR - F e r n s c h r e i b e n 1.Ausfertigung

an

1) H.Gr. Weichsel
2) 9.Armee
3) 12.Armee

Die Schlacht um Berlin hat ihren Höhepunkt erreicht.

Nur wenn es rasch gelingt, 9. und 12.Armee zu vereinigen und sofort nach Norden vorzustürmen, und wenn das verstärkte Korps Steiner auf Tegel vorstürmt, kann die Schlacht um Berlin noch gerettet werden.

Der Führer in Berlin erwartet, daß die Armeen ihre Pflicht tun.

Die Geschichte und das deutsche Volk werden jeden verachten, der in dieser Lage nicht das Letzte einsetzt, um die Lage und den Führer zu retten.

gez. Keitel

OKW/WFSt/Op. Nr. 88 861/45 g.K.Chefs.

Chef WFSt	1.Ausf.	
Chef Fü.Gr.	2.Ausf.	
Op.(H)/Ia	3.Ausf.	
Op.(H)/Nordost	4.Ausf.	zgl.Fernschreiben
Chef Op.(H)	5.Ausf.	
Ktb.	6.Ausf.	

Dok. Nr. 8
Lageorientierung 12. Armee vom 28. April 1945.

Ia 395

L a g e o r i e n t i e r u n g 12.Armee

Die Zurücknahme eigener Truppen zwischen Mulde und Elbe auf das Nordufer ist bis auf örtlichen Brückenkopf Koswig planmässig durchgeführt. Der Amerikaner fühlte über Gräfenhainichen nach Norden bis Wörlitz vor.

Aus Wittenberg und nördlich davon angreifender Feind in Grieben und Pilzig eingedrungen. Beiderseits Gross Marzehn angreifender Feind hat den Raum ostwärts Göritz erreicht. Im Raum Niemeck starke Bereitstellungen. Der Druck auf unsere Front westlich Treuenbrietzen hält an.

Der Feind im Angriff auf breiter Front im Abschnitt Kotzen bis Linum mit Schwerpunkt bei Kotzen, das verloren ging, Pessin, Königshorst und Linum.

Von Norden konnte Feind in Potsdam eindringen.

In Berlin setzte der Feind seine konzentrischen Angriffe planmässig fort, ~~xxaxg~~ Nördlich der Heerstrasse ging Charlottenburg verloren, Kämpfe am Halleschen Tor und Bel-Alliance Platz.

Eigener Angriff drang mit rechtem Flügel weiter nach Osten vor, nahm Salzbronn und Elsholz. Um Beelitz harter Kampf. Nördlich davon stehen Spitzen der Div. Scharnhorst am Eisenbahnkreuz 6 km nördlich Beelitz. Angriffsspitzen der Div. Hutten haben Ferch genommen. Eigener Stoss entlang des Schwielowsee noch in der Nacht.

28.4.

Verteiler:
O B
Chef
Ia
O 1 zugl.f.Ktb.

Dok. Nr. 9
Durchstoßbefehl nach Westen für 9. Armee durch Jodl vom 28. April 1945.

Geh. Kommandosache

WFSt/Op (H)/Ia   F.H.Qu., den 28.April 1945. 122

5 Ausfertigungen
1 .Ausfertigung

An
1.) A.O.K. 9   (durch Funk)
2.) Heeresgruppe Weichsel
3.) A.O.K.12   (durch Fernschreiben)

12.Armee mit vordersten Teilen zurzeit in Linie Niemegk – Nichel – Reesdorf – Westrand Heilstätte Beelitz – Eisenbahnkreuz nördlich Beelitz – Ferch.

Entwicklung Lage Berlin fordert unverzüglich Durchstoss 9.Armee nach Westen – geschlossen oder in einzelnen Angriffsgruppen – zur Vereinigung noch kampffähiger Teile mit 12.Armee.

I.A.
gez. Jodl

OKW/WFSt/Op (H)/Ia Nr.00 3865/45 g.K.

Verteiler:

Chef WFSt	1.Ausf. vor/nach Abgang	
Chef Führungsgruppe	2.Ausf.	
Chef Op (H)	3.Ausf.	
Ia	4.Ausf.	
Op (H) West	5.Ausf.	zgl.Fernschreiben

Dok. Nr. 10
Fernschreiben Jodls an 12. Armee vom 28. April 1945.

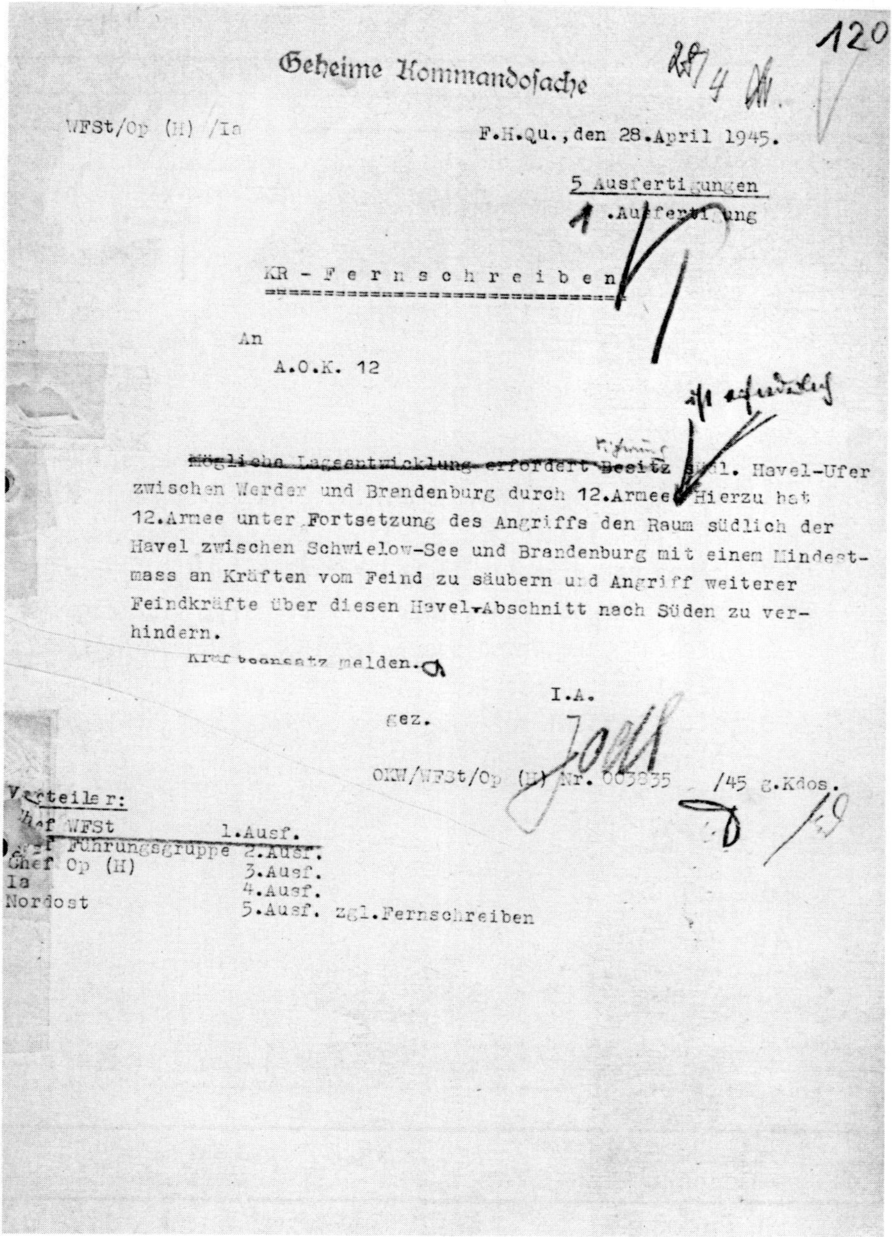

Geheime Kommandosache

WFSt/Op (H) /Ia F.H.Qu., den 28.April 1945.

5 Ausfertigungen
1 .Ausfertigung

KR - F e r n s c h r e i b e n

An
A.O.K. 12

~~Mögliche Lageentwicklung erfordert Besitz~~ südl. Havel-Ufer zwischen Werder und Brandenburg durch 12.Armee. Hierzu hat 12.Armee unter Fortsetzung des Angriffs den Raum südlich der Havel zwischen Schwielow-See und Brandenburg mit einem Mindestmass an Kräften vom Feind zu säubern und Angriff weiterer Feindkräfte über diesen Havel-Abschnitt nach Süden zu verhindern.

Kräfteeinsatz melden.

I.A.
gez. Jodl

OKW/WFSt/Op (H) Nr. 003335 /45 g.Kdos.

Verteiler:
Chef WFSt 1.Ausf.
~~Chef Führungsgruppe 2.Ausf.~~
Chef Op (H) 3.Ausf.
Ia 4.Ausf.
Nordost 5.Ausf. zgl.Fernschreiben

Dok. Nr. 11
Funkspruch Keitels an AOK 12 vom 29. April 1945.

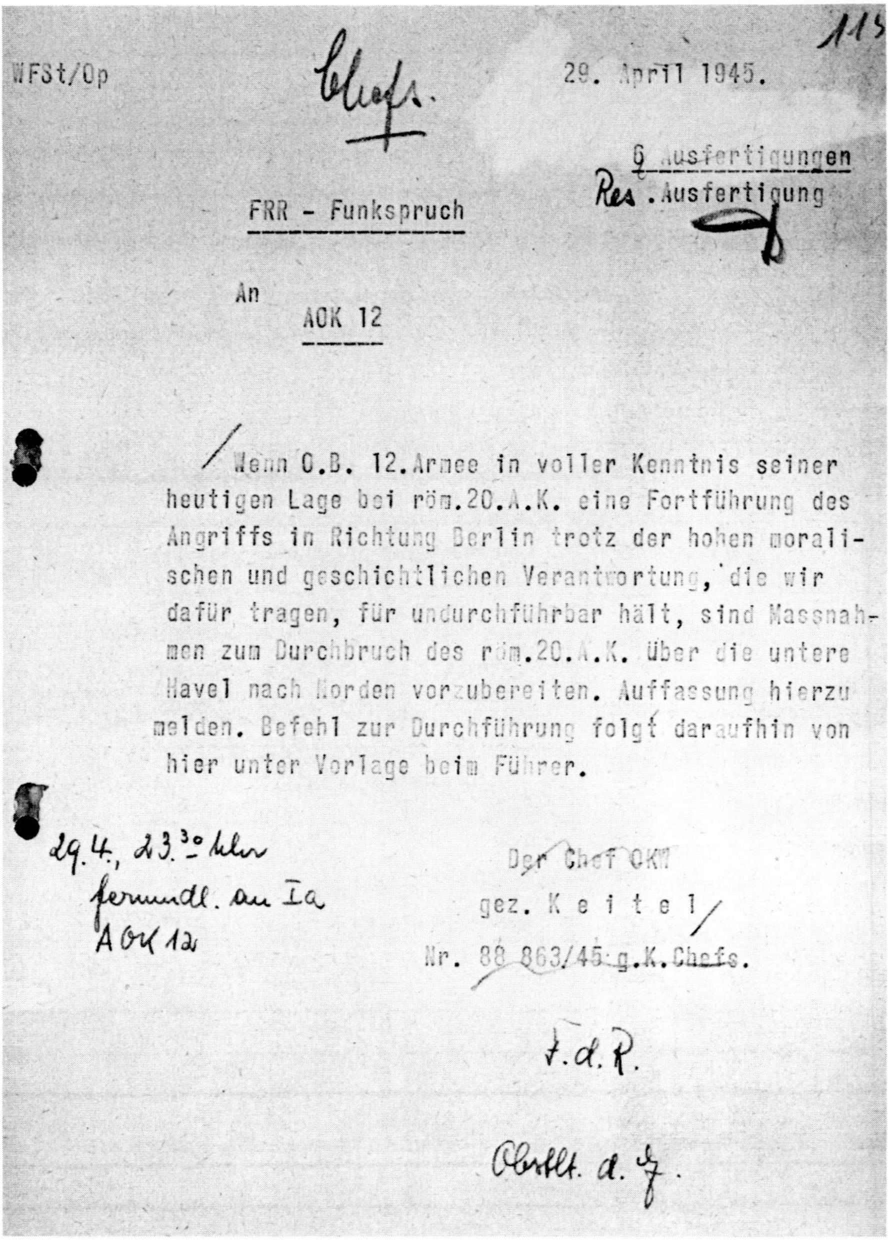

114

WFSt/Op

Chefs.

29. April 1945.

6 Ausfertigungen
Res. Ausfertigung

FRR - Funkspruch

An

AOK 12

Wenn O.B. 12.Armee in voller Kenntnis seiner heutigen Lage bei röm.20.A.K. eine Fortführung des Angriffs in Richtung Berlin trotz der hohen moralischen und geschichtlichen Verantwortung, die wir dafür tragen, für undurchführbar hält, sind Massnahmen zum Durchbruch des röm.20.A.K. über die untere Havel nach Norden vorzubereiten. Auffassung hierzu melden. Befehl zur Durchführung folgt daraufhin von hier unter Vorlage beim Führer.

29.4., 23.30 Uhr
fernmdl. an Ia
AOK 12

Der Chef OKW
gez. K e i t e l
Nr. 88 863/45 g.K.Chefs.

f.d.R.

Obstlt. d. G.

Dok. Nr. 12

Fernschriftl. Anfrage Hitlers an Jodl über Lage Wenck, 9. Armee und Gruppe Holste.

Fernschreibstelle 35

Fernschreibname Laufende Nr.

Angenommen / Aufgenommen

Datum: 29. 4. 1945

um: 2300 Uhr

von:

durch:

Befördert:

Datum: 19

um: Uhr

an:

durch:

Rolle: 29/4

29/4

Vermerke: KRF

Fernschreiben / Posttelegramm / Fernspruch von

Abgangstag | Abgangszeit

An Chef Wfst. Gen. Obst. Jodl

Vermerke für Beförderung (vom Aufgeber auszufüllen)

Bestimmungsort

1.) Wo Spitze Wenk ?

2.) Wann tritt er an ?

3.) Wo 9. Armee ?

4.) Wo Gruppe Holste ?

5.) Wann tritt er an ?

Gez: Adolf Hitler

Nicht zu übermitteln:

Unterschrift des Aufgebers

Fernsprech-Anschluß des Aufgebers

Wilhelm Ellers jr., Bielefeld

Dieser Teil wird von der Fernschreibstelle ausgefüllt.

Heftrand

Dok. Nr. 13
Befehl des Chefs des Oberkommandos der Wehrmacht an alle Kommandeure der Nordfront der H.Gr. Weichsel vom 30. April 1945.

90

Der Chef — 30. April 1945

des Oberkommandos der Wehrmacht

30/4

Befehl

an alle Kommandeure der Nordfront der H.Gr.Weichsel

Unsere Gesamtlage zwischen Brandenburg und der Ostsee erfordert, dass die Front unter Ausnutzung der mecklenburgischen Seengebiete unter allen Umständen zum Stehen gebracht wird.

Die 12.Armee (Gen.d.Pz.Tr. W e n c k) mit seinen hervorragenden Divisionen kann nur dann aus dem Raum Potsdam - Beelitz - Brandenburg gerettet werden, und damit einen starken Zuwachs an Kampfkraft bringen, wenn ihr noch die Zeit erkämpft wird, nach Nordwesten über die Linie Neuruppin - Kyritz - Havelberg a.d.Elbe durchzubrechen.

Es ist ein Gebot des kameradscha-ftlichen Anstandes und eine Garantie für die wesentliche Verstärkung der Heeresgruppenfront, wenn ihr Nordflügel durch Frontmachen den Feind endlich wieder zum Stehen bringt. Die Linie Waren - Malchin - Demmin - Greifswald ist unter Ausnutzung der Seen und Flussabschnitte die letzte Stellung, die das Schicksal des Südflügels

- 2 -

- 2 -

der Heeresgruppe und der ihr unterstellten 12. Armee vor der Vernichtung bewahren kann.

Ich appelliere persönlich und eindringlichst an das Gewissen und an das Ehrgefühl aller Kommandeure, in dieser Lage ihre kameradschaftliche Pflicht zu erfüllen.

Heil dem Führer !

Generalfeldmarschall.

Dok.Nr. 14

FRR-Funkspruch Keitels an Gen.Lt. Winter, Führungsstab B, vom 30. April 1945.

WFSt/Op 30. April 1945.

Nr.88 868/45 g.K.Chefs.

3 Ausfertigungen

2.Ausfertigung

FRR - F u n k s p r u c h

an

Generalleutnant W i n t e r

Führungsstab B

Entsatzversuche Berlins gescheitert. Stadtkern eng umschlossen im Endkampf. Armee Wenck soll sich ostwärts Elbe zur H.Gr.Weichsel, 9.Armee über Treuenbrietzen durchschlagen.

Absicht Raum Nord:

Alle Kräfte zwischen Elbmündung - Havelberg - Rostock zusammenschliessen und Verbindung mit Dänemark aufrechterhalten. Dieses nur zur persönlichen Kenntnis. Nicht weitergeben.

Auftrag für Raum Süd:

Zusammenschluss aller Fronten in grossem Ring herstellen und erhalten mit Schwerpunkt im Osten, um möglichst viel Raum vor dem Bolschewismus zu retten. H.Gr.Süd der H.Gr.Mitte unterstellen. Wenn keine Verbindung mit hier selbständige Entscheidungen über ganzen Südraum treffen. Kampf um politischen Zeitgewinn muss fortgesetzt, jeder Versuch einer politischen oder militärischen Auflösung

- 2 -

\- 2 -

mit rücksichtsloser Gewalt niedergeschlagen werden. Nur dadurch kännen wir dem Volke Hilfe und Rettung vor der Anarchie bringen.

OKW mit Himmler, Dönitz, Greim in enger Verbindung. Reichskanzlei durch Funk noch zu erreichen.

Krebs

Dok. Nr. 15

Funkspruch Keitels an die Reichskanzlei vom 30. April 1945 als Antwort auf die Anfrage Hitlers gem. Dok. Nr. 12.

Chefs. 30.4. 2[57] abgeschl.

WFSt/Op
Nr. 88 868/45 g.K.Chefs.

30. 4. 1945.
01.00 Uhr

30/4 Kw.

2 Ausfertigungen
1. Ausfertigung

F u n k s p r u c h

An

Reichskanzlei

Zu: Funkspruch Führer vom 29.4., 23.00 Uhr, an Chef WFSt

Zu 1.): Spitze Wenck liegt ~~nördlich Beelitz~~ südl. Schwielow See fest.
Starke Sowjetangriffe in gesamter Ostflanke.

Zu 2.): 12. Armee kann daher Angriff auf Berlin nicht fortsetzen.

Zu 3.): 9. Armee mit Masse eingeschlossen. Gepanzerte Gruppe nach Westen durchgebrochen. Verbleib nicht gemeldet.

Zu 4.): Korps Holste von Brandenburg über Rathenow nach Kremmen in die Abwehr gedrängt.

- 2 -

- 2 -

. . .

Angriffe auf Berlin an keiner Stelle mehr fortgeschritten, nachdem auch gesamte Heeresgruppe Weichsel von nördlich Oranienburg über Brandenburg bis Anklam in schwerem Abwehrkampf.

Ich habe durch Frontbesuche Tag und Nacht mit meinen Offizieren das Äusserste aufgeboten, Bedeutung der Aufgabe klar machte und letzte Hingabe durchsetzte, die auch an allen Stellen gezeigt wurde.

Keitel

Verteiler:

Chef WFSt = 1. Ausf.

Chef OP(H) = 2. "

Dok. Nr. 16
Fernspruch Jodls an AOK 12 und H.Gr. Weichsel vom 30. April 1945.

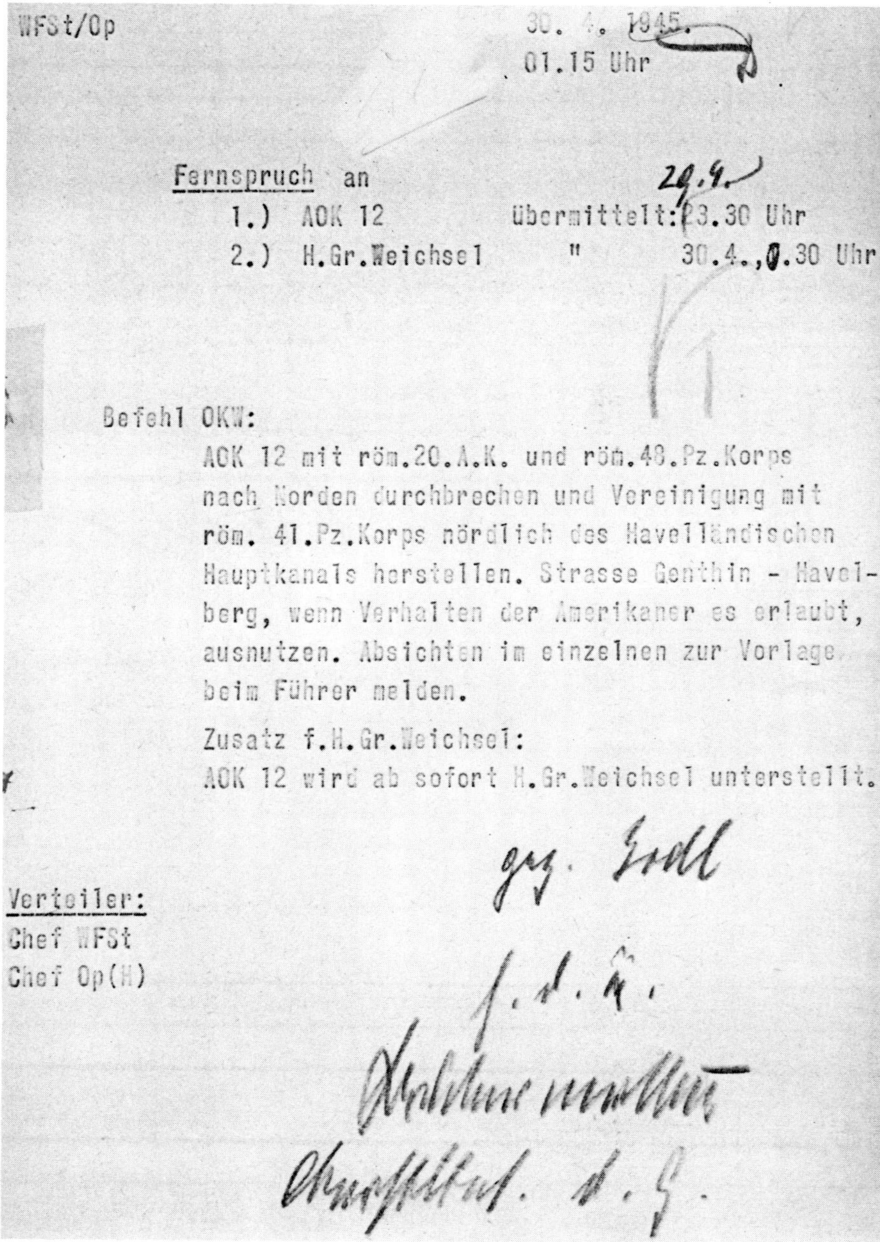

WFSt/Op 30. 4. 1945.
01.15 Uhr

Fernspruch an
1.) AOK 12 übermittelt: 29.4. 23.30 Uhr
2.) H.Gr.Weichsel " 30.4., 0.30 Uhr

Befehl OKW:
AOK 12 mit röm.20.A.K. und röm.48.Pz.Korps nach Norden durchbrechen und Vereinigung mit röm. 41.Pz.Korps nördlich des Havelländischen Hauptkanals herstellen. Strasse Genthin - Havelberg, wenn Verhalten der Amerikaner es erlaubt, ausnutzen. Absichten im einzelnen zur Vorlage beim Führer melden.

Zusatz f.H.Gr.Weichsel:
AOK 12 wird ab sofort H.Gr.Weichsel unterstellt.

gez. Jodl

Verteiler:
Chef WFSt
Chef Op(H)

f.d.R.
[illegible]
[illegible]

Dok. Nr. 17
Auszug aus dem Soldbuch des Majors Anton Siebert, Kommandeur des Gren.Rgt. 2 der I.D. Hutten, mit der Verleihung des Deutschen Kreuzes in Gold. Sieber erhielt die Auszeichnung für die Abriegelung des sowjetischen Einbruchs bei Havelberg am 3. Mai 1945. Die Ordenseintragung konnte mangels eines Dienstsiegels nicht mehr gesiegelt werden.

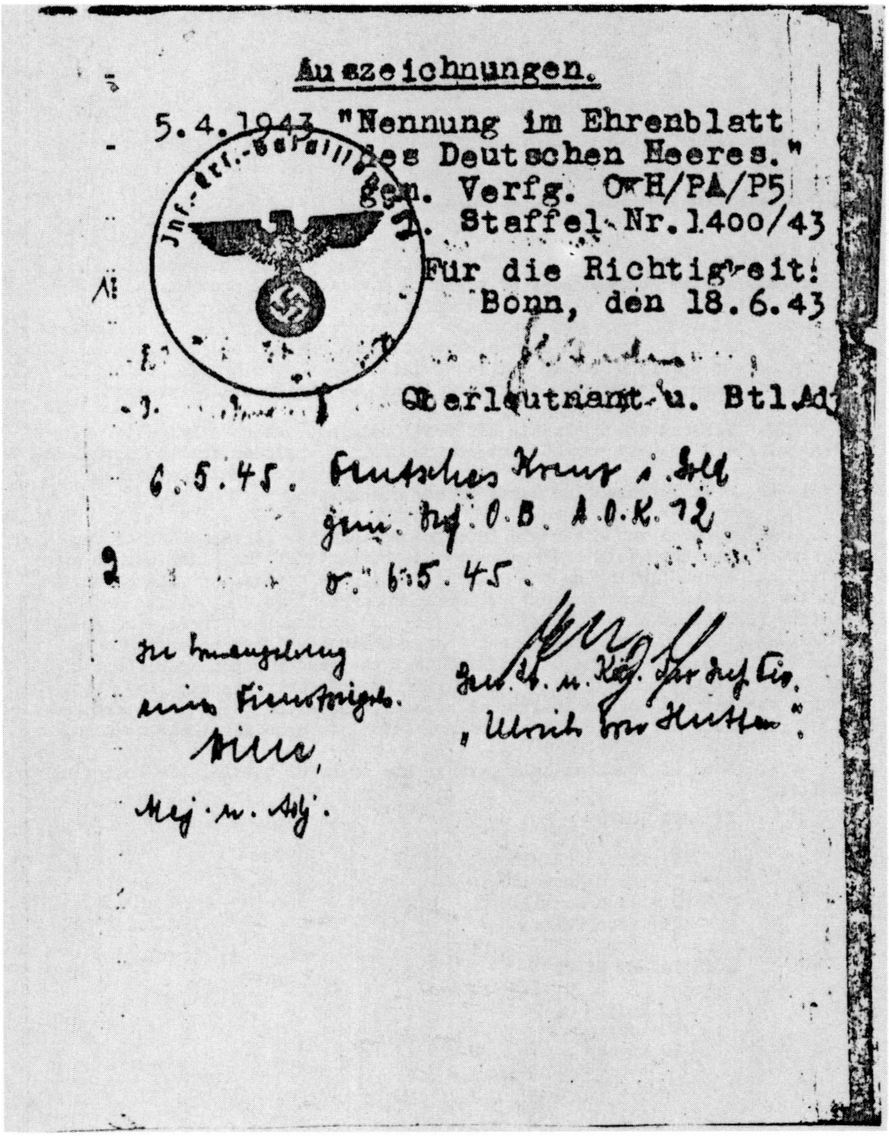

Auszeichnungen.

5.4.1943 "Nennung im Ehrenblatt des Deutschen Heeres."
gem. Verfg. OKH/PA/P5
1. Staffel Nr.1400/43

Für die Richtigkeit:
Bonn, den 18.6.43

Oberleutnant u. Btl.Adj.

6.5.45. Deutsches Kreuz i. Gold
gem. Vfg. O.B. A.O.K. 12
v. 6.5.45.

In Ermangelung
eines Dienstsiegels.
Maj. u. Adj.

Gen.Lt. u. Kdr. der Inf.Div.
„Ulrich von Hutten".

Dok. Nr. 18
Memorandum des Chefs des Stabes der 9. US-Armee, Generalmajor James E. Moore, für den OB der Armee, General Simpson, über die Kapitulationsgespräche mit General von Edelsheim.

HEADQUARTERS NINTH UNITED STATES ARMY
APO 339, U. S. Army

7 MAY 1945

MEMORANDUM FOR THE COMMANDING GENERAL.

1. On 4 May 1945, in compliance with your verbal instructions, I proceeded to the Command Post of the 102d Division and, accompanied by Major General Keating, Division Commander, and Brigadier General Fox, Assistant Division Commander, I went to Stendal for the purpose of interviewing General of the Armored Forces Baron von Edelsheim, representing the Commander-in-Chief of German armies at the Elbe and the Havel. Colonel Loren Williams, Regimental Commander in that sector, was also present.

2. General von Edelsheim had previously presented to Brigadier General Fox a request on the part of the German Commander for the surrender of his forces and evacuation of civilians as indicated on the attached inclosure. This formed the basis of our discussion.

3. General von Edelsheim informed me that the forces which he represented were the Twelfth German Army and remnants of the Ninth German Army which had been fighting on the Eastern Front. He stated that the strength of the force was approximately 25,000 unarmed soldiers, 40,000 men in battle formations and 6,000 wounded. He also stated that there were approximately 100,000 civilians in the area which he wished to evacuate to the west bank of the Elbe. He stated that they had a considerable amount of transport and about a week's supply of food in army stores, plus that which was carried on the individual soldier. He also stated that they had adequate field hospitals and medical personnel to care for their wounded.

4. General von Edelsheim gave as his order of battle, the following units:

XX ARMY CORPS

Division Scharnhorst
Division Koenei
Division Schill
Division Hulten

48TH PANZER CORPS

KG Radtke
KG Koehler
KG Rugner

- 1 -

Memorandum for the Commanding General (Cont'd) 7 May 1945

MISCELLANEOUS CORPS UNITS:

39th PANZER CORPS

Division Berlin
KG Brandenburg
KG Ratenow

41st PANZER CORPS

KG Havelberg
KG Jahn

NINTH ARMY REMNANTS OF 2 DIVISIONS

5. General von Edelsheim stated that his army had been directed to move to the north and they had started the movement of their service elements, but the Russian drive which made contact with our left flank, had cut off the combat elements of the army from the service troops. He stated that the prisoners (company patrols from the 102d Division), which he had, had been evacuated to the rear and were probably now in Russian hands.

6. General von Edelsheim was told that the Russians were our Allies and fighting against the Germans with us -- that we had all the German prisoners that we wanted and more too. He was told, however, that if Germans appeared on the west bank of the Elbe River with their hands up, or under a white flag, under customs of war they would be accepted as prisoners and that they would not be fired upon while they were crossing the river. It was made clear, however, that we accepted no responsibility for any action on the part of Russian forces opposing him and, if they cut him off from the river or fired on his troops while they were crossing, that he would have to meet that problem as best he could. He was told that the means for crossing the river would have to be provided by the German forces.

7. The critical food situation with respect to the Germans in our area was outlined to General von Edelsheim and he was told to bring maximum food stocks, kitchens and individual mess equipment with his troops. He was also told that we would put his forces in a wired-in enclosure upon their arrival, and that we would expect them to come over by companies or battalions, properly organized and controlled by their own officers. In view of the shortage of housing, he was also told that all men should bring their shelter halves with them.

8. With respect to the wounded, General von Edelsheim stated that he had adequate medical personnel and installations to care for them and requested that he be allowed to bring over all of his wounded. He was told

- 2 -

Memorandum for the Commanding General (Cont'd) 7 MAY 1945

that if he brought medical personnel and installations over first, and that it was determined by our forces that they were adequate, he would be allowed to bring his wounded across the river. It was explained to him, however, that at that time it was very doubtful that any shelter other than that provided by German army could be provided.

9. The method of crossing the river was to be over the Tangermunde Bridge which, though partially destroyed, could then be used as a foot bridge. It was also expected that floats or rafts would be used to move kitchens, hospital units, etc., and that some of the men would probably swim the river.

10. General von Edelsheim was told that there would be no movement of civilians from east to west bank of the Elbe River.

11. General von Edelsheim agreed to all the foregoing, thanked me, and stated that he would immediately establish liaison with Colonel Williams in order to control his troops as they came over the river.

J. E. M.

J. E. MOORE
Maj. Gen., USA
Chief of Staff

- 3 -

Dok. Nr. 19
Meldung des Oberleutnant Porst, Pi.Rgt.Stab 517, beim
Generalkommando XX. Armeekorps über Verzögerungen beim Abtransport
der Verwundeten aus dem Lazarett Beelitz
vom 29. April 1945

Generalkommando XX.Armeekorps
Adjutant

K.Gef.St., den 29.4.45

Mit Wirkung v. 1.3.45 zum Hptm. befördert

Oberleutnant P o r s t , Pi.Rgt.Stab 517, nachfolgende Meldung:

" Auf Befehl des Herrn Kommandierenden General XX.A.K. erhielt ich von meinem Kommandeur, Major Wollenberg, den Auftrag, in der Nacht vom 28.4. zum 29.4. als Transportführer den Abtransport von Verwundeten von Heilstätte Beelitz nach Belzig zu überwachen und durchzuführen. Der Direktor der Heilstätte Beelitz hat bei dem Herrn Kommandierenden General durch persönliche Rücksprache die Unterstützung des Korps erwirkt.

Am genannten Tage traf ich gegen 22.00 Uhr an der Verladestelle ein und meldete mich bei Oberstabsarzt Schneider. Dieser Arzt teilte mir mit, dass der Chefarzt im Kommen sei. Oberstabsarzt Schneider versuchte mich bei der Transportorganisation zu unterstützen. Seine Unterstützung scheiterte jedoch an seinem ~~eigenen~~ mangelnden Organisationstalent und an der Disziplinlosigkeit, der ihm unterstellten Ärzte. Wie ich im Verlauf des Transportunternehmens feststellen musste, waren es cirka 20 Ärzte, die mir bei der kurzfristig zu lösenden Aufgabe durch ihre gewolltes oder nichtgewolltes Verhalten die Aufgabe erschwerten. Da ich nur Oberleutnant im Dienstgrad war, glaubten die San.Offz. unter völliger Ausserachtlassung ihrer San.Offz.-Pflichten, meine dringend geforderten Massnahmen sabotieren zu können. Ich betone ausdrücklich, dass der Direktor von Beelitz und die Zivilärzte mich unter Aufbietung ihrer ganzen Kraft bei der Durchführung des Abtransports der Verwundeten unterstützen und in ihrer Berufsauffassung leider turmhoch über den San.Offizieren standen.

Wenn Stabsärzte und Ass.Ärzte zulassen, dass Unterärzte in Ermanglung des Pflichtgefühls während des durch die

[Dok. Nr. 19, S. 2]

Feindlage bedingten schnellen Abtransportes mit Krankenschwestern abseits der Bahngleise in angeregter Unterhaltung herumstehen, so fehlt mir, der ich das goldene Verwundeten-Abzeichen trage, einfach das Verständnis für diese Handlungsweise.
Nach 24.00 Uhr traf endlich der verantwortliche San.Offizier ein, Oberstabsarzt oder Oberfeldarzt Wedeking oder ähnlichen Namens. Er stritt sich sofort mit dem Zivilarzt herum und versuchte nur Militärpersonen für diesen Transport zuzulassen. Durch Feindeinwirkung amputierte Frauen und schwerverletzte Kinder wollte er nicht abtransportieren, beziehentlich den Abtransport verlängern. Gerade im zivilen Sektor boten sich mir Bilder, die erschütternd waren. Ich schaltete mich nunmehr energisch ein und forderte, dass ich als Transportführer den Abtransport sämtlicher militärischer und ziviler Verwundeten durchführe. Die Verladung der Verwundeten, war infolge der Disziplinlosigkeit des gesamten San.Personals schlecht. Durch diese Verzögerung trat eine 3stündige Verlängerung des Abtransportes ein, die infolge der ausserordentlich gespannten Feindlage, zu erneuten erheblichen Verlusten hätte führen können.
Nur
Durch mein persönliches Dazwischenfahren und die Mithilfe des Dr.Heinitz und der Zivilärzte, gelang es, das San.Personal aus den einzelnen Waggons herauszuholen. Lief ich den Zug wied[illegible] ab, sass ein erheblicher Teil dieses Personals wieder im Waggon und drückte sich.
Es waren Zustände, die einfach unverständlich sind.
San.Offz.-Ehefrauen, die im Zuge sassen – entgegen meinem ausdrücklichen Befehl, räumten die Plätze nur zögernd oder überhaupt nicht, bis ich zur Selbsthilfe griff und die Gepäckstücke zum Abteil heraus warf. Die Ehefrau eines San.Offz. äusserte sinngemäss, dass ihr Ehemann als Arzt sich um mich bestimmt nicht ärztlich bemühen würde im Fall, dass ich verwundet würde (ich bemerke nochmals, dass ich 7x verwundet, Inhaber des E.K. I.Kl. und Sturmabzeichens bin).

[Dok. Nr. 19, S. 3]

Bei der Durchführung des Abtransportes drückten sich beinah sämtliche San.Offz. um die Beaufsichtigung der Einlagerung der Verwundeten in die Waggons und überliessen dem Hilfspersonal allein die Arbeit; dabei musste dieses Hilfspersonal von mir ständig zur schnellen Arbeit angetrieben werden, da dieses sich ebenfalls zu drücken suchte. Ein renitenten San.Feldwebel habe ich schliesslich durch Handgreiflichkeit seinem Pflichtenkreis zugeführt. Die Ärzte standen in Grüppchen herum, unterhielten sich und dachten nicht daran für die Verwundeten zu arbeiten.
Ich bemerke noch, dass kein einziger Arzt auch nur annähernden Bescheid über die Anzahl der liegend zu transportierenden Verwundeten geben konnte. Mir wurden Eingangs 5o Schwerverwundete als"liegend" bezeichnet, während es dann tatsächlich 25o waren. Beim Ablaufen des Zuges zur Sicherstellung von Plätzen für schwerverwundete Zivilpersonen, fand ich einen G-Wagen mit unversehrten Kriegsgefangenen besetzt. Als ich Räumung verlangte, trat ein Stabsarzt für die Gefangenen ein und forderte Belassung des G-Wagens für die Gefangenen. Die Räumung wurde durchgeführt. Als ich nach einiger Zeit wiederum erschien war der G-Wagen von den Gefangenen auf Veranlassung des Stabsarztes wiederum besetzt worden. Es bedurfte meinerseits des Einschreitens mit dem Knüppel um Ordnung zu schaffen.
Nach mühseliger Verladearbeit verliess der Transportzug endlich 04.3o Uhr Heilstätte Beelitz. Der gesamte Abtransport hätte sich wesentlich rascher durchführen lassen, wenn die Kriegsgefangenen in Gruppen aufgeteilt - von San.Offizieren beaufsichtigt und San.Personal angewiesen, zur Mitarbeit herangezigen worden wären. Durch das vollständige Versagen der San.Offiziere war es mir nicht möglich die Gefangenen bei der Arbeit zu halten, sie liefen immer wieder davon, wenn ich anderweit zu tun hatte.

[Dok. Nr. 19, S. 4]

\- 4 -

\-

Vor Abgang des Zuges sprach mir der Direktor der Heilanstalt Beelitz - Dr. von Heinitz - seinen Dank aus und bat mich dem Herrn Kommandierenden General zu sagen (sinngemäss), dass er Dr. v. Heinitz sich für die Mühewaltung des Herrn Kommandierenden Generals ganz besonders bedankt, dass er es jedoch sehr bedauere, dass der Herr Kommandierende General mit solchen San.Offizieren Krieg führen müsste. "

Ich bitte zu meiner Meldung zu vernehmen:

a) Stabsarzt Dr. [illegible], Korps-San.Komp. 420, beauftragt mit der sanitäts-technischen Durchführung des Transportes

b) Dr. von Heinitz nebst Ehefrau

c) Zivilarzt Dr. [illegible], Chefarzt Heilstätten Beelitz

d) Chefarzt, der ebenfalls zur Verladung anwesenden Kleinkinderklinik.

e) Reichsbahnbeamte des Transportzuges Station Belzig, Dienstgrad Obersekretär, Name unbekannt.

Alfred [illegible]

2. Stellenbesetzungen[1]

Armeeoberkommando 12

OB	Gen.d.Pz.Tr. Wenck, Walther
	pers.GenSt.Offz. Oberstlt.i.G. Seidel, Karl
Chef Gen.St.	Oberst i.G. Reichhelm, Günter
Ia	Oberstlt.i.G. von Humboldt-Dachroeden, Hubertus
Ic	Major i.G. Hirche, Hans-J.
Id	Major von Bismarck, Philipp
O.Qu.	Oberstlt.i.G. Schelm, Walter
Qu.1	Major i.G. Jentsch, Heinz
O 1	Oblt. Genth, Hendrik
O 2	Rittmeister Tewaag, Carl-Otto
O 3	Oberst (?) von Kleist (gef.)
Führungsstaffel des AOK	
	Hptm. Kühlmann, Frhr. von Stumm-Ramholz, Knut
Höherer Artillerie-kommandeur (Harko)	Oberst Brohm, Fritz
Armee-Pionierführer	
	Oberst Haase, Alfred
Armee-Nachr.Führer	
	Gen.Maj. Wagner, Karl[2]

XXXXVIII. Panzerkorps

Kdr.Gen.	Gen.d.Pz.Tr. Reichsfreiherr von Edelsheim, Maximilian
ab 3. 5. 1945	Gen.Lt. Hagemann, Wolf
Chef Gen.St.	Oberst i.G. Ritter und Edler von Kienle, Kurt
Ia	Major i.G. Hegemann, Alfred[3]

XX. Armeekorps

Kdr.Gen.	Gen.d.Kav. Koehler, Carl-Erik
Chef Gen.St.	Oberstlt.i.G. von Butler, Peter
Ia	Major i.G. Becker, Victor
Ic	Major Kandutsch
Qu.	Oberstlt.d.R. Kessler, Lutz
O 1	Hptm. von der Planitz, Bernhard[4]

[1] Es werden nur solche Funktionsstellen aufgeführt, deren Stelleninhaber nachgewiesen werden konnten.

[2] Angaben nach Wenck, Reichhelm, von Humboldt, Tewaag, Genth und Haase.

[3] Mitteilung Hegemann.

[4] Mitteilung Butler.

XXXXI. Panzerkorps

Kdr.Gen.	Gen.Lt. Holste, Rudolf
Chef Gen.St.	Oberst i.G. Bielitz, Horst
Ia	Major i.G. Schefold, Wolfgang
Ic	Hptm. Kleykamp, Hans-G.
Qu.	Major i.G. Franz, Günter
IVa	Stabsintendant Merz, Hans
O 1	Hptm. Engelhard
O 3	Lt. Saßmannshausen, Günter
i.d.Nachr.Abt.	Oblt. Stohr, Heinz[5]

XXXIX. Panzerkorps

Kdr.Gen.	Gen.Lt. Arndt, Karl
Adj.	Oberstlt. Namslau, Günter
Chef Gen.St.	Oberst i.G. Wolff, Werner
Ia	Major i.G. von Seydlitz-Kurzbach, Joachim
Ic	Oblt. von Tyrell
IIa	Major von Brauchitsch, Gerd
Qu.	Major i.G. Minssen, Mins
O1	Hptm. Beise[6]

Korpsgruppe Raegener

Kdr.Gen.	Gen.Lt. Raegener, Adolf

Weitere Personenangaben sind nicht möglich.

Infanteriedivision Friedrich Ludwig Jahn[7]

Div.Kdr.	Oberst Klein, Gerhard (geriet in sowjet. Gefangenschaft)
ab 24. 4.	Oberst Weller, Franz
ab 3. 5.	Oberst Zöller, Ludwig
Ia	Oberstlt.i.G. Praetorius, Alexander
Ib	Major Kirchhoff
Ic	Hptm. Kramer
IIa	Hptm. Nottebaum, Erich
NSFO	Lt. Gehlen

Gren.Rgt. 1

Kdr.	Oberarbeitsführer Konopka, Gerhard
I. Btl.	Oberfeldmstr. Leddin
II. Btl.	Hptm.d.R. Konietzko

Gren.Rgt. 2

Kdr.	Major Schulze-Hagen, Bernhard
I. Btl.	Arb.Fhr. Beck
II. Btl.	Oberfeldmstr. Schwald, Alfons

[5] Angaben nach Schefold, Kleykamp, Tagebuch Stohr.

[6] Mitteilung Seydlitz, Minssen.

[7] Stellenbesetzungsplan der I.D Jahn v. 11. 5. 1945/BA-MA-o.Bestandsbez. Mitteilung Konopka, Klein, Praetorius.

Gren.Rgt. 3	
Kdr.	Major Dahms
I. Btl.	Hptm. Eichberg
II. Btl.	Hptm.d.R. Thiel
Art.Rgt.	
Kdr.	Major Sieglitz
I. Abt.	Hptm. Frhr. von Löhneysen
II. Abt.	Hptm. Eisenblätter
schw.Abt.	Hptm.d.R. Milsock (?)
Füs.Btl.	
Kdr.	Hptm. Jäger, Gerhard
Nachr.Abt.	
Kdr.	Hptm.d.R. Hoffmann
Pi.Btl.	
Kdr.	Major d.R. Hauff

Infanteriedivision Theodor Körner[8]

Div.Kdr.	Gen.Lt. Frankewitz, Bruno
Ia	Major i.G. von Graevenitz, Friedrich Wilhelm
Ib	Major i.G. Scheele, Günter
Ic	Hptm. Speer, Walter
IIa	Hptm.d.R. Nietzer
IVa	Stabsintendant Klebich
IVb	Oberkriegsgerichtsrat Forch, Helmut
O 1	Hptm. Riedlinger, G.
O 2	Oblt. Naumann
NSFO	Hptm. Wolpert
Gren.Rgt. 1	
Kdr.	Major Bieg
I. Btl.	Hptm.d.R. Niederfeilner
II. Btl.	Hptm. Sauter, Jordan
Gren.Rgt. 2	
Kdr.	Major Becker
I. Btl.	Major Schwing
II. Btl.	Hptm. Danisch
Gren.Rgt. 3	
Kdr.	Major Menzel
I. Btl.	Hptm. Sulger

[8] Vgl. Stellenbesetzungsplan der I.D. Körner v. 11. 4. 1945/BA-MA-ohne Bestandsbez.; Mitteilungen von Graevenitz, Scheele, Speer; Mitteilung Thomasius u. Tagebuch Erbe: Hiernach wurde das Füs.Btl. am 28. April neu gegliedert. Aus dem größten Teil des Verbandes entstand das Jäger Btl., aus dem Rest das Felders.Btl.

Art.Rgt.	
Kdr.	Major Sandner
Nachr.Kp.	
Chef	Hptm. Salinger
Füs.Btl.	
Kdr.	Hptm. Thomasius, Hermann-Christian
Pi.Btl.	Hptm. Fischer

Infanteriedivision Ulrich von Hutten[9]

Div.Kdr.	
bis 14. 4.	Gen.Lt. Blaurock, Edmund
ab 14. 4.	Gen.Lt. Engel, Gerhard
Ia bis 14. 4.	Major i.G. Schütze, Karl
ab 14. 4.	Oberstlt.i.G. Burmeister, Friedrich
Ib	Major i.G. Friedrich, Robert
NSFO	Lt. Meißner
Gren.Rgt. 1	
Kdr.	Major Wesemann
I. Btl.	Hptm. Meyer
II. Btl.	Hptm. Kassel
Gren.Rgt. 2	
Kdr.	Major Siebert, Anton
I. Btl.	Hptm. Willer
II. Btl.	Hptm. Preus
Gren.Rgt. 3	
Kdr.	Major Hobra
I. Btl.	Hptm.d.R. Koehler
II. Btl.	Hptm.d.R. Klare
Art.Rgt.	
Kdr.	Major Gärtner
Pz.Jg.Abt.	
Kdr.	Hptm. Schneider
Füs.Btl.	
Kdr.	Hptm. Matschke
Pi.Btl.	
Kdr.	Oblt. Drossel
Nachr.Abt.	Hptm. Abbée

[9] Vgl. Stellenbesetzungsplan der I.D. U.v.Hutten v. 11. 4. 1945/BA-MA-ohne Bestandsbez.; Mitteilungen von Burmeister und Siebert.

Infanteriedivision Scharnhorst[10]

Div.Kdr.	Gen.Lt. Götz, Heinrich
Ia	Major i.G. Weyer
Ib	Major i.G. Stelter, Alfred
IIa	Major Sütz
NSFO	Hptm.d.R. Peschke
Gren.Rgt. 1	
Kdr.	Major Langmaier, Matthias
I. Btl.	Hptm. Rieger, Erich
II. Btl.	Hptm. Rettich
Gren.Rgt. 2	
Kdr.	Major Mahlow, Hans-Joachim (gef.) Major Busch, Max
I. Btl.	Hptm. Hoppe
II. Btl.1	Hptm. Wieg
Gren.Rgt. 3	
Kdr.	Oberstlt. Pick, Gerhard
I. Btl.	Hptm. Kehr
II. Btl.	Hptm. Pfeifer
Art.Rgt.	
Kdr.	Major Moschner, Felix
I. Abt.	Hptm. Thormann
II. Abt.	Hptm. Protha
schw.Abt.	Hptm. Witzel, Rudolf
Pz.Jg.Abt.	
Kdr.	Hptm. Bartel, Gerhard
Füs.Btl.	
Kdr.	Hptm. Deckert, Alfred
Pi.Btl.	
Kdr.	Hptm. Ewald
Nachr.Abt.	
Kdr.	Hptm. Winsenburg
Sturm-Art.-Brig.	Hptm. Frank

[10] Vgl. Stellenbesetzungsplan der I.D. Scharnhorst v. 11. 4. 1945/BA-MA-ohne Bestl.Bez., sowie Mitteilungen von Stelter, Pick, Busch, Bartel und Deckert. Die in dem o.g. Stellenplan angegebenen Rgts.Nr. sind später verändert worden. Das Rgt. Langmaier wurde als Rgt. 2, das Rgt. Mahlow als Rgt.1 geführt.

Infanteriedivision Schill[11]

Div.Kdr.	Oberstlt. Müller, Alfred
Ia	Major i.G. Rudolph
Ib	Hptm. Omnus, Walter
O 3	Oblt. Reupke

Die Regimenter wurden von folgenden Offizieren geführt:

Gren.Rgt. 1	
Kdr.	Major Carstens
Gren.Rgt. 2	
Kdr.	Major Kley
Gren.Rgt. 3	
Kdr.	Major Müller

Sturmartillerie-Lehr-Brig. (sp. St.Gesch.Brig. Schill)

Kdr. bis 18.4.	Major Vaerst, Georg (gef.)
ab 18.4.	Major Nebel, Peter

Infanteriedivision Potsdam[12]

Div.Kdr.	Oberst (d.R.) Lorenz, Erich
NSFO	Hptm. Robinson

Divisionsgruppe von Hake[13]

Div.Kdr.	Oberst von Hake, Friedrich
Ia	Major i.G. Krauss
Ib	Major d.R. Welcker

Die Regimentsgruppen wurden von folgenden Offizieren geführt:

Kdr. Rgt.Gr.	Oberstlt. Bahr, Joachim
Kdr. Rgt.Gr.	Oberstlt.(?) von dem Bottlemberg

Sturmgeschützbrigade 1170

Kdr.	Hptm. Böhmen, Hermann
Adj.	Oblt. Poullain, Ludwig

Batteriechefs

1. Batterie	Hptm. Frank
2. Batterie	Hptm. Handtke[14]

Sturmgeschützbrigade 243

Kdr.	Hptm. Rübig, Heinz
stellv.Kdr.	Oblt. Gerlitz, Günther[15]

[11] Mitteilungen von Müller und Omnus.
[12] Mitteilung Lorenz.
[13] Mitteilung Hake, Fragebogen Bahr.
[14] Bericht Rothe.
[15] Mitteilung Rübig und Gerlitz.

Panzerjagdabteilung 3

Kdr.	Major Wehner[16]

1. Panzervernichtungsbrigade Hitlerjugend[17]

Kdr.	Reichsjugendführer Axmann, Artur
stellv.Kdr.	Oberbannführer Kern
Ia	Hptm. Kunz
IVa	Bannführer Galette

Sperrverband Schemmel
(hervorgegangen aus der Fahnenjunker-Schule für Pioniere I West in Dessau/Roßlau)

Kdr.	Major Schemmel, Heinz
Adj.	Oblt. Seeliger

Die Inspektionen, später Sperrgruppen:

E	Major Krysl
D	Hptm. Braun
K	Major Schnelle
N	Hptm. Reich
R	Hptm. Skupin
S	Major Liske[18]

Freikorps Adolf Hitler
Hierzu sind keine Personenangaben möglich.

Grenadier-Ersatz- und Ausbildungs-Bataillon 9 (Potsdam)
Einige Angehörige dieser Einheit wurden am 1.4.1945 zur Division Scharnhorst kommandiert[19].

[16] Mitteilung Burmeister.
[17] Mitteilung Voigt, Kern.
[18] Bericht Schemmel.
[19] Vgl. Soldbuch und Tagebuch Stephan, Enno (Archiv d. Verf.).

3. Gefechtsstände[1]

Armeeoberkommando 12[2]
12.4.—21.4. Pionier-Schule Roßlau
22.4.—26.4. Medewitzerhütten
26.4.—28.4. Pritzerbe
29.4. Genthin
30.4.— 5.5. Kl.Wulkow
6.5.— 7.5. Kietznick

XXXXI. Panzerkorps[3]
15.4.—21.4. Hohenferchesa
22.4.—29.4. Gut Klessen
30.4. Wehrertüchtigungslager Dreetz
1.5. Gut Berlitt
2.5. geplanter Gef.Std. Wilsnack

XXXXVIII. Panzerkorps[4]
11.4.—(?) Gestüt Gradnitz bei Torgau
(?)—(?) Kemberg
27.4.— 3.5. (etwa) Gegend Altengrabow
4.5.— 7.5. Ferchland

XXXIX. Panzerkorps[5]
1.5.— 7.5. Sydow

XX. Armeekorps[6]
15.4.—20.4. Treuenbrietzen
20.4.—24.4. Jeserig
25.4.— 3.5. Hagelberg
3.5.— 4.5. Ziesar
4.5.— 5.5. Gr.Wulkow
5.5.— 6.5. Melkow
6.5.— 7.5. nördl. Fischbeck

Infanteriedivision Hutten[7]
24.4. Lutherhaus in Wittenberg
30.4. Fichtenwalde

1 Soweit diese festgestellt werden konnten.
2 Vgl. Reichhelm, a.a.O. S. 5.
3 Mitteilung Kleykampf, Tagebuch Stohr.
4 Mittteilung Hegemann; vgl. Reichhelm, a.a.O., S. 5.
5 Vgl. Reichhelm, a.a.O., S. 5.
6 Ebenda.
7 Mitteilung Burmeister.

Infanteriedivision Scharnhorst[8]
bei Aufstellung Pionierkaserne Roßlau
23.4. Kranepuhl

Infanteriedivision Körner[9]
22.4. Kranepuhl
24.4. Lüsse
1.5. Schmerwitz
2.5. Gut Belicke
4.5. Kabisch
6.5. Schönhausen

Infanteriedivision Jahn
5.4.— 9.4. Fuchsbergkaserne
10.4.—21.4. Waldlager
21.4.—22.4. Ruhlsdorf-Berkenbrück
22.4.—23.4. Dobbrikow
23.4.—24.4. Fresdorf
24.4.—25.4. Michendorf
25.4.—26.4. Neu-Geltow
28.4.—30.4. Luftkriegsakademie Gatow
1.5.— 2.5. Ziesar
2.5.— 6.5. Gr.Wusterwitz
6.5.— 7.5. Gr. Wulkow
7.5. mittags Redekin[10]

[8] Mitteilung Stelter.
[9] Vgl. Tagebuch Speer.
[10] Vgl. Praetorius, a.a.O., Anlage A.

4. Abkürzungsverzeichnis

Abt.	Abteilung
A.K.	Armee-Korps
AOK	Armee-Oberkommando
Art.	Artillerie
BA	Bundesarchiv
BA-MA	Bundesarchiv-Militärarchiv
Brig.	Brigade
Btl.	Bataillon
Div.	Division
Ers.	Ersatz
Felders. Btl.	Feldersatz-Bataillon
Fernschr.	Fernschreiben
FHQu	Führerhauptquartier
Fhr.	Führer
Fl.K.	Fliegerkorps
Füs.	Füsilier
G-2 Report	amerikanischer Feindlagebericht
Gen.	General
Gen.d.Fl	General der Flieger
Gen.d.Pz.Tr.	General der Panzertruppe
Gen.Lt.	Generalleutnant
Gen.Maj.	Generalmajor
GFM	Generalfeldmarschall
gKdos. g.K.	Geheime Kommandosache
Gen.Kdo.	Generalkommando
Gen.St.d.H.	Generalstab des Heeres
G.I.F.	Generalinspekteur für den Führernachwuchs
Gren.Rgt.	Grenadier-Regiment
H.Gr.	Heeresgruppe
HKL	Hauptkampflinie
Hptm.	Hauptmann
I.D., Inf.Div	Infanteriedivision
i.G.	im Generalstab
Inf.	Infanterie
Inf.Rgt., I.R.	Infanterie-Regiment
K.	Korps
Kdo.	Kommando
Kdr.	Kommandeur
Kdr.Gen.	Kommandierender General
Kp.	Kompanie

KR (Steigerung = KR-Blitz)	Bezeichnung für dingende taktische Funksprüche bzw. Fernschreiben
KTB	Kriegstagebuch
MA	Militärarchiv der DDR
Maj.	Major
MG, lMG, sMG	Maschinengewehr, leichtes MG, schweres MG
Nachr.Abt.	Nachrichten-Abteilung
NSFO	Nationalsozialistischer Führungsoffizier
OB	Oberbefehlshaber
Ob.d.E.	Oberbefehlshaber des Ersatzheeres
Oberstlt.	Oberstleutnant
Oblt.	Oberleutnant
OCMH	Office of the Head of Military History
OKH	Oberkommando des Heeres
OKW	Oberkommando der Wehrmacht
Op.Abt.	Operationsabteilung
O.Qu.	Oberquartiermeister
Org.Abt.	Organisationsabteilung
O.T.	Organisation Todt
PA	Personalamt
Pi.	Pionier
Pz.Jgd. Brig.	Panzerjagd-Brigade
Pz.Jg.	Panzerjäger
Pz.Jgd.Kp.	Panzerjagd-Kompanie
Pz.K.	Panzerkorps
Pz.Vern. Brig.	Panzervernichtungsbrigade
RAD	Reichsarbeitsdienst
St.Gesch. Brig.	Sturmgeschützbrigade
Vers.Rgt.	Versorgungsregiment
WFStab	Wehrmachtführungsstab
VGD.	Volks-Grenadier-Division

Quellen- und Literaturverzeichnis

Ungedruckte Quellen

1. Bundesarchiv-Militärarchiv, Freiburg i. Br.
Akten
RH 2/v. 336
RH 2/v. 337
RH 2/v. 921
RH 2/v. 1123
RH 2/v. 1124
RH 7/v. 285
RH 19/XV/10
RH 19/XV/16 K
OKW/6/2
OKW/2061
RL 2/III/1122
RM 7/853
RW 4/v. 457

Karteikarten des GenSt.d.H./Org.Abt. für folgende Verbände
Nr.9549 - 12. Armee
Nr.1286 - I.D. F.L. Jahn
Nr.1290 - I.D. Th. Körner
Nr.1289 - I.D. U. v. Hutten
Nr.1288 - I.D. Scharnhorst
Nr. 148 - Freikorps Adolf Hitler
Alle Karteikarten ohne Bestandsbezeichnung.

Stellenbesetzungspläne folgender Verbände, Stand: 11. 4. 1945
I.D. U. v. Hutten
I.D. F.L. Jahn
I.D. Th. Körner
I.D. Scharnhorst
Alle ohne Bestandsbezeichnung.

2. Bundesarchiv/Zentralnachweisstelle, Aachen-Kornelimünster
Akten: BA/ZNS/11g

3. Niedersächsische Staats- und Universitätsbibliothek, Göttingen
Jodl, Alfred, Nachlaß A. Jodl, 1—11, Beil.b)

4. Militärarchiv der DDR, Potsdam
Akten: F-1895 MF - 13679/686
F - 2281 MF - 13714/13717

5. Schweizerisches Bundesarchiv, Bern
Kadler, A., Bericht über die Evakuation der Gruppe Großwudicke der schweizerischen Gesandtschaft, Abteilung Schutzmachtangelegenheiten, in Berlin über die Elbe und Rückkehr nach Bern. 7. 6. 1945 E 2001 (D) 7, Bd. 14.

6. National Archives, Washington, DC

Kriegstagebücher
104. US Inf.Division
8. US Pz.Division
69. US Inf.Division

Mikrofilme
Records of Headquarters, German Army High Command, T 78, Roll Nr. 414,
OKW Befehle v. 13.4.—10.5.1945, Roll T 77

G-2 Reports
1. und 9. US Army v. 12.4.—7.5.1945
3. US Pz.Div. v. 13.4.—23.4.1945
104. US Inf.Div. v.15.4.—20.4.1945
30. US Inf.Div. 12.4.—30.4.1945
83. US Inf.Div. v.13.4.—30.4.1945
102. US Inf.Div. v.12.4.—7.5.1945

7. Sonstige ungedruckte Quellen
Memorandum for the Commanding General v. 7.5.1945 v. Gen.Maj. James E. Moore für Gen. Simpson, die Übergabeverhandlungen mit der 12. deutschen Armee betreffend.
Eine Kopie des Memorandums wurde dem Verfasser von Gen.Lt. a.D. Moore überlassen.

Brief des Kdr.Gen. des XX. A.K., Gen. Koehler, an den Kommandeur der 83. US Inf. Division v. 26.4.1945
Das Originalschreiben befindet sich beim Verfasser.

Tagebuchaufzeichnungen wurden dem Verfasser überlassen von:
Burmeister, Friedrich
Erbe, Jost
Fritsche, Dietrich
Gaede, Gerhard
Kehlenbeck, Paul
Kern, Helmut
Moll, Eberhard
Plank, Georg
Rieger, Erich
Runge, Horst
Speer, Walter
Stohr, Heinz
Wiechert, Rudolf
Witzel, Rudolf

Soldbuch von Anton Siebert

von Gaudecker, Meine letzten Wochen als deutsche Offizier, o.O., 12.8.1945.

Gedruckte Quellen

Förster, Gerhard; Laskowski, Richard (Hrsg.): 1945 — Das Jahr der endgültigen Niederlage der faschistischen Wehrmacht, Dokumente, Berlin (Ost) 1975.

Hofer, Walther (Hrsg.): Der Nationalsozialismus, Dokumente, Frankfurt 1957.

Keilig, Wolf: Das Deutsche Heer 1939—1945, Gliederung, Einsatz, Stellenbesetzung, Loseblattwerk, Bad Nauheim 1956ff.

Scheel, Klaus (Hrsg.): Die Befreiung Berlins, Dokumente, Berlin (Ost) 1975.

Schramm, Percy Ernst (Hrsg.): Kriegstagebuch des Oberkommandos der Wehrmacht (Wehrmachtführungsstab), Bd. IV/2, 1. Januar 1944—22. Mai 1945, Frankfurt 1961.

Der Spiegel, 10.1.1966: Lagebesprechung im Führerbunker v. 25.4.1945, S. 39.

Unveröffentlichte Studien

1. Aus der Reihe: Foreign Military Studies, Historical Division, US Army in Europe, heute in: National Archives, Washington, DC.:

Arndt, Karl: Das XXXIX. Pz.K., 22.4.—7.5.1945. MS—B—221.

Bayerlein, Fritz: 53. Korps Ruhrkessel Ostfront. MS—B—396.

Edelsheim, Maximilian von: Tätigkeit des XXXXVIII. Pz.K. beim amerikanischen Feldzug in Mitteldeutschland, 11.4.—3.5.45. MS—B—219.

Ders.: Die Kapitulationsverhandlungen der 12. (deutschen) Armee mit der 9. (amerikanischen) Armee am 4.5.1945 in Stendal. MS—B—220.

Grolman, Wilhelm von: Der Zusammenbruch von Leipzig aus gesehen. MS—B—478.

Heinrici, Gotthard: Der Kampf um die Oder im Abschnitt der H.Gr. Weichsel, Februar bis April 1945. MS—T—9.

Reichhelm, Günter: Das letzte Aufgebot (Kämpfe der 12. Armee im Herzen Deutschlands zwischen Ost und West vom 13.4.—7.5.1945). MS—B—606.

Reinhardt, Hans-Wolfgang: Bericht über meine Tätigkeit als stellvertr.Kdr.Gen. des IV. A.K. und Befehlshaber im Wehrkreis IV. B—551.

Unrein, Martin: Bericht über den Einsatz der Pz.Div. Clausewitz vom 11.4.—21.4.1945. MS—B—350.

Wagener, Carl: Die Kämpfe der H.Gr. B am Rhein bis zu ihrer Auflösung 22.3.—17.4.1945. MS—B—393.

Wenck, Walther: Bericht über die 12. Armee für Historical Division US Army. MS—B—394.

Meyer, Fred: The End of the Army Group Weichsel and the Twelfth Army 27 April—7 May 1945. MS—R—69.

2. Sonstige Studien, die dem Verfasser überlassen wurden:

Müller, Alfred: Division Schill, Aufstellung und Einsatz, o.O., o.J.

Nestler, Werner: Die RAD-Divisionen Kornelimüster 1957.

Praetorius, Alexander: Die I.D. F.L. Jahn, April/Mai 1945; abgeschlossen im Oktober 1968.

Reymann, Hellmuth: Ich sollte Berlin verteidigen, o.O., o.J.

Rothe, Fritz: Bericht über die St.Gesch.Brig.1170, o.O. 1978.

Schemmel, Heinz: Die letzten Tage der Fahnenjunker-Schule für Pioniere I/West, o.O., 1979.

Schrode, Wilhelm: Die Geschichte der 25. Panzer-Grenadier-Division, Ludwigsburg 1980.
Slawczynski, Anno: Geschichte der St.Gesch.Brig. 1170, o.O., o.J.
Voigt, Horst: Die Panzervernichtungsbrigade Hitlerjugend, o.O., 1978.
Wenck, Walther: Kurzer Überblick über die Endkämpfe zwischen Oder und Elbe im April/Mai 1945 (insbesondere die Kämpfe der 12. Armee), o.O., o.J.

Vorträge

Bielitz, Horst: Referat über den Einsatz des XXXXI. Pz.K. 1945. Vor Korpsangehörigen, Limburg, 12.10.1963.
Engel, Gerhard: Erfolgreicher Kampf in verzweifelter Lage, 12. Armee/Wenck. Vortrag vor der Schweizer Offiziersgesellschaft, o.O., o.J.

Mitteilungen

1. Aufgrund einer Fragebogenaktion von Oberst i.G. (Bw) Martin Voggenreiter in den Jahren 1964 bis 1966:

Arndt, Karl	9. 2.1965
Bahr, Joachim	31. 7.1965
Edelsheim, Maximilian von	18. 1.1966
Engel, Gerhard	10.10.1964
Hagemann, Wolf	20. 2.1965
Luz, Helwig	28. 2.1965
Schulze-Hagen, Bernhard	14. 4.1965

2. Mitteilungen an den Verfasser

Alvensleben, Joachim	20.10.1979
Bartel, Gerhard	2. 9.1980
Busch, Max	14.11.1978
Butler, Peter von	30. 1.1978 u. 27. 7.1980
Deckert, Alfred	30. 8.1980
Duchrow, Heinz	15. 6.1981
Edelsheim, Maximilian Reichsfreiherr von	23.11.1978 u. 2. 8.1980
Einsel, Gerhard	30.11.1978
Fichtner, Walter	29.11.1978
Forch, Helmut	15. 9.1978
Friedrich, Robert	25. 4.1978
Gensicke, Otto	5.11.1978
Genth, Hendrik	10.10.1978
Gerlitz, Günter	6.12.1978
Graevenitz, Friedrich-Wilhelm von	6. 7.1978
Großmann, Alfred	20. 1.1979
Hake, Friedrich von	6. 3.1980
Hase, Alfred	4.10.1978 u. 13.10.1979

Hegemann, Hugo	17. 6.1979
Hermani, August	24.11.1978
Hirche, Hans-J.	14. 5.1979
Humboldt-Dachroeden, Hubertus von	23. 9.1978
Jäger, Gerhard	24.10.1978
Jentsch, Heinz	14. 3.1979
Kern, Otto	11. 8.1978
Klauke, Hannes	14. 3.1979
Klein, Gerhard	20.10.1978
Kleykamp, Hans-G.	20. 4.1979
Klumpp, Maria	20. 3.1979 u. 27. 3.1980
Konopka, Gerhard	17. 4.1979
Lorenz, Erich	19.11.1979
Merz, Hans	21. 4.1979
Minssen, Mins	20. 3.1980
Moore, James Edward	21. 3., 6. 6. u. 7. 7.1980
Müller, Alfred	16. 8.1978
Nottebaum, Erich	9.11.1978
Omnus, Walter	23. 7.1978
Peters, Rudolf	17. 6.1979
Pick, Gerhard	20.11.1978
Raegener, Adolf	24.11.1978
Reichhelm, Günter	19. 9.1978 u. 30. 3.1980
Rieger, Erich	26.10.1978
Rübig, Heinz	20. 4.1979
Sander, Gerhard	30. 6.1981
Scheele, Günter	13. 8.1978
Schefold, Wolf	31. 3.1979
Schemmel, Heinz	1. 8.1979
Schwald, Alfons	23. 6.1979
Seydlitz-Kurzbach, Joachim von	23.12.1979
Siebert, Anton	9. 9.1980
Stelter, Alfred	7. 6.1979
Tewaag, Carl-Otto	1.11.1978
Thomasius, Hermann-Christian	22. 9.1980
Voigt, Horst	19. 3.1978 und fortlaufende Korrespondenz
Wenck, Walther	24.5., 30.5., 8.6. u. 24.6.1978
Wiechert, Rudolf	23.11.1978
Zwanzig, Günter	28.11.1978

Literatur

Binder, Gerhart: Geschichte im Zeitalter der Weltkriege. Stuttgart 1977

Bradley, Omar N.: A Soldier's Story of the Allied Campaigns from Tunis to the Elbe. London 1951.

Busse, Theodor: Die letzte Schlacht der 9. Armee, Wehrwissenschaftliche Rundschau, Heft 5, 1955, S. 145—168.

Churchill, Winston S.: Der zweite Weltkrieg, Bd. IV/1, Triumph und Tragödie. Stuttgart 1954.

Deuerlein, Ernst: Die Einheit Deutschlands, Bd. I, Die Erörterungen und Entscheidungen des Krieges und Nachkriegskonferenzen, Darstellung und Dokumente. Frankfurt/Berlin 1961.

Dönitz, Karl: 10 Jahre und 20 Tage. 8. Aufl. München 1981.

Draper, Theodore: The 84th Infantry Division in the Battle of Germany. New York 1946.

Eisenhower, Dwight D.: Kreuzzug in Europa. Amsterdam 1949.

Ewing, Joseph: Let's Go. A History of the 29th Infantry Division in World War II. Washington 1948.

Fuller, F.C.: Der Zweite Weltkrieg. Wien 1950.

Görlitz, Walter: Keitel — Verbrecher oder Offizier? Göttingen, Berlin, Frankfurt 1961.

Ders.: Strategie der Defensive. Model. Wiesbaden und München 1982.

Gosztony, Peter: Der Kampf um Berlin 1945 in Augenzeugenberichten. Nördlingen 1975.

Hansen, Reimer: Das Ende des Dritten Reiches. Die deutsche Kapitulation. Stuttgart 1966.

Hewett, Robert L.: Work Horse on the Western Front. The Story of the 30th Infantry Division. Washington 1946.

Historischer Handatlas von Brandenburg und Berlin. Lfg. 40/41: Der militärische Zusammenbruch 1945. I. Die Kämpfe in Brandenburg, bearbeitet von Dietrich Gaedke, Berlin 1972, und II. Die Kämpfe in Berlin, Berlin 1973.

Hoegh, Leo: Doyle, Howard J.: Timberwolf Tracks. The History of the 104th Infantry Division 1942—1945. Washington 1946.

Husemann, Friedrich: Die guten Glaubens waren, Bd. II. Osnabrück 1973.

Jahresbibliographie, Bibliothek für Zeitgeschichte, a) 1965, S. 383—397 und b) 1971, S. 479—516.

Jordan, Rudolf: Erlebt und erlitten. Weg eines Gauleiters von München bis Moskau. Leoni 1971.

Knickerbocker, H.R.: Danger Foreward — The Story of the First Infantry Division in WW II. Washington 1947.

Konjew, Iwan S.: Das Jahr fünfundvierzig. Moskau 1970 (russ.).

Kurowski, Franz: Armee Wenck, Neckargemünd 1957.

Kurowski, Franz/Tornau, Gottfried: Sturmartillerie. Stuttgart 1978.

Leljuschenko. D.D.: Moskau — Stalingrad —Berlin — Prag. Memoiren eines Armeekommandeurs. Moskau 1970 (russ.).

Liddell Hart, Basil: Geschichte des Zweiten Weltkrieges. Wiesbaden 1970.
McDonald, Charles: United States Army in World War II. The European Theater of Operations. The Last Offensive. Washington 1968.
Mick, Allan: With the 102nd Infantry Division through Germany. Washington 1947.
Mittelman, Joseph: Eight Stars to Victory. A History of the Ninth Infantry Division. Washington 1948.
Montgomery, Bernard: Memoiren. München 1958.
Mueller-Hillebrand, Burkhart: Das Heer 1933—45, Band III, Frankfurt/M. 1969.
Murawski, Erich: Der deutsche Wehrmachtbericht 1939—1945. Ein Beitrag zur Untersuchung der geistigen Kriegführung mit einer Dokumentation der Wehrmachtberichte vom 1. 7. 1944 bis zum 9. 5. 1945. Boppard 1962.
O'Connor, Daniel P.: Buckshot — A History of the 329th Infantry Regiment. Wolfenbüttel 1945.
Official Project of the 3rd Armd.Div., Spearhead in the West, 1944—1945. The Third Armored Division. Frankfurt 1945.
o.V.: Combat History of the Second Infantry Division in World War II. Baton Rouge 1946.
o.V.: Conquer: The History of the Ninth Army 1944—1945. Washington 1947.
o.V.: History of the 69th Infantry Division 1945. o.O., 1945.
o.V.: Santa Fé, 35th Infantry Division, The 35th Infantry Division in World War II, 1941—1945. Atlanta 1950.
Philos, C.D. The Thunderbolt across Europe. A History of the 83rd Infantry Division 1942—1945. München 1945.
Pogué, Forrest C.: United States Army in World War II. The European Theater of Operations. Supreme Command. Washington 1954.
Ders.: The Decision to Halt on the Elbe 1945, in: Command Decisions. Washington 1960.
Ryan, Cornelius: Der letzte Kampf. München, Zürich 1966.
Schukow, Georgi K.: Erinnerungen und Gedanken. Stuttgart 1969.
Smith, Arthur: Churchills deutsche Armee. Bergisch Gladbach 1977.
Smith, Walter Bedell: General Eisenhowers sechs große Entscheidungen (Europa 1944—1945). Stuttgart 1956.
Tessin, Georg: Verbände und Truppen der deutschen Wehrmacht im Zweiten Weltkrieg 1939—1945. Frankfurt/M, o.J.
Tippelskirch, Kurt v.: Geschichte des Zweiten Weltkrieges. Bonn 1959.
Trahan, E.A.: Hell on Wheels. A History of the 2nd Armored Division. Darmstadt 1947.
Tschuikow, W.: Das Ende des Dritten Reiches. München 1966.
USFET, Hqu.: The 9th. The Story of the 9th Armored Division. o.J.
Verschiedene Verfasser: The Army Air Force in World War II, Bd. III. Chicago 1951.
Wagener, Carl: Kampf und Ende der H.Gr.B im Ruhrkessel 22. März bis 17. April 1945, Wehrwissenschaftliche Rundschau, Heft 10, 1957. S. 537—564.
Warlimont, Walter: Im Hauptquartier der deutschen Wehrmacht 1939—1945. München 1978.
Weidling, Hellmuth: Der Endkampf um Berlin (23. 4.—2. 5. 1945). Niederschrift des Generals Weidling. Übersetzt und eingeleitet von Wilhelm Arenz, Wehrwissenschaftliche Rundschau, Heft 12, 1962, S. 111—118 und 169

Wenck, Walther: Berlin war nicht mehr zu retten, in: Stern, 18. 4. 1965. S. 62—69.
Worojow, Parotkin, Schimanskij: Die Geschichte des Zweiten Weltkrieges 1939—1945, Bd. 10. Moskau 1979 (russ.).
Ziemke, Earl F.: The Battle for Berlin: End of the Third Reich. New York 1968.

Personenregister

Das Personenregister enthält nur die im Text S. 17—126 aufgeführten Namen. Siehe auch Stellenbesetzungen der 12. Armee (S. 189—195).

Der Autor

Dr. Günther W. Gellermann

Geboren am 17. Juli 1930 in Bremen. Erlernte das Maurerhandwerk und arbeitete acht Jahre auf dem Bau. Erwerb der Hochschulreife durch Ablegung der Begabtenprüfung. 1953—1960 Studium der Politischen Wissenschaften an der Hochschule für Politik und der Geschichte und Geographie an der Freien Universität Berlin. 1957 Diplom-Prüfung in Politik (Diplom-Politologe) und 1960 Erstes Staatsexamen für das Lehramt an Gymnasien. Nach Referendarzeit und Assessorexamen (1962) Tätigkeit im Schuldienst, 1964 Studienrat. 1965—1971 politischer Beamter in Berlin (Bezirksstadtrat für Volksbildung im Bezirksamt Schöneberg). Nach 1971 wieder Lehrer und seit 1974 pädagogische Tätigkeit in der Industrie. 1981 Promotion zum Dr. phil. an der Universität Köln bei Professor Dr. Andreas Hillgruber.